AF624270

वाणी प्रकाशन ग्रुप

भारतीय ज्ञानपीठ

वाणी प्रकाशन : भारतीय ज्ञानपीठ की पुस्तकों के एकमात्र प्रकाशक एवं वितरक

नील दर्पण

बांग्ला के प्रसिद्ध नाटककार दीनबन्धु मित्र के
नाटक का हिन्दी रूपान्तर

नील दर्पण

दीनबन्धु मित्र

रूपान्तर

नेमिचन्द्र जैन

वाणी प्रकाशन ग्रुप

भारतीय ज्ञानपीठ

वाणी प्रकाशन : भारतीय ज्ञानपीठ की पुस्तकों के एकमात्र प्रकाशक एवं वितरक

Email : sales@vaniprakashan.in

सजिल्द पहला संस्करण : 2006
सजिल्द दूसरा संस्करण : 2010
सजिल्द तीसरा संस्करण : 2024

लोकोदय ग्रन्थमाला : ग्रन्थांक 839

प्रकाशक
वाणी प्रकाशन ग्रुप
4695, 21-ए, दरियागंज, नयी दिल्ली-110 002
फ़ोन : 011-23273167, 23275710
ईमेल : sales@vaniprakashan.in

ISBN : 978-93-6287-535-8 (N)
978-81-263-1896-4 (O)

नील दर्पण
(नाटक)
दीनबन्धु मित्र
रूपान्तर : नेमिचन्द्र जैन

© रेखा जैन

NEEL DARPAN
(Play)
Deenbandhu Mitra
Translated by Nemi Chandra Jain

मुद्रक : आर. टेक ऑफ़सेट प्रिंटर्स, दिल्ली-110 032

Price : INR. 395

नील दर्पण

बांग्ला नाटककार दीनबन्धु मित्र का 1860 में प्रकाशित नाटक 'नील दर्पण' एक सशक्त नाट्य कृति ही नहीं, एक महत्त्वपूर्ण ऐतिहासिक दस्तावेज भी है। इस नाटक में बंगाल में नील की खेती करनेवाले अँग्रेजों द्वारा शोषण, भारतीय किसानों के ऊपर अमानुषिक अत्याचारों की बड़ी भावपूर्ण अभिव्यक्ति हुई है। नाटक की बंगाली समाज और अँग्रेज शासक दोनों में अपने-अपने ढंग से तीव्र प्रतिक्रिया हुई। यही नहीं, इस नाटक को पढ़कर उस जमाने की चर्च मिशनरी सोसायटी के पादरी रेवरेंड जेम्स लौंग बहुत द्रवित हुए और उन्होंने नीलकरों द्वारा शोषण के प्रतिवादस्वरूप नाटक का अनुवाद अँग्रेजी में प्रकाशित किया तो उन पर अँग्रेज सरकार द्वारा मुकदमा चलाया गया और उन्हें एक महीने की जेल की सजा मिली।

बांग्ला के पहले सार्वजनिक, टिकट बिक्री से चलनेवाले मंच पर यह नाटक जब 1872 में खेला गया तो एकओर दर्शकों की भीड़ उमड़ पड़ी और दूसरी ओर अँग्रेजी अखबारों में इस पर बड़ी तीखी टिप्पणी हुई। 1876 में अँग्रेज सरकार द्वारा ड्रैमेटिक परफार्मेन्सेज कंट्रोल ऐक्ट के जारी किए जाने के पीछे अन्य बातों के अलावा नील दर्पण जैसे नाटकों की विद्रोही भावना का दमन भी एक उद्देश्य था।

यहाँ इस नाटक के अनुवाद के साथ रेवरेंड जेम्स लोंग पर चलाए गये मुकदमे का पूरा विवरण भी प्रकाशित है जिससे इसके ऐतिहासिक महत्त्व के अलावा तत्कालीन अँग्रेजी शासन में न्याय के पाखंड और पक्षपातपूर्ण व्यवहार पर भी प्रकाश पड़ता है।

पात्र

पुरुष

गोलोकचन्द्र बसु	
नवीनमाधव बसु बिन्दुमाधव बसु	गोलोकचन्द्र बसु के पुत्र
साधुचरण	पड़ोसी किसान
रायचरण	साधुचरण का भाई
गोपीनाथ दास	दीवान
आई.आई.वुड पी.पी. रोज़	नीलकर

अमीन, खलासी, मजिस्ट्रेट, मुख्तार, डिप्टी इन्सपेक्टर, पंडित, जेलर, डॉक्टर, उम्मीदवार, ग्वाला, वैद्य, चार बच्चे, लठैत, चरवाहा आदि।

स्त्री

सावित्री	गोलोकचन्द्र बसु की स्त्री
सैरिन्ध्री	नवीनमाधव की स्त्री
सरलता	बिन्दुमाधव की स्त्री
रेवती	साधुचरण की स्त्री
क्षेत्रमणि	साधुचरण की पुत्री
आदुरी	गोलोकचन्द्र के घर की नौकरानी
पदी	मिसरानी

प्रथम अंक

प्रथम गर्भांक

[स्वरपुर—गोलोकचन्द्र बसु के भंडारघर का बरामदा। गोलोकचन्द्र बसु और साधुचरण बैठे हैं।]

साधुचरण : मैंने तभी कहा था, मालिक अब यह देस छोड़िए, पर आपने सुना ही नहीं। गरीब की बात पर कौन कान देता है।

गोलोकचन्द्र : भैया, देश छोड़कर जाना क्या ऐसा ही आसान है? हम लोग यहाँ सात पीढ़ियों से रहते आये हैं। बड़े-बूढ़े जो ज़मीन-जायदाद बना गये, उसकी वजह से कभी दूसरे की नौकरी नहीं करनी पड़ी। जितना धान होता है उसमें बरस भर का खाना-पीना चल जाता है, मेहमानदारी चल जाती है, और पूजा का खर्च निकल आता है। जो सरसों मिलती है उससे तेल की ज़रूरत पूरी होने के बाद साठ-सत्तर रुपये की बिक्री भी हो जाती है। समझते हो भैया, मेरे सोने के स्वरपुर में किसी बात का दुख नहीं। खेत का चावल, खेत की दाल, खेत का तेल, खेत का गुड़, बगीचे की तरकारी और तालाब की मछलियाँ। ऐसी सुख की जगह छोड़ते किसकी छाती नहीं फटेगी? और कौन आसानी से छोड़ सकता है?

साधुचरण : अब तो सुख की जगह नहीं रही। आपका बगीचा तो गया ही, जमीन-जायदाद भी जाऊँ-जाऊँ हो रही है! अरे! तीन बरस भी तो नहीं हुए साहब को ठेका लिये, इसी बीच गाँव बरबाद कर डाला। दक्खिन पाड़े के मुखिया के घर की तरफ देखा तक नहीं जाता। हाय! क्या था, क्या हो गया! तीन बरस पहले

दोनों बखत साठ पत्तलें पड़ती थीं। दस हल थे, बैल भी चालीस-पचास तो होंगे ही। क्या आँगन था, जैसे कोई घुड़दौड़ का मैदान हो! हाय हाय! जब दाँय के लिए धान के ढेर लगाये जाते तो लगता मानो चन्दन वन में कमल खिले हों। गाय थी, जैसे कोई पहाड़ हो। गये बरस गोशाला की मरम्मत न होने से आँगन में पड़ी रहती है। धान की जमीन में नील नहीं बोया, इसलिए दोनों छोटे भाइयों की साहब साले ने एक साल कैसी पिटाई की थी। उन्हें छुड़ाकर लाने में कितनी परेशानी हुई, हल-बैल बिक गये। उसी धक्के से दोनों गाँव छोड़कर चले गये।

गोलोकचन्द्र : बड़े मुखिया दोनों को लौटा लाने गये थे न?

साधुचरण : उन लोगों ने कहा, झोली लेकर भीख माँग खाएँगे, पर उस गाँव में नहीं बसेंगे। बड़े मुखिया अब अकेले पड़ गये हैं। हाँ, दो हल रखे हैं, जो अक्सर ही नील की जमीन में लगे रहते हैं। ये भी भागने की फिकर में हैं। मालिक, आप भी देस की माया छोड़िए। पिछली बार आपका धान गया, इस बार इज्जत जाएगी।

गोलोकचन्द्र : इज्जत जाने में और बाकी ही क्या है? तालाब के चारों तरफ ज़मीन जुत गयी है। उसमें इस बार नील बोया जाएगा। फिर घर की औरतों का तालाब जाना बन्द। और साहब बेटा कहता है, अगर पूरब की कुछ धान वाली जमीन में नील नहीं बोया तो नवीनमाधव की अकल दुरुस्त करूँगा।

साधुचरण : बड़े बाबू कोठी गये हैं न?

गोलोकचन्द्र : कोई अपनी मर्ज़ी से गये हैं? प्यादा ले गया है।

साधुचरण : पर बड़े बाबू में है बड़ी हिम्मत। उस दिन साहब ने कहा, अगर तुमने जमीन-खलासी की बात न सुनी, और निशानवाली जमीन में नील न बोया, तो तुम्हारा घर-बार उठाकर बेत्रवती के पानी में फेंक दूँगा और तुम्हें कोठी के गोदाम में धान खिलाऊँगा। इस पर बड़े बाबू ने कहा, पिछले साल के पचास बीघे नील के दाम मिले बिना एक बीघा भी नील नहीं बोऊँगा। इसमें चाहे जान चली जाए, घर-द्वार की तो बात ही क्या है।

गोलोकचन्द्र : नहीं कहें तो क्या करें? जरा देखो, पचास बीघा धान होता तो मेरी गृहस्थी में कोई कमी रहती? फिर अगर नील के दाम ही चुका दें तो भी बहुत-कुछ तकलीफ़ मिट जाए। *(नवीनमाधव का प्रवेश।)* कहो बेटे, क्या कर आये?

नवीनमाधव : जी, माता के दुख की कहानी सुनाने से क्या काला साँप गोद के बच्चे को डसना छोड़ देता है? मैंने बहुत-कुछ कहा-सुना, पर उसकी कुछ समझ में न आया। साहब को एक ही रट है। कहता है, पचास रुपये लेकर साठ बीघे नील की लिखा-पढ़ी कर दो। बाद में दो बरस का हिसाब एक साथ चुका दिया जाएगा।

गोलोकचन्द्र : साठ बीघे नील करने पर दूसरी खेती में हाथ भी न लगा सकोगे। भूखों मरना पड़ेगा।

नवीनमाधव : मैंने कहा, साहब, हम लोगों के नौकर-चाकर, हल-बैल, सब आप नील की जमीन में लगा लीजिए। बस हमें बरस भर रोटी खिला दीजिएगा। हम वेतन नहीं चाहते। इस पर हँसी उड़ाता हुआ बोला, तुम लोग तो म्लेच्छ का भात नहीं खाते।

साधुचरण : जो लोग पेट के लिए नौकरी करते हैं, वे भी हमसे ज्यादा सुखी हैं।

गोलोकचन्द्र : हल चलाना करीब-करीब छोड़ दिया है, फिर भी तो नील से पीछा नहीं छूटता। जिद करने से क्या फायदा? साहब के साथ बहस नहीं चलती। बाँधकर मार लगाता है। इसीलिए मानने के सिवाय कोई चारा नहीं।

नवीनमाधव : आप जैसा कहेंगे, वैसा ही करूँगा। पर मेरा मन है एक बार मुकदमा करने का।

(आदुरी का प्रवेश।)

आदुरी : माँजी बिगड़ रई एँ, कित्ती अबेर हो गयी। आप लोग न्हाएँगे-धोएँगे नईं? भात सूख के काठ हो गया।

साधुचरण : *(खड़े होकर)* मालिक, इसका कुछ-न-कुछ परबन्ध कीजिए, नहीं तो हम लोग मारे जाएँगे। डेढ़ हल से नौ बीघे नील करना पड़ा तो खोपड़ी सिक जाएगी। मैं चलूँ, मालिक, हुकुम दीजिए। बड़े बाबू, नमस्कार।

(साधुचरण का प्रस्थान।)

गोलोकचन्द्र : भगवान इस जगह रहने-खाने देंगे, ऐसा नहीं लगता। जाओ बेटा, जाओ, नहा लो।

(सबका प्रस्थान।)

द्वितीय गर्भांक

[साधुचरण का मकान। हल लिये रायचरण का प्रवेश।]

रायचरण : *(हल रखकर)* अमीन साला बिल्कुल बाघ है, कैसा मेरे ऊपर झपटा। बाप रे बाप! लगा, मुझे खा जाएगा। साला किसी तरह नहीं माना। जबरदस्ती निसान लगा दिया। साँपोलतला की पाँचों बीघे जमीन नील में चली गयी तो बाल-बच्चे क्या खाएँगे। रो-झींककर देखता हूँ। फिर भी न छोड़ी तो कल ही यह गाँव छोड़ जाएँगे। *(क्षेत्रमणि का प्रवेश।)* भैया घर आ गये?

क्षेत्रमणि : बापू जमींदार के घर गये हैं। आते ही होंगे। चाची को देखने नहीं जाओगे? तुम बड़बड़ा क्या रहे हो?

रायचरण : बड़बड़ा रहा हूँ अपना सिर। जरा पानी तो ले आ। प्यास से गला सूख गया। साले से इतना कहा, पर एक नहीं सुनी।

(साधुचरण का प्रवेश। क्षेत्रमणि का प्रस्थान।)

साधुचरण : रायचरण, इतने सबेरे कैसे?

रायचरण : भैया, साले अमीन ने साँपोलतला की जमीन पर निसान मार दिया है। खाऊँगा क्या? बरस भर कैसे कटेगा? अरे, धरती क्या है, सोनचम्पा है। एक कोना काटकर महाजन को किनारे करता था। अब मैं क्या खाऊँगा, बाल-बच्चे क्या खाएँगे? इतनी बड़ी गिरस्ती भूखों मरेगी। बाप रे बाप, सबेरा होते ही दो सेर चावल का खरच है। सब भूखों मरेंगे। हाय रे फूटी तकदीर! फूटी तकदीर! नील से कैसे काम चलेगा! हाय! हाय!

साधुचरण : इस थोड़ी-सी जमीन का ही तो आसरा है। वह भी गयी तो फिर यहाँ रहकर क्या करेंगे? और जो दो-एक बीघे है उसमें तो फसल ही नहीं। फिर हल नील की जमीन में रहेगा तो जुताई कब करूँगा? तू रो मत! कल हल-बैल बेच, इस गाँव के मुँह पर झाड़ू मार बसन्त बाबू की जमींदारी में भाग चलेंगे।

(क्षेत्रमणि और रेवती का पानी लेकर प्रवेश।)

ले, पानी पी, पानी पी। डर क्या है? जिसने पैदा किया है वही अन्न भी देगा। तू अमीन से क्या कह आया?

रायचरण : क्या कहता? जमीन में निसान मारने लगा तो जैसे मेरी छाती पे चिता सुलगाता हो। मैंने पैर पकड़े, रुपया देना चाहा, पर उसने एक न सुनी। बोला, जा अपने बड़े बाबू के पास जा, अपने बाप के पास जा। फौजदारी करूँगा, यह कह आया हूँ। *(दूर से अमीन को आता देखकर)* वह देखो, साला फिर आ रहा है, सिपाही लेकर। पकड़कर कोठी ले जाएगा।

(अमीन और दो सिपाहियों का प्रवेश।)

अमीन : बाँध लो, साले रइए को बाँध लो।

(दोनों सिपाही रायचरण को पकड़कर बाँधते हैं।)

रेवती : हाय मैया, यह क्या! अरे, बाँधे क्यों हो? हाय हाय! *(साधु से)* तुम खड़े-खड़े क्या देखे हो? जमींदार के घर जाओ न, बड़े बाबू को बुलाके लाओ।

अमीन : *(साधु से)* तू कहाँ जाएगा, तुझे भी चलना होगा। ब्याना लेना रइए के बूते का नहीं। अँगूठा निशानी में बड़ा झमेला है। तू तो पढ़ा-लिखा है, तुझे रजिस्टर में दस्तखत करने होंगे।

साधुचरण : अमीन जी, इसे नील का ब्याना कहते हो? यह तो जोर-जबरदस्ती है! हाय री फूटी तकदीर, तुझसे छुटकारा नहीं! जिसके डर से भागा था उसी में फिर जा फँसा। पट्टे के पहले यहाँ तो रामराज था। पर मूरख बैरागी बना, देस में अकाल पड़ा।

अमीन : *(क्षेत्रमणि को देखकर स्वगत)* यह छोकरी तो बुरी नहीं। छोटे साहब तो ऐसा माल देखते ही लपक लेंगे। अपनी बहिन देकर बड़ी पेशकारी मिली, इसे देकर तो...अच्छा माल है। देखते हैं।

रेवती : छेत्तर बेटी, तू भीतर जा।

(क्षेत्रमणि का प्रस्थान।)

अमीन : चल रे साधु, इस वक्त चुपचाप कोठी चला चल।

(जाने लगता है।)

रेवती : इन्ने पानी माँगा था। अजी अमीन साहब, तुम्हारे क्या बाल-बच्चे नहीं? बस हल लाके रक्खा ही था कि जे मारपीट। हाय मैया! ज्वान-जवान लड़का, अब तक दो बार खायै-पीयै। बिना खाये साहब की कोठी जाएगा कैसे? वह तो बड़ी दूर है। दुहाई साहब की, दो कौर खा ले, फिर ले जाना। हाय हाय, बाल-बच्चों के लिए दुखी हैं, अभी तक आँखों से आँसू टपके हैं, मुँह सूख गया...क्या करें, कैसे जले देस में आये, जान-माल सब गया। हाय हाय हाय, जान-माल सब गया! *(रोती है।)*

अमीन : अरी, अपना मिनमिनाना बन्द कर, पानी देना है तो दे, नहीं तो ऐसे ही लिए जाता हूँ।

(रायचरण पानी पीता है और फिर सब जाते हैं।)

तृतीय गर्भांक

[बेगुनबाड़ी की कोठी, बड़े बँगले का बरामदा। आई.आई.वुड साहब और दीवान गोपीनाथ दास का प्रवेश।]

गोपीनाथ : हुजूर, मेरा क्या कुसूर, आप देखते ही हैं, बहुत सबेरे से भटकना शुरू करके तीसरे पहर घर लौटता हूँ, और खाने-पीने के बाद ही फिर ब्याने के कागज-पत्तर लेकर बैठ जाता हूँ। उसमें कभी आधी रात होती है, कभी एक बजता है।

वुड. : तोम साला बड़ा नालायक है। स्वरपुर, शामनगर, शान्तिघाटा इन तीन गाँवों में कोई बेयाना नेहीं हुआ। हंटर के बिना तोम दोरुस्त होगा नहीं।

गोपीनाथ : धर्मावतार! मैं तो हुजूर का चाकर हूँ। आपने ही मेहरबानी करके पेशकार से दीवान बनाया है। हुजूर मालिक हैं। चाहे मारिए चाहे काटिए। इस कोठी के कुछ बड़े कट्टर दुश्मन हो गये हैं, उनको दबाये बिना नील की तरक्की मुश्किल है।

वुड. : जानेगा नेहीं तो दबाएगा कैसे? हमरा रुपया, घोड़ा, लठैत, बल्लमदार, इतना है, इनसे दबेगा नेहीं? पुराना दीवान दुश्मन का बात हमको बताता था—तोमने नेहीं देखा, बदमाशों को कैसा कोड़ा लगाया, गाय-बैल छीन लिया, जोरू पकड़ लिया...जोरू पकड़ने से साला लोग बड़ा घबराता है। बदमाशी का कोई बात हाम नेहीं सुना...तोम हरामज़ादा हामको कुछ नेहीं बताया...तोम साला बड़ा नालायक है। दीवानी का काम कायत का नेहीं...तोमको जूता मारकर निकाल देगा और हाम किसी केवट को यह काम देगा।

गोपीनाथ : धर्मावतार! बन्दा जात का ज़रूर कायस्थ है, पर काम में केवट है, केवट जैसा ही काम कर रहा है। मुल्लाओं से धान छुड़ाकर नील की खेती कराने में, गोलोक बोस के खानदानी बगीचे और राजा के ज़माने की जमा-पूँजी निकलवा लेने में, मैंने जैसे-जैसे काम किये हैं, उन्हें केवट तो क्या चमार भी नहीं कर सकता। मेरी तो तकदीर ही खराब है। इसीलिए इतना करके भी जस नहीं।

वुड. : साला नवीनमाधव सब रुपया चुकती चाहता हाय, ओसको हाम एक कौड़ी नेहीं देगा। ओसका हेसाब दोरुस्त करके रक्खो। भेंचो, बड़ा मुकदमाबाज़। हाम देखेगा साला किस तरह रुपया लेता हाय।

गोपीनाथ : धर्मावतार! वह एक आदमी, कोठी का ख़ास दुश्मन है। पलाशपुर का जलाना कभी साबित न होता, नवीन बोस उसमें टाँग न अड़ाता तो। बेटा खुद ही दरखास्त का मसौदा बना लेता है। उसने वकील-मुख्तारों को ऐसा सलाह-मशविरा दिया कि उसके बल पर ही हाकिम की राय बदल गयी। इसी साले की चालाकी से पुराने दीवान को दो साल की सजा हुई। मैंने मना किया था, नवीन बाबू, साहब के खिलाफ कुछ मत

करो। साहब ने तुम्हारा तो घर नहीं जलाया। उस पर शैतान कहने लगा, ग़रीब रैयत को बचाने का ज़िम्मा लिया है। ज़ालिम नीलकरों के अत्याचार से अगर एक किसान को भी बचा सका तो अपने को धन्य समझूँगा। और दीवान जी को जेल भिजवाकर अपने बगीचे का बदला लूँगा। बेटा जैसे पादरी हो। साला इस बार क्या साजिश कर रहा है कुछ समझ में नहीं आता।

वुड. : तोम डर गया हाय, हाम बोला नेहीं कि तोम बड़ा नालायक, तोमसे काम नेहीं होगा।

गोपीनाथ : हुजूर डरने जैसी बात आपने क्या देखी? जब इस पदवी पर पैर रक्खा तो डर, शरम, लज्जा, मान-मर्यादा सबको घोलकर पी लिया। गोहत्या, ब्रह्म-हत्या, स्त्री-हत्या, आगजनी तो अब बदन के गहने हो गये हैं और जेलखाने में तो एक पैर ही डाल रखा है।

वुड. : हाम बात नेहीं चाहता, काम चाहता हाय।

(साधुचरण, रायचरण, अमीन और दो सिपाहियों का सलाम करते-करते प्रवेश।)

वुड. : इन बज्जातों का हाथ में रस्सी क्यों हाय?

गोपीनाथ : धर्मावतार, यह साधुचरण एक इज्जतदार किसान है, पर नवीन बोस के कहने से नील की बर्बादी में लग गया है।

साधुचरण : धर्मावतार, नील के खिलाफ कोई काम न मैंने किया, न करता हूँ और न करने की ताकत है। मर्जी से, बेमर्जी से नील ही बोया है, इस बार भी बोने को तैयार हूँ। पर हर बात की हद होती है, आधे अँगुल की नली में आठ अँगुल बारूद भरने से फटेगी ही। मैं बहुत ही मामूली किसान हूँ, डेढ़ हल मेरे पास है, कुल आबाद जमीन बीस बीघे है, जिसमें से नौ नील में चली जाए तो दिल दुखता ही है। पर दिल दुखने से मैं ही मरूँगा, हुजूर का क्या है।

गोपीनाथ : साहब को डर है कहीं तुम उन्हें बड़े बाबू के गोदाम में क़ैद न करवा दो।

साधुचरण : दीवान जी साहब, मरे को क्यों मारते हैं? मैं एक कीड़े से भी

गया-बीता साहब को क्या कैद करूँगा, प्रबल प्रतापशाली...

गोपीनाथ : साधु, अपनी लच्छेदार बातें बन्द कर। किसान के मुँह से अच्छी नहीं लगतीं, जैसे कोई झाड़ू मारता हो...

वुड. : भैंचो, बड़ा पंडत हो गया हाय!

अमीन : यह शैतान, किसानों को कानून-कायदे समझाकर आसमान सिर पर उठाये है। भाई तो हल खींचता है और आप बोलते हैं, 'प्रतापशाली'...

गोपीनाथ : मेढकी को जुकाम! धर्मावतार, देहातों में स्कूल बनने से किसानों में सरकसी बढ़ गयी है।

वुड. : गवर्नमेंट में इस बारे में दरखास्त का वास्ते हाम लोगों का सभा को लिखना होगा। स्कूल बन्द कराने का कोशिश करेगा।

अमीन : बदमाश मुकदमा चलाना चाहता है।

वुड. : *(साधुचरण से)* तोम साला बड़ा बज्जात हाय। तोमरा बीस बीघा ज़मीन में से नौ में नील बोने को बोला तो तोम बाकी में धान क्यों नहीं करता?

गोपीनाथ : हुजूर, कुल जितना नुकसान हुआ है, उसे देखते नौ क्यों बीसों बीघे का पट्टा कर लीजिए न?

साधुचरण : *(स्वगत)* हे भगवान! चोर का भाई गठकटा! *(जोर से)* हुजूर, जिस नौ बीघे पर नील के लिए निशान लगाया गया है उसमें अगर कोठी के हल-बैल और आदमी से खेती करा ली जाए तो मैं बाकी में नये सिरे से धान कर सकता हूँ। धान की जमीन में जितनी मेहनत चाहिए उससे चार गुनी नील में लगती है। इसलिए नौ बीघे में नील करने से बाकी ग्यारह बीघे भी पड़े ही रहेंगे, नयी जमीन आबाद करने की तो बात ही क्या।

वुड. : साला बड़ा हरामजादा। बेमाने का रुपया लेगा तू, खेती कराएगा हाम! साला बज्जात कहीं का! *(जूता मारता है।)* हंटर का साथ मुलाकात होने से सब हरामीपना छूट जाएगा। *(दीवार से चाबुक उतारता है।)*

साधुचरण : हुजूर, मक्खी मारकर हाथ काला करने के बराबर है, हम लोग...

रायचरण : *(क्रोध से)* ए भैया, तुम चुप रहो, जो चाहता है करने दो। भूख के मारे दम निकला जा रहा है। दिन भर हो गया, न माया मिली न राम!

अमीन : क्यों बे साले, फौजदारी नहीं की? *(कान मलता है।)*

रायचरण : *(हाँफते हुए)* मर गया, हाय मैया! मर गया!

वुड. : ब्लडी निगर, मारो भैंचो को!

(चाबुक मारता है।)

(नवीनमाधव का प्रवेश।)

रायचरण : बड़े बाबू, मर गया मैं तो! कोई पानी दो! मार डाला रे!

नवीनमाधव : धर्मावतार, इन लोगों का अभी नहाना-खाना कुछ नहीं हुआ। इनके घरवालों ने अभी सबेरे से पानी तक नहीं पिया। हंटर की मार से किसानों को खत्म कर डालेंगे तो फिर आपके नील की खेती कौन करेगा? इस साधुचरण ने पिछले बरस कितनी मुसीबत से चार बीघे नील किया था। अगर ऐसी मारपीट से और ज्यादा ब्याना थोपने से यह फरार हो गया तो आप ही का नुकसान होगा। इन लोगों को आज छोड़ दीजिए। कल सबेरे मैं सबको लाकर जो आप कहेंगे वही करवा जाऊँगा।

वुड. : तोम अपना चरखा में तेल दो। दूसरा का मामला में टाँग अड़ाने का क्या ज़रूरत? साधू घोष, तेरा क्या कहना है, बोल? हमरा खाने का वक्त हो गया।

साधुचरण : हुजूर, मेरे कहने से क्या होता है? आप खुद जाकर अच्छे-से-अच्छे चार बीघों पर निशान लगा आये हैं। जो थोड़ी-बहुत अच्छी जमीन बाकी थी उस पर आज अमीन साहब ने निशान लगा दिया। जैसे मेरी बेमाली जमीन तै हो गयी, वैसे ही नील भी हो जाएगा। मैं मंजूर करता हूँ बिना ब्याने नील लगाऊँगा।

वुड. : हमरा बेयाना साब झूठा है! हरामजादा, बज्जत, बेईमान! *(चाबुक से मारता है।)*

नवीनमाधव : *(साधुचरण की पीठ को हाथ से ढँकते हुए)* हुजूर, बेचारे गरीब आदमी को मार ही डाला। हाय, हाय! उसके घर में बहुत-से खानेवाले हैं। इस मार से महीने भर बिस्तर से न उठ सकेगा। ओफ! उसकी घरवाली कितनी दुखी होगी, साहब!

आपकी भी घरवाली है। खाने के वक्त आपको कोई ऐसे पकड़कर ले जाए तो मेमसाहब को कितना बुरा लगेगा!

वुड. : चोप रहो! साला, भैंचो, पाजी, गायखोर। यह अमरनगर का मजिस्ट्रेट नेहीं कि बात-बात में शिकायत करेगा और कोठी के लोगों को पकड़कर जेल भेज देगा। तोमारा इन्द्राबाद का मजिस्ट्रेट मर गया। रैस्कल आज ही साठ बीघा जमीन का बेयाना लिख देगा तभी तेरा छुटकारा है। नेहीं तो यह हंटर तेरा सिर पर टूटेगा! बदमाश! तेरा वजह से दस गाँव का बेयाना बन्द है।

नवीनमाधव : *(लम्बी साँस लेकर)* हे धरती माँ! तू फट जा, मैं उसमें समा जाऊँ! ऐसा अपमान मेरे जीवन में कभी नहीं हुआ...हे भगवान!

गोपीनाथ : नवीन बाबू, बात बढ़ाने से क्या फायदा? आप घर जाइए!

नवीनमाधव. : साधू, भगवान को पुकार, वही गरीब का रखवाला है।

(नवीनमाधव का प्रस्थान।)

वुड. : गोलाम का गोलाम! दीवान, दफ्तर में ले जाओ और दस्तूर माफिक बेयाना दे दो।

(वुड का प्रस्थान।)

गोपीनाथ : चल साधू, दफ्तर चल! साहब बातों में नहीं भूलते। तुम्हारे चावल पर तो राख पड़ गयी। नील के यम का तुम पर आक्रमण हुआ। अब तुम नहीं बच सकते।

(सबका प्रस्थान।)

चतुर्थ गर्भांक

[गोलोक बसु का दालान। सैरिन्ध्री चोटी गूँथती हुई दिखाई पड़ती है।]

सैरिन्ध्री : मेरे हाथों ऐसी चोटी एक भी नहीं हुई। छोटी बहू बड़ी भागवान है। उसके नाम से जो भी करूँ अच्छा होवै है। जैसे

घने बाल, वैसी ही चोटी भी हुई। अहा! बाल क्या, काली माता के केश हैं। चेहरा भी तो कमल का फूल है, सदा खिला ही रहै है। लोग कहे हैं जेठानी देवरानी को देख नहीं सकै। पर मुझे तो कभी ऐसा नहीं लगा। छोटी बहू का मुँह देखकर मेरी तो छाती ठंडी हो जाये है। मेरा तो जैसा विपिन वैसी ही छोटी बहू। छोटी बहू भी मुझे माँ की तरह प्यार करै है।

(छींका हाथ में लिये सरलता का प्रवेश।)

सरलता : जीजी, देखो न, मैंने छींके का तला बुन लिया।...ठीक नईं है?

सैरिन्ध्री : *(देखकर)* हाँ, अब बिल्कुल ठीक है। ए भैन, यहाँ तुम चूक गयीं, लाल के बाद पीला नहीं खिलै।

सरलता : मैंने तो तुम्हारा छींका देखके बुना था।

सैरिन्ध्री : उसमें लाल के बाद पीला है?

सरलता : नईं, उसमें तो लाल के बाद हरा है। पर मेरा हरा डोरा निबट गया, तो मैंने यहाँ पीला लगा दिया।

सैरिन्ध्री : तुम्हें हाट के दिन तक का सबर नहीं हुआ। तुम्हें तो हर काम में जल्दी रहै है।

सरलता : वाह, इसमें मेरी क्या गलती? हाट में कहाँ मिलै? पिछली हाट के दिन अम्मा जी ने बाबू जी से लाने को कहा था, पर मिला ही नहीं।

सैरिन्ध्री : तो जब देवर जी को चिट्ठी लिखी जाएगी तब पाँच रंग के डोरे की बात भी लिखवा दूँगी।

सरलता : जीजी, इस महीने में और कित्ते दिन हैं...

सैरिन्ध्री : *(हँसकर)* जहाँ दरद हो, हाथ वहीं जाए। कालेज बन्द होने पर देवर जी के घर आने की बात है...इसी से तुम दिन गिन रही हो। मन की बात निकल पड़ी, बहन।

सरलता : राम कसम जीजी, मैंने यह सोचकर नहीं पूछा था...राम की सौगन्ध!

सैरिन्ध्री : हमारे देवर जी भी कैसे भले हैं, कैसी मीठी बातें लिखै हैं। ये लोग जब उनकी चिट्ठियाँ पढ़ें तो जैसे अमरित बरसै। भाई के लिए ऐसी भकती कभी नहीं देखी। भैया के पिरेम का भी क्या कहना। बिन्दुमाधव का नाम सुनते ही मुँह लाल हो जावै

है और छाती गजभर की। जैसे गेरे देवर जी, वैसी ही मेरी छोटी बहू... *(सरलता का गाल दबाकर)* सरलता तो सरलता ही है। मैं क्या तमाकू की डिबिया नहीं लायी? घंटे भर भी तमाकू बिना चैन नहीं पड़ै, पर डिबिया जाने कहाँ भूल आयी। *(आदुरी का प्रवेश।)* अरी आदर, तमाकू की डिबिया तो ले आ बहन।

आदुरी : कहाँ ढूँढूँ?

सैरिन्ध्री : अरे, रसोईघर के बरामदे में दाहिनी तरफ छप्पर की कड़ी में अटकी है।

आदुरी : तो फिर खलिहान से सीढ़ी ले आऊँ, नहीं तो छप्पर पर चढ़ूँगी कैसे?

सरलता : ठीक समझी!

सैरिन्ध्री : क्यों, अम्मा जी की बात तो वह खूब समझ लेवै। तू बरामदा नहीं समझै? दाहिनी तरफ नहीं जानै?

आदुरी : मैं डाइनी क्यों होने लगी? सब मेरी तकदीर का दोस है, गरीबनी बूढ़ी हुई और दाँत गिरे कि वह डाइनी हो गयी। माँजी से कहूँगी, मैं क्या डाइन कहने लायक बूढ़ी हो गयी हूँ।

सैरिन्ध्री : मरे हम तो! *(उठते हुए)* छोटी बहू, बैठ, मैं अभी आयी, विद्यासागर की बेताल सुनूँगी।

(सैरिन्ध्री का प्रस्थान।)

आदुरी : वही सागर जिसमें राँड़ का ब्याह होवै है?...दो मंडलियाँ हो गयी हैं न, मैं आजाद की मंडली में हूँ।

सरलता : हाँ आदुरी, तेरा भरतार तुझे प्यार करै था?

आदुरी : छोटी बहू, उस मुँहजले की बात मत करौ। उसकी याद आते ही आज भी मेरा जी भर आवै। मुझसे बड़ा पिरेम करै था। मुझे बाजूबन्द पहनावै था। कहै था, पोंची की क्या बात, मन मिल गया तो बाजूबन्द पहना दूँगा। मुझे सोने नहीं देवै था, झपकी आयी कि कहै, 'अरी, सो गयी क्या?'

सरलता : तू भरतार का नाम लेकर पुकारै थी!

आदुरी : राम, राम! भरतार तो बड़ा होए, उसका कहीं नाम लेते होंगे!

सरलता : तो फिर क्या कहकर बुलायै थी?

आदुरी : मैं कहूँ थी, अजी, एजी, सुनो हो जी...

(सैरिन्ध्री का प्रवेश।)

सैरिन्ध्री : फिर पगली को चेता दिया?

आदुरी : मेरे आदमी की बात पूछी, इसी से कहने लगी।

सैरिन्ध्री : *(हँसकर)* छोटी बहू भी एक ही पागल है। इतनी चीजें होते हुए भी आदुरी के भरतार की कहानी खोद-खोदकर सुनी जा रही है।

(रेवती और क्षेत्रमणि का प्रवेश।)

सैरिन्ध्री : आ घोष जीजी, आ, तुझे तो कई दिन से बुला रही हूँ, पर तेरा तो निकलना ही नहीं होवै। छोटी बहू, लो, आ गयी तुम्हारी छेत्तरमनी। इतने दिनों मुझे पागल कर छोड़ा। कहै थी, 'जीजी, छेत्तरमनी ससुराल से लौटने के बाद हमारे घर नहीं आयी।'

रेवती : हमारे ऊपर बड़ी किरपा है। छेत्तर, अपनी चाचियों के पैर छू।

(क्षेत्रमणि प्रणाम करती है।)

सैरिन्ध्री : जीती रहो, दूधो नहाओ, पूतों फलो।

आदुरी : मेरे आगे तो छोटी बहू के मुँह से फूल झरा करें, छोरी ने पैर छुये तो जीओ-मरो एक बात भी नहीं कही।

सैरिन्ध्री : काली मैया रच्छा करें...आदुरी, जा, अम्मा जी को बुला ला। *(आदुरी का प्रस्थान।)* जलमुँही क्या कहते क्या कह बैठे, कुछ नहीं समझै... कितने महीने हुए?

रेवती : वह बात, जीजी, मैंने आज तक जाहिर नहीं की। मेरी फूटी तकदीर, सच या झूठ, यह भी कैसे पता चले। तुम लोग तो अपनी ही हो, इसी से कहूँ हूँ...इस महीने के और कुछ दिन पीछे चौथा लगेगा।

सरलता : अभी तो पेट नहीं दिखाई पड़ा।

सैरिन्ध्री : यह भी एक ही पगली है। अभी तीन महीने पूरे नहीं हुए और यह पेट देखने लगी।

सरलता : छेत्तर, तुमने पट्टे[1] क्यों निकाल दिये?

क्षेत्रमणि : मेरे पट्टे देखकर मेरे जेठ बड़े बिगड़े। सास से कहा, 'पट्टे कस्बियों और बड़े घरों की औरतों के ही भले।' मैं तो सुनकर

---

1. पट्टे : बालों के कुंडल

सरम से मर गयी, उसी दिन पट्टे निकाल दिये।

सैरिन्ध्री : छोटी बहू, जाओ बहन, कपड़े उठा लाओ, संझा हो गयी।

(आदुरी का फिर से प्रवेश।)

सरलता : *(खड़े होते हुए)* चल आदुरी, छत पै साड़ी उठाएँ।

आदुरी : छोटे बाबू पहले घर ही आएँ, हा-हा, हा-हा!

(जीभ काटते हुए सरलता का प्रस्थान।)

सैरिन्ध्री : *(क्रोध से हँसते हुए)* चल कलमुँही, हर बात में ठट्ठा...अम्मा जी कहाँ हैं...*(सावित्री का प्रवेश।)* ये आ गयीं।

सावित्री : घोषबहू आयी है, अपनी बेटी को भी लायी है? बड़ा अच्छा किया...विपिन मचल रहा था, उसे चुप कराके बाहर देकर आयी हूँ।

रेवती : माँजी, पैरों पड़ूँ। छेत्तर, अपनी नानी जी के पैर छू।

(क्षेत्रमणि प्रणाम करती है।)

सावित्री : सुखी रहो, सात पूत की माँ हो...*(नेपथ्य से खाँसी सुनाई देती है।)* बड़ी बहू, भीतर जाओ, बेटे की नींद खुल गयी दीखै। हाय हाय! बिचारे का न बखत से नहाना, न खाना, सोच-फिकर में नवीन मेरा सूखकै काँटा हो चला...*(नेपथ्य में 'आदुरी' को पुकारने की आवाज सुनाई देती है।)* जाओ बेटी, शायद पानी माँगै हैं।

सैरिन्ध्री : *(बाहर आदुरी से)* आदुरी, तुझे बुला रहे हैं।

आदुरी : बुलाये हैं मुझे, पर चाहे हैं तुम्हें!

सैरिन्ध्री : कलमुँही!...घोष जीजी, फिर किसी दिन आना।

(सैरिन्ध्री का प्रस्थान।)

रेवती : माँजी, यहाँ कोई और तो नहीं है?...मैं तो बड़ी मुसीबत में पड़ गयी हूँ। पदी मिसरानी कल हमारे घर आयी थी...

सावित्री : राम राम राम, उस छिनाल कुटनी को कौन घर में आने दे है...उसने कसर ही क्या छोड़ी है, नाम क्यों नहीं लिखा लेवै...

रेवती : माँजी, मैं क्या करूँ, हमारा तो कोई बन्द घर-दुआर है नहीं, मरद खेत-खलिहान चले गये तो फिर घर क्या और बजार क्या। छिनाल क्या कहै थी...माँजी, मेरा तो दिल धड़कै है...मरी कहै थी, छोटे साहब घोड़े पे जावै था। उसने छेत्तर

को देखा तो पागल हो गया, और एक बार उसके साथ कोठी आने को कहा है।

आदुरी : थू, थू, थू।...बदबू? प्याज की बदबू!...साहब के पास क्या हम जा सकें हैं, बदबू, थू! प्याज की बदबू!...मैं तो अब कहीं अकेली नहीं जाने की—सब सह सकूँ, प्याज की बदबू नहीं।...थू-थू, बदबू! प्याज की बदबू!

रेवती : माँजी, गरीब का धरम क्या धरम नहीं है? हरामजादी कहै थी, रुपया मिलेगा, धान की जमीन छूट जाएगी, और जमाई को काम मिल जाएगा...चूल्हे में गया ऐसा रुपया। धरम क्या बेचने की चीज है...या इसका कोई दाम हो सकै है? क्या कहूँ, छिनाल साहब के मुँहलगी है, नहीं तो लात से मुँह तोड़ देती। बिटिया को तो काटो तो खून नहीं। कल से रह-रहकै चौंक उठै है।

आदुरी : मैया री, कैसी दाढ़ी है। बात करै जैसे कोई पागल बकरी मुँह मारै! दाढ़ी और प्याज न छोड़ै तो मैं तो कभी न जाऊँ। थू-थू-थू! बदबू, प्याज की बदबू!

रेवती : माँजी, वह हत्यारी बोली, मेरे संग नहीं भेजा तो जबरदस्ती पकड़वा मँगवाएगा।

सावित्री : कोई अन्धेर है!...इंगरेज के राज में कोई घर में घुसकर जबरदस्ती लड़की ले जा सकै है?

रेवती : माँजी, किसान के घर में क्या नहीं हो सके? औरतों को पकड़कर मरदों को काबू में करै हैं। नील के ब्याने के लिए कर सकें तो नजर पड़ने पर नहीं कर सकें? माँजी, नहीं जानतीं? नैदावाले राजीनामे को तैयार नहीं भये तो उनकी मँझली बहू को घर में घुसकर उठा ले गये।

सावित्री : बड़ा अन्धेर है! साधू को बतायी यह बात?

रेवती : नहीं माँजी, वह वैसे ही नील के धक्के से पागल से हैं, उस पर यह बात सुनकर तो फिर खैर ही नहीं। गुस्से में क्या से क्या कर बैठें, कुछ ठीक है?

सावित्री : अच्छा, मैं बड़े मालिक से यह बात साधू से कहलवा दूँगी, तुम्हें कुछ कहने की जरूरत नहीं। कैसी आफ़त है! ये

नीलकर साहब जो करैं थोड़ा है। पर लोगों का तो कहना है, गोरे लोग बड़ा इंसाफ करै हैं। मेरा बिन्दु तो गोरों की कितनी बड़ाई किया करै है...क्या ये लोग नहीं हैं गोरे, या ये लोग गोरों के चंडाल हैं?

रेवती : मिसरानी छिनाल एक और बात कह गयी। वह स्यात् बड़े बाबू ने सुनी हो...। कोई एक नया हुकम निकला है, जिससे ये साहब लोग मजरेट साहब से मिलकै चाहे जिसे छह महीने की सजा करा सके हैं। बड़े मालिक को ही इस फन्दे में फँसाने की कोसिस में लगे हैं।

सावित्री : *(लम्बी साँस लेकर)* माँ काली को यही मंजूर है, तो यही होगा।

रेवती : माँजी, वह कितनी बातें कह गयी, मैं तो सब समझूँ ही नहीं। कहै थी, इस सजा की कोई अपील नहीं...

आदुरी : सजा मरी का पेट नहीं, भट्टी है!

सावित्री : आदुरी, तू जरा चुप भी रह।

रेवती : कोठी की मेम ने मुकदमा चलाने के लिए मजरेट साब को चिट्ठी लिखी है। मेम की बात हाकिम बहुत सुने हैं...

आदुरी : मेम को मैंने देखा है, न लज्जा, न सरम...जिले के हाकिम मजरेट साब, कित्ती लाल पगड़ी, तलवार वाले घूमे हैं, मैया री, नाम लेते ही दिल धड़धड़ करे है...उस साहब के संग घोड़े पै बैठ के घूमने आयी। औरत जात होकर घोड़े पै बैठे!...किसन की काकी ने घर के जेठ से हँस के बात करी, इसी पर लोगों ने उसे कित्ता भला-बुरा कहा। जे तो फिर जिले का हाकिम ठैरा।

सावित्री : तू अभागी किसी दिन मरेगी, मैं जानूँ। संझा हो गयी, घोषबहू, तुम लोग घर जाओ। माँ दुर्गा सब भली करेंगी।

रेवती : चलूँ माँजी, तेली से तेल लेकर जाऊँगी तब घर में दिया-बत्ती होगी।

(रेवती और क्षेत्रमणि का प्रस्थान।)

सावित्री : हर बात पर कुछ न कुछ कहे बिना तेरा काम नहीं चलै?

(सिर पर साड़ियाँ रखे सरलता का प्रवेश।)

आदुरी : ये लो, धोबन कपड़े ले आयी।

(सरलता जीभ काटकर कपड़े रख देती है।)

सावित्री : धोबन क्यों होगी री? मेरी सोने की बहू, मेरी राजलक्ष्मी। *(पीठ पर हाथ रखकर।)* हाँ, बेटी, तुम्हारे सिवा क्या हमारे यहाँ कोई कपड़े लानेवाला नहीं रहा? तुम क्या कहीं घंटे भर चुपचाप नहीं टिक सको? ऐसी पगली के पेट से जनमी हो!...साड़ी में खोंता कैसे लगा? बदन में भी खरोंच लगी है? ...हाय! बिटिया का लाल कमल जैसा रंग है, जरा-सी खरोंच से खून निकला पड़े है। तुम बेटी, अँधेरी सीढ़ी से मत आया-जाया करो।

(सैरिन्ध्री का प्रवेश।)

सैरिन्ध्री : चल छोटी बहू, घाट चलें।

सावित्री : जाओ बेटी, दोनों बहनें इस बखत दिन रहते-रहते हाथ-पैर धो आओ।

(सबका प्रस्थान।)

द्वितीय अंक

प्रथम गर्भांक

[बेगुनबाड़ी कोठी का गोदाम। तोराप और चार किसान बैठे हैं।]

तोराप : चाहे मार क्यों न डालें, मैं नमकहरामी नहीं करूँगा...जिन बड़े बाबू की वजह से जान बची है, जिनकी जमींदारी में खेती करता हूँ, जो बड़े बाबू हल-बैल बचाने को परेशान हैं, झूठी गवाही देकर उन्हीं बड़े बाबू के बाप को कैद करा दूँ? मुझसे कभी न होगा, चाहे जान चली जाए।

पहला कि. : मार के आगै भूत भागै। श्यामचन्द की चपेट आसान नहीं। हमारी आँखों पै क्या चमड़ा नहीं, या हमने बड़े बाबू का नमक नहीं खाया...पर करैं क्या? गवाही नहीं दी तो जिन्दा न छोड़ेगा...वुड साहब मेरी छाती पै चढ़ गया...देखो अभी तक खून गिर रहा है...शैतान का पैर है या किसी साँड़ का खुर!

दूसरा कि. : कीलों की चोट होगी...साहब कीलों के तलेवाला जूता पहने है, नहीं जाने?

तोराप : *(दाँत पीसकर)* धत्तेरे की, कीलों की मार-पीट! खून देखकर मेरे बदन में आग लग गयी है। ओफ! क्या कहूँ, साला कभी भातारमारी के मैदान में मिल जाए, तो ऐसी मरम्मत करूँ! साले का जबड़ा आसमान में उड़ा दूँ, उसकी गिटपिट सब निकल जाए...

तीसरा कि. : मैं तो मजूर आदमी ठहरा...मेहनत करके पेट पालूँ हूँ। मालिक के कहने से नील नहीं बोया, यह मेरे लिए नहीं चलने की। फिर मुझे गुदाम में क्यों बन्द कर रखा है? ताना के जापे के

दिन पास हैं, सोचा था इस बार मेहनत करके कुछ बचा लूँगा और जापे के बखत चार सगों को बुलाऊँगा। पर पाँच दिन से यहाँ गुदाम में सड़ूँ हूँ, अब वहाँ अन्दराबाद ढकेलेगा।

दूसरा कि. : अन्दराबाद में एक बार गया था...वही भावनापुरी की कोठी, जिस कोठी के साहब को सब लोग भला कहे हैं...उस साले ने मुझे एकदम फौजदारी में फँसा दिया। मैंने सहर की कचैरी में बड़ा तमासा देखा। ओफ, मेज के पास बैठ मजरेट साब ने जैसे ही आवाज मारी, वैसे ही दो साले मुखतार रौ-रौ करते हुए झपट पड़े। आपस में ऐसी खींचातानी हुई कि मुझे लगा मैना के मैदान में सादखाँ के सफेद बैल और जमादार के साँड़ में लड़ाई लग गयी है।

तोराप : तेरी गलती क्या निकली? भावनापुरी का साहब तो झूठा गोलमाल नहीं करै। सच्ची बात कहना, घोड़ा चढ़के जाना। सब साले अगर उस साले जैसे ही होते तो सालों की इतनी बदनामी नहीं होती।

दूसरा कि. : क्या कहने! अब साले का इस्कूल करना सब निकल गया। साले के गुदाम में सात आसामी निकले। एक छोटा लड़का भी था। सालों ने गाय-बकरी गुदाम में भरे थे। साला ऐसा गोलमाल मचा है, बाप रे बाप!

तोराप : साले भला आदमी देखते ही खाने को दौड़ें, मजरेट साहब को भगाने की कोसिस में लगे हैं।

दूसरा कि. : इस जिले का मजरेट नहीं...उस जिले के मजरेट ने गलती क्या कर दी, यह भी पता नहीं चलता।

तोराप : कोठी पर खाने नहीं गया। हाकिम को बस में करने के लिए खाना पकवाया, पर वह चोरी की गाय की तरह भाग गया, खाने नहीं गया...। वह बड़े आदमी का बेटा है, नील के भूतों के घर क्यों जाए! मैं इनकी असलियत समझ गया हूँ। ये साले विलायत के नीच जात हैं।

पहला कि. : तो फिर यहाँ के गरनल साब क्यों कोठी-कोठी भात खाते फिरे? देखा नहीं, साले जलूस बनाकर उन्हें दूल्हे की तरह हमारी कोठी में लाये थे?

दूसरा कि. : उनका भी हिस्सा होगा।

तोराप : अरे, नहीं लाट साब नील का हिस्सा ले सकें? वह नाम कमाने आये थे। इन गरनल साब को अगर खुदा ने जिन्दा रखा, तो दाल-भात में कोई खटका नहीं। और साले नील के भूत भी छाती पै मूँग न दल सकेंगे...

तीसरा कि. : *(डरकर)* मैं तो मरा, ये भूत एक बार पकड़ ले तो फिर छोड़ै ही नहीं। बहू कहती थी।

तोराप : इस बीबी के भैया को क्यों ले आये हैं? कोई बात इसकी समझ में ही नहीं आवै। साब लोगों के डर से जब रैयत गाँव छोड़ने लगी, तो बसीरुद्दीन ने एक छन्द रच दिया।

चौथा कि. : हाय! मेरे घर क्या हो रहा है कुछ पता नहीं। मैं तो तीनगाँव का रहनेवाला हूँ, मुझे स्वरपुर से क्या सरोकार जो बोस भैया की सला से ब्याना लौटाता? मेरे छोटे बच्चे का बदन गरम हुआ था तब एक बार बोस बाबू से दवाई लेने स्वरपुर आया था। अहा! कैसे रहमदिल थे, कैसा चमकीला चेहरा, कैसा अनोखा रूप, जैसे खुद देवी माता बैठी हों।

तोराप : इस बार कै बीघे की है?

चौथा कि. : पिछली बार दस बीघे बोया था, उसके दाम में हील-हुज्जत हुई...इस बार पन्द्रह बीघे का ब्याना थमा दिया। जो कहें वही करूँ फिर भी तो पीछा नहीं छोड़ें।

पहला कि. : मैंने दो बरस से हल चलाकर एक परती जमीन तोड़ी थी। इस बार त्यार थी, सोचा था इसमें तिली बोऊँगा। उस दिन छोटा साब घोड़े पै चढ़ा आया और खड़े-खड़े जमीन पर निशान मार गया। किसान का रखवाला कौन है?

तोराप : यह अमीन साले की बदमासी है। साब को सब जमीन की क्या खबर? वही साला सब ढूँढ़-ढूँढ़ कर पता बतावै है। साला पागल कुत्ते की तरह चक्कर काटै है, जैसे ही अच्छी जमीन पै नजर पड़ी कि साब का निसान मारा। साब के पास तो रुपये की कमी नहीं, उसे तो महाजन का मुँह नहीं ताकना पड़े, साला फिर इस तरह क्यों मरे है। नील करना है तो कर, बैल जोड़ी खरीद, हल बनवा, खुद खेती नहीं होवै तो मजूर

रख। तुझे जमीन की क्या कमी, गाँव के गाँव क्यों नहीं खेती कर लेवै? हम लोगों को कुदाली देने में तो कोई ऐतराज नहीं। तो फिर दो बरस में ही नील के ढेर लग जाएँ। पर साला सो नहीं करेगा, साले को रैयत का वह बड़ा मीठा लगा है, इसी से चूसै है, इसी से चूसै है...*(नेपथ्य में 'हो-हो, हाय मैया, हाय मैया' का शब्द सुनाई पड़ता है।)* गाजी साब, गाजी साब, अरे राम का नाम लो। यहाँ कोई भूत है। चुप रह, चुप रह...

(नेपथ्य से) : हाय नील! तुम हमारे सत्यानास के लिए ही इस देश में आये थे...हाय, हाय! यह दुख अब और नहीं सहा जाता, इस कम्पनी की और कितनी कोठियाँ बाकी हैं, पता नहीं, डेढ़ महीने में चौदह कोठियों का पानी तो पी चुका। इस वक्त कौन-सी कोठी में हूँ यह भी तो नहीं मालूम। और मालूम भी कैसे हो, रात के वक्त, आँखें बाँधकर एक कोठी से दूसरी में ले जाते हैं। ओह! हे माँ, तुम कहाँ हो?

तीसरा कि. : राम, राम, राम, काली, काली, दुर्गा, गनेश, असुर!...

तोराप : चुप, चुप!

(नेपथ्य से) : हाय, पाँच बीघा जमीन का ब्याना लेने से ही इस नरक से छुटकारा मिल सकता है...हे मामा! ब्याना लेना ही ठीक है। खबर देने का भी कोई रास्ता नहीं दीखता। जान होठों पर है, बात कहने तक की ताकत नहीं है माँ! तुम्हारे चरन डेढ़ महीने से नहीं देखे!

तीसरा कि. : लौटकर बहू को यह बात सुनाऊँगा...सुन तो लिया, मर कै भूत हो गया पर ब्याने से पीछा नहीं छुड़ा सका।

पहला कि. : तू आदमी ऐसा सिड़ी है...

तोराप : सरीफ खानदान का है, मैं बात से समझ गया...परान चाचा, मुझे कन्धे पै चढ़ा ले तो मैं खिड़की में से पूछूँ उसका घर कहाँ है...

पहला कि. : तू तो मुसलमान है।

तोराप : तब तू मेरे कन्धे पर चढ़कै देख *(बैठ जाता है।)* चढ़ जा...*(कन्धे पर चढ़ जाता है।)* दीवाल पकड़ ले, झरोखे के पास मुँह ले जा...*(दूर से गोपीनाथ को आता देखकर)* चाचा

उतर, चाचा उतर, गोपी साला आ रहा है।

(पहला किसान धरती पर गिर पड़ता है। गोपीनाथ और रामकान्त[1] हाथ में लिए हुए रोज़ साहब का प्रवेश)

तीसरा कि. : दीवान जी साब, इस घर में भूत है। अभी-अभी रो रहा था।

गोपीनाथ : मेरे कहे जैसा न बोलेगा तो तू भी ऐसा ही भूत होगा *(रोज़ से अलग)* मजूमदार की बात ये लोग जान गये हैं, इस कोठी में अब और उसे रखना ठीक नहीं। यहाँ रखना ही गलत हुआ।

रोज़ : यह बात पीछे सुना जाएगा। कौन राजी नेहीं है, कौन बज्जात है? *(पैर पटकता है।)*

गोपीनाथ : सब सीधे हो गये। यह बेटा मुसलमान बड़ा हरामजादा है, कहता है नमकहरामी नहीं कर सकता।

तोराप : *(स्वगत)* बाप रे बाप! कैसी मोटी लाठी है, अभी तो राजी हो जाऊँ, पीछे देखा जाएगा। *(जोर से)* दुहाई साहब की, मैं भी सीधा हो गया हूँ।

रोज़ : चोप रह, सूअर का बच्चा! रामकान्त बड़ा मीठा है। *(रामकान्त से पीटता है और ठोकर लगाता है।)*

तोराप : अल्ला! मैया री, मर गया, परान चाचा, जरा पानी दे, मैं तो प्यासा मरा, बाप रे बाप, बाप रे बाप...

रोज़ : पानी? तेरे मुँह में पेशाब नहीं? *(ठोकर मारता है।)*

तोराप : जो कहेंगे वही करूँगा...दुहाई साहब की, दुहाई साहब की, खुदा कसम!

रोज़ : बदमाश का हरामीपन चला गया। आज रात ही सबको चालान करो। मुख्तेयार को लिखो, गवाही बिना कोई बाहर न जाने पाए। पेशकार साथ जाएगा... *(तीसरे किसान से)* तोम रोता है क्यों? *(ठोकर मारता है।)*

तीसरा कि. : बहू तू कहाँ है री, मुझे मार डाला रे, मैया री, बहू री, मैया री, मार डाला रे, मार डाला रे *(धरती पर चित गिर पड़ता है।)*

रोज़ : बदमाश बावला है।

(रोज़ का प्रस्थान।)

---

1. रामकान्त : पीटने के डंडे का नाम

गोपीनाथ : क्यों तोराप, अब तो दिमाग ठीक हो गया न?

तोराप : दीवान जी साहब, मुझे जरा-सा पानी देकर बचाइए, मैं मरा।

गोपीनाथ : भैया, नील का गुदाम है। यहाँ पसीना भी छूटता है, पानी भी मिलता है। चलो, तुम सभी चलो, तुम्हें एक बार पानी पिला लाऊँ।

(सबका प्रस्थान।)

द्वितीय गर्भांक

[बिन्दुमाधव का शयनगृह। चिट्ठी हाथ में लिये सरलता बैठी है।]

सरलता : सब आशाओं पर पानी फिर गया। प्राणेश्वर की प्रतीक्षा में नवसलिल सीकर की आकांक्षी चातकी से भी अधिक व्याकुल थी। दिन गिन रही हूँ, जीजी कहती थीं। यह झूठ नहीं, मेरा एक-एक दिन एक-एक बरस जैसा बीता है। *(दीर्घ निश्वास)* इस समय स्वामी के आने की आशा नहीं। वे जिस महान कार्य में लगे हैं, उसमें सफल होने पर ही उनका जीवन सार्थक होगा। प्राणेश्वर, मैं नारी हूँ, हम पाँच सखियाँ एक साथ भी बाग में नहीं जा सकतीं, नगरभ्रमण में अक्षम हैं, अपने मंगल के लिए सभा-स्थापना सम्भव नहीं, हमारा कालेज नहीं, कचहरी नहीं, ब्राह्म समाज नहीं...स्त्री का मन कातर होने पर बहलाने का कोई उपाय नहीं। मन नहीं मानता तो उसे दोष कैसे दूँ? स्वामी ही हम नारियों का एकमात्र सहारा है...स्वामी ही ध्यान, स्वामी ही ज्ञान, स्वामी ही अध्ययन, स्वामी ही उपार्जन, स्वामी ही सभा, स्वामी ही समाज, स्वामी ही सती का सर्वस्व है। हे चिट्ठी, तू मेरे हृदय-वल्लभ के हाथों से आयी है, तुझे प्यार करूँ। *(चिट्ठी को चूमती है।)* तुझमें प्रियतम का नाम लिखा है, तुझे अपने जलते हुए हृदय से लगा लूँ। *(हृदय से लगाती है।)* आहा! प्राणनाथ के वचन कैसे

अमृत समान हैं, पत्र को जितना पढ़ती हूँ, उतना ही मन मोहित होता है। और एक बार पढ़ूँ। *(पढ़ती है।)*

''प्राणप्रिय सरला,

तुम्हारा मुखारविन्द देखने को मेरे प्राण कितने व्याकुल हैं यह पत्र द्वारा नहीं बताया जा सकता। तुम्हारे चन्द्रमुख को हृदय से लगाकर मुझे कैसा अनिर्वचनीय सुख मिलता है। सोचता था उस सुख की घड़ी आ गयी है। पर हर्ष में विषाद हुआ। कालेज तो बन्द हो गया पर मैं बड़े संकट में हूँ। यदि परमेश्वर की कृपा से अपने काम में सफल न हो सका तो मुख न दिखा सकूँगा। नीलकर साहबों ने चुपके-चुपके पिताजी पर झूठा मुकदमा चला दिया है और बड़े यत्न में हैं कि उन्हें जेल हो जाए। भाई साहब को पूरा समाचार लिखा है और मैं यहाँ प्रबन्ध के लिए ठहरा हूँ। तुम कुछ चिन्ता न करना, करुणामय की कृपा से अवश्य सफलता मिलेगी। प्रिये, मैं तुम्हारे लिए बांग्ला भाषा में शेक्सपीयर के नाटक लाने की बात भूला नहीं हूँ। इस समय बाजार में नहीं मिलते, पर प्रिय बन्धु बंकिम ने उसका पता दिया है, घर लौटते समय लेता आऊँगा। विधुमुखी, लिखना-पढ़ना कितने सुख का साधन है जो इतने दूर रहकर भी तुमसे बात कहना सम्भव हो सका! अहा! माता जी को आपत्ति न होती तो तुम्हारे पत्रामृत का पान करके मेरा चित्त-चकोर कृतार्थ होता। इति।

तुम्हारा बिन्दुमाधव''

मेरे ही...इसका मुझे पूरा विश्वास है। प्राणेश्वर, तुम्हारे चरित्र को अगर दोष छू जाए तो फिर अच्छे चरित्र का आदर्श कौन होगा?...मैं स्वभाव से ही चंचल हूँ, घंटे भर भी कहीं स्थिर नहीं बैठ सकती, इसीलिए अम्मा जी मुझे पगली की बेटी कहती हैं। अब वह चंचलता कहाँ गयी? जहाँ बैठकर प्राणपति का पत्र खोला था, एक पहर से वहीं बैठी हूँ। चंचलता अब बाहर से भीतर चली गयी है। उबलते भात के फेन को चलाने से ऊपर तो स्थिर हो जाता है पर भीतर ही

भीतर उफनता रहता है। मेरी भी इस समय वैसी ही दशा हैं। अब मेरी वह हँसी नहीं रही। हँसी तो सुख की साथिन है, सुख के साथ ही मर जाती है। प्राणनाथ, तुम्हारी सफलता में ही सबकी रक्षा है। तुम्हें उदास देखते ही मेरे लिए चारों ओर अँधेरा छा जाता है। ए नादान मन, तू समझेगा नहीं? पर तेरे नासमझ होने में भी इतनी बुराई नहीं, तेरा रोना न कोई देख सकता है न सुन सकता है। पर आँखें, तुम्हीं मुझे लज्जित कराओगी। *(आँखें पोंछकर)* तुम्हारे शान्त हुए बिना मैं घर से बाहर नहीं जा सकती —

(आदुरी का प्रवेश।)

आदुरी : तुम करने क्या लगीं? बड़ी बहू जी अभी तक घाट नहीं गयी हैं। क्या हुआ है? जिसे देखूँ, उसी का मुँह सूजा है।

सरलता : *(लम्बी साँस लेकर)* चल, चलूँ।

आदुरी : अरे, अभी तक तेल से हाथ नहीं लगाया। बाल कीचड़ जैसे हो रहे हैं। चिट्ठी अभी तक नहीं छोड़ी...छोटे बाबू हर चिट्ठी में मेरा नाम लिखते हैं।

सरलता : बड़े दादाजी नहा लिये?

आदुरी : बड़े बाबू तो सहर गये, जिले में मुकदमा चल गया है न। तुम्हारी चिट्ठी में नहीं लिखा...बड़े मालिक तो रोने लगे।

सरलता : *(स्वगत)* प्राणनाथ, सफल न हुए तो सचमुच मुँह न दिखा सकोगे। *(ऊपर से)* चल रसोईघर में चलकर तेल लगा लूँ।

(दोनों का प्रस्थान।)

तृतीय गर्भांक

[स्वरपुर का तिराहा। पदी मिसरानी का प्रवेश।]

पदी : इस अमीन के बच्चे ने ही सब आफत मचा रक्खी है। मुझे क्या भला लगै, नन्ही-नन्ही छोरियाँ सा'बों को थमाकर अपने पैरों पर कुल्हाड़ी मारना? हे भगवान, उस लाठी की बात तो

सोचते ही पसीना छूटता है जिसको रायचरण ने उस दिन मुझे मारने के लिए उठाया था, अगर साधू दादा पकड़ न लेते तो अपना तो राम नम सत हो जाता। हाय! छेत्तरमनी का मुँह देखकर तो छाती फटै है। और मरद कर लिया तो क्या मेरे मन में दया नहीं रही?—मुझे देखते ही मिसरानी बुआ कहती हुई पास आवै है। ऐसे सोने के हिरन को माँ जान रहते बाघ के मुँह में दे सकै? पर छोटे सा'ब का काम ही नहीं चलै। मैं हूँ, कली है...! मैया री, कैसी बुरी बात है, रुपये के लिए जात गयी, इन गोरों का बिस्तर छूना पड़ा। मरीपीटा बड़ा साब भौत पीछे पड़ा है, कहै है नाक-कान काट लूँगा...मरे की बुढ़ापे में मत मारी गयी है। खसमखानी का खसम, लुगाइयों को गुदाम में रखै, लुगाइयों को लात मारै, मुए में वह बात तो कभी नहीं देखी। जाऊँ, अमीन कलमुँहे से कहूँ, मुझसे नहीं होगा। गाँव में बाहर निकलना दूभर हो गया है। मुहल्ले के लड़के हरामी मुझे देखते ही ऐसे पीछे पड़ें जैसे कौवे के पीछे फिंग।

(नेपथ्य में गीत सुनाई पड़ता है। एक चरवाहे का प्रवेश।)

चरवाहा : सा'ब, तुम्हारे नील के चारे में क्या कीड़ा नहीं लगा?

पदी : तेरी माँ-बहन को लगै न। मरीपीटा, माँ की गोदी छूटै, जम के घर जाओ, मुर्दघटे जाओ —

चरवाहा : मैंने दो चूड़ियाँ गढ़ने को दी हैं —

(एक लठैत का प्रवेश।)

चरवाहा : बाप रे बाप! कोठी का लठैत!

(जल्दी से भाग जाता है।)

लठैत : चन्द्रमुखी! मिस्सी महँगी कर दी तुमने तो!

पदी : *(लठैत के कमरबन्द पर नजर डालकर)* तेरे चन्द्रहार पर तो है बहार!

लठैत : जानती नहीं प्यारी, प्यादे की पोशाक, और नटी का भेस कहाँ से आता है?

पदी : तुझसे एक काली बछिया माँगी थी, जो तूने आज तक नहीं दी। अब कभी तुझसे कोई चीज नहीं माँगूँगी।

लठैत : कमलनैनी, रूठो मत। कल श्यामनगर लूटने जाएँगे, वहाँ अगर काली बछिया मिली तो वह तेरी गोशाला में ही बँधेगी। मैं मछली लेकर लौटते वक्त तेरी दुकान पर होता जाऊँगा।

(लठैत का प्रस्थान।)

पदी : सा'बों को लूटपाट के सिवाय और कोई काम नहीं। काम में लगाने से किसान भी बचें, और उनका भी नील हो। श्यामनगर के मुंशियों ने दस बीघा जमीन बचाने के लिए कितनी मिन्नतें कीं। पर चोर को क्या राम नाम सुनाना! बड़े साहब अपना कालामुँह और भी काला किये बैठे रहे।

(पाठशाला के चार बच्चों का प्रवेश।)

बच्चे : *(बस्ते रखकर ताली बजाते हुए)*
लो मिसरानी आयी। नील छिपाकर लायी।
लो मिसरानी आयी। नील छिपाकर लायी।
लो मिसरानी आयी। नील छिपाकर लायी।

पदी : राम राम, भैया केसव, बुआ से ऐसी बात नहीं कहें।

बच्चे : *(नाचते हुए)* लो मिसरानी आयी। नील छिपाकर लायी।

पदी : नहीं भैया अम्बिका, जीजी से ऐसी बात नहीं बोलें—

बच्चे : *(पदी के चारों ओर चक्कर काटते हुए)*
लो मिसरानी आयी। नील छिपाकर लायी।
लो मिसरानी आयी। नील छिपाकर लायी।
लो मिसरानी आयी। नील छिपाकर लायी।

(नवीनमाधव का प्रवेश।)

पदी : हाय मैया, कैसी सरम की बात है। बड़े बाबू ने मुँह देख लिया।

(घूँघट निकालकर प्रस्थान।)

नवीनमाधव : दुराचारिणी, पापिनी... *(बच्चों से)* तुम लोग सड़क पर खेल रहे हो! घर जाओ, बहुत देर हो गयी...

(बच्चों का प्रस्थान।)

नवीनमाधव : आह! नील का अत्याचार कम हो तो मैं पाँच दिन के भीतर इन बच्चों की पढ़ाई के लिए स्कूल खोल दूँ। यहाँ के इंस्पेक्टर साहब बड़े सज्जन हैं। विद्या से आदमी कितना सुशील होता

है! ये साहब उम्र में जरूर छोटे हैं, पर बातचीत में बड़े चतुर हैं। उनकी बड़ी इच्छा है, यहाँ एक स्कूल खुले। मैं ऐसे भले काम में रुपया खर्चने में नहीं हिचकता। मेरे बड़े दालान में स्कूल खुल सकता है। गाँव के बालक मेरे घर में बैठकर विद्या पढ़ें, इससे बड़ा सुख और क्या होगा? धन और परिश्रम दोनों इससे सुफल होंगे। बिन्दुमाधव इंस्पेक्टर साहब को साथ लाया था। बिन्दुमाधव की इच्छा है गाँव के सभी लोग स्कूल खुलवाने में हाथ बँटाएँ। पर गाँव की दुर्दशा देखकर भैया के मन की बात मन ही में रह गयी...हमारा बिन्दु कितना धीर, कितना शान्त, कैसा सुशील, कैसा विद्वान है! छोटी उम्र की विद्या छोटे पेड़ के फल की भाँति सुन्दर लगती है। भाई ने पत्र में जैसी खेद की बात लिखी है उसे पढ़कर पत्थर भी फट जाए, नीलकरों के दिल भी पिघल जाएँ।...घर की तरफ पैर नहीं उठता। कोई रास्ता नहीं दीखता। पाँच लोगों में से एक भी हाथ न आया। उन्हें कहाँ ले गये हैं कुछ ठिकाना नहीं। तोराप तो, लगता है, कभी झूठ न बोलेगा। पर बाकी चार ने भी गवाही दे दी तो खैर नहीं। अभी तक मैं कोई खास इन्तजाम नहीं कर सका। और फिर मजिस्ट्रेट साहब वुड साहब के बड़े मित्र हैं।

(एक किसान, दो फौजदारी के सिपाही और कोठी के कारिन्दे का प्रवेश।)

किसान : बड़े बाबू, मेरे दोनों बच्चों को देखना, उन्हें खिलानेवाला और कोई नहीं। पिछले साल आठ गाड़ी नील दिया था, उसका एक पैसा नहीं मिला। ऊपर से बकाया के बहाने पकड़ लिया है। अन्दराबाद भी ले जाएँगे...

कारिन्दा : नील का बयाना धोबी का निशान है, एक बार लगने पर छूटता नहीं। तू बेटा चल, दीवानजी के पास होकर जाना पड़ेगा। तेरे बड़े बाबू का भी यही हाल होनेवाला है।

किसान : चल, चलता हूँ। डरता नहीं। जेल में सड़कर मरूँगा, पर नील नहीं करूँगा। हे भगवान, हे भगवान, गरीब का कोई रखवाला नहीं! *(रोता है)* बड़े बाबू, मेरे दोनों बच्चों का पेट पालना।

मुझे खेत से ही पकड़ लाए, उन्हें एक बार देख भी नहीं सका।

(नवीनमाधव के सिवाय सबका प्रस्थान।)

नवीनमाधव : कैसा जुल्म है। मादा खरगोश बहेलिये के हाथों पड़ जाए तो उसके बच्चे जैसे बिना खाये सूखकर मर जाते हैं, वैसे ही इस किसान के दोनों बालक भूखों मर जाएँगे।

(रायचरण का प्रवेश।)

रायचरण : भैया न पकड़ते तो बदमाश की लड़की का गला घोंट देता। मार तो डालता ही, फिर ज्यादा से ज्यादा छह महीने की सज़ा होती, साली।...

नवीनमाधव : ओ रायचरण, कहाँ जा रहा है?

रायचरण : माँजी ने भैया को बुला लाने भेजा है। पदी हरामजादी कह गयी है साब का प्यादा कल आएगा।

(रायचरण का प्रस्थान।)

नवीनमाधव : हाय भगवान! इस वंश में जो कभी न हुआ था वही हुआ। मेरे पिता इतने शान्त, इतने सरल, इतने निष्कपट हैं, लड़ाई-झगड़ा किसे कहते हैं यह जानते तक नहीं। कभी गाँव के बाहर नहीं जाते, फौजदारी के नाम से ही काँपते हैं। चिट्ठी पढ़ते ही तो उनकी आँखों से आँसू बहने लगे। इन्द्राबाद जाना पड़ा तो पागल-से हो जाएँगे और जेल हो गयी तो पानी में डूबकर प्राण दे देंगे। हाय! मेरे जिन्दा रहते पिता की ऐसी दुर्गति! मेरी माँ पिता की तरह डरतीं नहीं। उनमें हिम्मत है, वह उम्मीद नहीं छोड़तीं। वे एक मन से देवी का ध्यान कर रही हैं। मेरी मृगनैनी पत्नी तो जंगल की आग से घिरी हिरनी जैसी हो रही है, डर और चिन्ता से पागलों की-सी हालत है। नीलकोठी के गोदाम में उसके पिता का देवलोक हुआ था; उसे सदा यही चिन्ता है कहीं पति की भी वही गति न हो। मैं किस-किस को दिलासा दूँ? सारे परिवार को लेकर भाग चलना ठीक नहीं? नहीं, परोपकार ही परम धर्म है। इस तरह पीठ नहीं दिखाऊँगा। श्यामनगर का कोई उपकार नहीं कर सका। कोशिश करने से क्या नहीं हो सकता? देखूँ, क्या सम्भव है—

(दो अध्यापकों का प्रवेश।)

पहला : हे भाई, गोलोकचन्द्र बसु का भवन इसी ग्राम में अवश्य है...पिताजी से सुना है, बसु महाशय बड़े सज्जन पुरुष हैं — कायस्थ-कुल-तिलक।

नवीनमाधव : *(प्रणाम करके)* भगवन्, मैं उनका बड़ा पुत्र हूँ।

पहला : अवश्य, अवश्य! अहा, हा! साधु-साधु! ऐसी सुसन्तान साधारण पुण्य का फल नहीं, जैसा वंश...

अस्मिस्तु निर्गुणं गोत्रे नापत्यमुपजायते
आकरे पद्मरागानां जन्म काचमणेः कुतः

शास्त्र का वचन व्यर्थ नहीं जाता। तर्कालंकार भैया, श्लोक पर ध्यान दिया? हा-हा-हा। *(सुँघनी लेता है।)*

दूसरा : हम लोग सौगन्धा के अरबिन्द बाबू द्वारा आमन्त्रित हैं। आज गोलोकचन्द्र के भवन में निवास होगा, तुम लोगों को कृतार्थ करेंगे।

नवीनमाधव : बड़े सौभाग्य की बात है, इस ओर चलिए।

(सबका प्रस्थान।)

तृतीय अंक

प्रथम गर्भांक

[बेगुनबाड़ी कोठी के दफ्तर के सामने। गोपीनाथ और एक खलासी का प्रवेश।]

गोपीनाथ : जब तक तुम्हारे हिस्से में कमी नहीं आती मेरे कान तक कोई बात पहुँचाने की तुम परवाह नहीं करते।

खलासी : अजी सा'ब, अकेले हज़म हो सकै है? मैंने कहा, खाना है तो दीवानजी को देकर खाओ। तो कहने लगे, 'बड़े आये तेरे दीवानजी। यह कोई केवट का पूत नहीं कि साहब के बन्दरों को खिलाता फिरै।'

गोपीनाथ : अच्छा, तू अब जा। कायस्थ-बच्चा कैसा होता है यह मैं दिखाऊँगा। *(खलासी का प्रस्थान।)* छोटे साहब के बल पे साले को इतना घमंड हो गया है। मैं यह भी कहूँगा कि अगर मालिक ही बहिन का आदमी हो तो गाड़ी क्यों न सीधी-सीधी चलती जाए। वह बात भी कहूँगा...बड़े साहब को उससे तो आग लग जाती है। पर बच्चू मेरे ऊपर बड़ा नाराज है, मुझे बात-बात में श्यामचन्द दिखाता है। उस दिन मोजा पहने लात मारी। कुछ दिन से जरा ठीक-ठीक दिखाई पड़ता है। गोलोक बसु पर मुकदमा चलने के बाद से मेरे ऊपर मेहरबान हुआ है। लोगों का सत्यानाश करने से साहब खुश होते हैं। सौ को मार वैद्य बनता है। *(वुड को आता देखकर)* यह लो, आ रहे हैं। पहले बसु-चर्चा करके मन को नरम करूँ। *(वुड का प्रवेश।)* धर्मावतार, अब नवीन बोस को चाँद-तारे नजर आये।

बेटा की ऐसी अक्ल दुरुस्त पहले कभी न हुई थी। बेटा का बाग छिनवा लिया गया, जमीन-जायदाद तहस-नहस हो गयी, खेती बर्बाद हुई, बेटा की अनाज की खत्तियाँ खाली हो गयीं, दो बार फौजदारी सुपुर्द हो चुका। तिस पर भी अभी तक सिर ताने था, पर अब एकदम चित पड़ा है।

वुड : साला श्यामनगर में कुछ नेहीं कर सका।

गोपीनाथ : हुजूर, मुंसी उसके पास आये थे, तो बेटा बोला, 'मेरा मन ठीक नहीं, पिता के रोने से हाथ-पैर ढीले पड़ गये हैं, मुझे कुछ नहीं सूझता।' नवीन बसु की दुर्गत देख श्यामनगर के 7-8 किसान फरार हो गये हैं और बाकी सब हुजूर ने जैसा हुक्म दिया है वही करते हैं।

वुड : तोम अच्छा दीवान है, अच्छा तरकीब निकाला।

गोपीनाथ : मैं जानता था गोलोक बसु बड़ा डरपोक आदमी है। फौजदारी में जाना पड़ा तो पागल हो जाएगा। नवीन बसु की पिता पर जैसी भक्ति है उससे वह बेटा भी काबू में आ जाएगा। इसीलिए बुड्ढे को फँसाने के लिए कहा था। हुजूर ने जो चाल चली है उसके भी क्या कहने! बेटा के तालाब के किनारे जुताई हो रही है। उनके दिल पर साँप लोट रहा होगा।

वुड : एक ढेला से दो चिड़िया मरा। दस बीघा नील हुआ, भैंचो को तकलीफ पहुँचा। साला बड़ा रोना-पीटना मचाता था, कहता था तालाब में नील होने से घर छोड़ जाएगा। हाम बोला घर की जमीन पर नील बड़ा अच्छा होता है।

गोपीनाथ : वह जवाब पाकर ही बेटा ने नालिश की है।

वुड : मोकदमा कुछ नेहीं होगा। यह मजिस्ट्रेट बड़ा अच्छा आदमी है। दीवानी करने से पाँच बरस में भी मोकदमा खतम नेहीं होगा। मजिस्ट्रेट हमारा बड़ा दोस्त है। देखो, हमारा गवाही मान कर नया कानून में चार बदमाश लोग को जेल भेजा। यह कानून तो श्यामचन्द का भी बाप निकला।

गोपीनाथ : धर्मावतार, उन चारों किसानों की फसल बचाने के लिए नवीन बसु अपने हल-बैल और नौकरों से उनकी जमीन जुतवा रहा है और उनके घरवालों को तकलीफ न हो, इसका भी इन्तजाम

कर रहा है।

वुड : साला ब्याना का जमीन जोतने का बखत कहता है मेरा हल-बैल नेहीं। बड़ा ही बदमाश आदमी है। अच्छा चंगुल में फँसा। दीवान, तोम अच्छा काम किया, तोमसे काम बेहतर चलेगा।

गोपीनाथ : धर्मावतार की कृपा। मेरी इच्छा है हर बरस बयाने में बढ़ती हो। पर यह काम अकेले का नहीं। इसमें भरोसे के अमीन-खलासी चाहिए। जो आदमी दो रुपये के लिए हुजूर के तीन बीघा नील का नुकसान करता है उसके हाथों काम में तरक्की हो सकती है?

वुड : हाम समझ गया, अमीन साला ने गोलमाल किया।

गोपीनाथ : हुजूर, चन्दू गोलदार यहाँ नया आया है। अभी तक उस पर कोई बयाना नहीं था। अमीन ने उसके आँगन में कायदे के मुताबिक एक रुपया बयाना कहकर डाल दिया। वह रुपया लौटाने के लिए बड़ा रोया-पीटा और खुशामद करता-करता रथतला तक अमीन के साथ-साथ आया। रथतला में नीलकंठ बाबू मिल गये, वही जो कालेज से एकदम वकील होकर निकले हैं।

वुड : हाम जानता है उसे। वह बदमाश हमारा बात अखबार में छपाता है।

गोपीनाथ : आप लोगों के अखबार के सामने उनका अखबार नहीं टिक सकता, कोई मुकाबला ही नहीं। जैसे सूरज के सामने दीपक। पर अखबारों को हाथ में करने में हुजूर का बड़ा खरच हुआ है। बड़ा बुरा वक्त है।

वुड : नीलकंठ ने क्या किया?

गोपीनाथ : नीलकंठ बाबू ने अमीन को बहुत डाँटा-फटकारा। अमीन इससे दबकर गोलदार के घर लौट गया और दो रुपयों के साथ बयाने का रुपया वापिस ले आया। चन्दू गोलदार शैतान है, तीन-चार बीघे नील आसानी से दे सकता था। नौकर का क्या यही फरज है? मैं दीवानी-अमीनी दोनों कर सकूँ तभी यह नमकहरामी मिट सकती है।

वुड : बड़ा बदमाशी है, साफ नमकहरामी है।

गोपीनाथ : धर्मावतार, बेअदबी माफ हो...अमीन अपनी बहिन को छोटे साहब के कमरे में लाया था।

वुड : हाँ-हाँ, हाम जानता है। वह बदमाश और पदी मिसरानी ने छोटे साहब को खराब किया। बदमाश को हाम जरूर सबक सिखलाएगा। उस हरामी को हमारा बैठने का कमरा में भेज दो।

(वुड का प्रस्थान।)

गोपीनाथ : अब देखो, किसके हाथ में बन्दर ठीक खेलता है। कायत धूर्त और कौवा धूर्त!

अबकी है कायत का वार
जिससे दुनिया माने हार!

द्वितीय गर्भांक

[नवीनमाधव का शयनगृह। नवीनमाधव और सैरिन्ध्री बैठे हैं।]

सैरिन्ध्री : प्राणनाथ, गहने पहले हैं या ससुर जी पहले? तुमने जिसके लिए दिन-रात एक कर रखा है, जिसके लिए तुमने खाना-पीना छोड़ दिया, तुम्हारी आँखों से दिन-रात लगातार आँसू बह रहे हैं, तुम्हारा खिला हुआ चेहरा मुर्झा गया है, जिसके कारण तुम्हें सिरदर्द रहने लगा है...हे नाथ, उसके लिए मैं क्या ये नाचीज गहने नहीं दे सकूँ?

नवीनमाधव : प्रिये, तुम तो आसानी से दे सकती हो, पर मैं किस मुँह से लूँ? स्त्री को गहने पहनाने के लिए पति को कितनी मेहनत करनी होती है। तेज नदी में तैरना, डरावने समुद्र में स्नान, युद्ध में प्रवेश, पहाड़ की चढ़ाई, जंगल में निवास, बाघ का सामना...पति इतने कष्ट उठाकर पत्नी को गहने पहनाता है। मैं क्या ऐसा गया-बीता हूँ कि पत्नी के उन्हीं गहनों को छीन लूँ? हे

कमललोचनी, धीरज रखो। आज देखूँ, अगर किसी तरह भी रुपये का प्रबन्ध न हो सका तो कल तुम्हारे गहने ले लूँगा।

सैरिन्ध्री : हृदयवल्लभ! ये हमारे बड़े बुरे दिन हैं। इस वक्त कौन तुम्हें भरोसे पर पाँच सौ रुपये उधार देगा? मैं फिर मिन्नत करूँ हूँ मेरी और छोटी बहू के गहने महाजन के यहाँ रखकै रुपये का प्रबन्ध करो। तुम्हारा कष्ट देखकै मेरी सोने के कमल जैसी छोटी बहू मुरझा गयी है।

नवीनमाधव : हाय, चन्द्रमुखी! तुमने कैसी कठोर बात कह दी। मेरे हृदय में जैसे कोई अग्निबाण आ लगा हो। छोटी बहू तो हमारी बच्ची है। अच्छे कपड़े, अच्छे गहने ही उनके खिलौने हैं। उन्हें क्या समझ? वह घर-गृहस्थी की बात क्या समझेंगी? खेल-खेल में विपिन से गले का हार छीन लेने से वह जैसे रोता है, छोटी बहू के गहने ले लेने से वह भी वैसे ही रोएँगी। हा ईश्वर! मुझे ऐसा कायर बनाया! मैं ऐसा निर्दयी डाकू हूँ। मैं बच्ची से गहने छीनूँगा? ऐसा जीना वृथा है। नराधम निष्ठुर नीलकर भी ऐसा काम नहीं कर सकते। प्रिये, ऐसी बात फिर मुँह पर मत लाना।

सैरिन्ध्री : प्राणनाथ, मैंने छाती पर जैसा पत्थर रखकर यह कठोर बात कही, वह मैं ही जानूँ और अन्तर्यामी परमेश्वर जानें। उसके अगिनबान होने में क्या सन्देह! उसने मेरे दिल के टुकड़े किये, जीभ जला दी, बाद में होठ भेदकर तुम्हारे हृदय में प्रवेश किया। प्राणनाथ, बड़े कष्ट से ही मैंने छोटी बहू के गहने लेने की बात कही। तुम्हारा पागलों जैसा भटकना, ससुर जी का रोना, सासूजी की लम्बी साँसें, छोटी बहू का उदास चेहरा, जाति-भाइयों का नीचा मुख, प्रजा-किसानों का हाहाकार, यह सब देखने के बाद भी खेलकूद, आमोद-आनन्द में मन लग सकै? इस मुसीबत से किसी तरह पीछा छूटे तो सबकी जान में जान आये। हे नाथ, विपिन के गहने देने में मुझे जो कष्ट होगा, वही कष्ट छोटी बहू के गहने देने में है। पर छोटी बहू से पहले विपिन के गहने उतारना छोटी बहू के साथ निष्ठुरता होती। वह सोचती जीजी ने शायद मुझे पराया समझा। मैं क्या

ऐसा करके उसके सरल मन को ठेस पहुँचाती? क्या यह माता समान जेठानी के योग्य काम होता?

नवीनमाधव : प्यारी, तुम्हारा दिल बड़ा साफ है। तुम्हारी जैसी सरल स्त्री दूसरी नहीं होगी। हाय! मेरी ऐसी गृहस्थी क्या से क्या हो गयी! मैं क्या था क्या हो गया। मेरी सात सौ रुपये मुनाफे की पूँजी, मेरा पन्द्रह खत्ती धान, सोलह बीघे बाग, मेरे बीस हल, पचास नौकर-चाकर! पूजा के समय कैसा समारोह होता था, लोगों से घर भर जाता था! ब्राह्मण भोजन, गरीबों को अन्न, नाते-रिश्तेदारों का आहार, वैष्णवों का गान, खुशीभरे जुलूस—मैंने कितना धन खर्च किया है। पात्र खोजने में सौ रुपये दान किये हैं! हाय! ऐसा ऐश्वर्यशाली होकर अब मैं पत्नी और भाई की बहू के गहने छीनने जा रहा हूँ। कैसी विडम्बना है। परमेश्वर! तुम्हीं ने दिया था, तुम्हीं ने ले लिया, उसका दुख कैसा।...

सैरिन्ध्री : प्राणनाथ, तुम्हें दुखी देखते ही मेरा दिल रोने लगता है। *(सजल नेत्रों से)* मेरे भाग में इतना दुख बदा था, स्वामी की ऐसी दुर्गति देखनी पड़ी!...अब और न रोको...*(बाजूबन्द खोलती है।)*

नवीनमाधव : तुम्हारी आँखों में आँसू देखकर मेरा हृदय फटता है। *(आँसू पोंछते हुए)* चुप हो जाओ, हे चन्द्रमुखी, चुप हो जाओ। *(हाथ पकड़कर)* ठहरो, एक दिन और देख लें।

सैरिन्ध्री : प्राणनाथ, और कोई चारा नहीं...जो कहती हूँ वही करो। भाग में होंगे तो बहुत गहने हो जाएँगे। *(नेपथ्य में खाँसी का शब्द)* सच, सच, आदुरी आ रही है।

(दो पत्र लिये हुए आदुरी का प्रवेश।)

आदुरी : दो चिट्ठियाँ हैं, कहाँ से आयीं, मुझे नहीं पता, माँजी ने तुम्हारे हाथ में देने को कहा है।

(चिट्ठियाँ देकर चली जाती है।)

नवीनमाधव : तुम लोगों के गहने नहीं लेने पड़ेंगे, शायद इन दोनों चिट्ठियों से यही पता चले। *(पहला पत्र खोलता है।)*

सैरिन्ध्री : जोर से पढ़ो।

नवीनमाधव : *(पढ़ता है)* 'आशीर्वाद स्वीकार करें। आपको रुपया देना उपकार का बदला चुकाना भर है। पर मेरी माता जी का कल स्वर्गवास हो गया है। उनके कृत्य के दिन बहुत कम हैं। यह खबर श्रीमान जी को कल ही लिख चुका हूँ...तम्बाकू अभी तक नहीं बिकी है। भवदीय — श्री घनश्याम मुखोपाध्याय।'— कैसा दुर्दैव है। मुखोपाध्याय महाशय की माता के श्राद्ध में मेरा क्या यही कर्तव्य है। देखूँ, तुमने कौन-सी तलवार छिपा रखी है। *(दूसरी चिट्ठी खोलता है।)*

सैरिन्ध्री : प्राणनाथ, आशा करके निराश होने में बड़ा कष्ट है...यह चिट्ठी ऐसे ही रहने दो...

नवीनमाधव : *(पत्र पढ़ता है।)*

'प्रतिपाल्य श्री गोकुल कृष्ण पालितस्य,
विनयपूर्वक नमस्कार निवेदनंच।

आपके मंगल में ही मेरा मंगल है। पत्र मिला, समाचार विदित हुए। मैंने तीन सौ रुपये का प्रबन्ध कर लिया है। कल उनके साथ आपके पास पहुँचूँगा। बाकी एक सौ रुपया अगले महीने चुका दूँगा। आपने जो उपकार किया है, उसके लिए मैं थोड़ा-सा सूद देने का अभिलाषी हूँ।'

सैरिन्ध्री : शायद भगवान ने सुन ली। जाऊँ, जाकर छोटी बहू से कहूँ।
(सैरिन्ध्री का प्रस्थान।)

नवीनमाधव : *(स्वगत)* मेरी प्रिया सरलता की पुतली है। यह तो उमड़ती हुई नदी में तिनके के समान है। इसके सहारे पिता को इन्द्राबाद तो ले जाऊँ। बाद में जो भाग्य में होगा सो होगा। डेढ़ सौ रुपया हाथ में है। तम्बाकू महीने भर रोकी जा सकती तो पाँच सौ रुपये में बिकती। पर क्या करूँ, साढ़े तीन सौ में ही निकालनी पड़ी। अमले का बहुत खर्च लगेगा, आने-जाने में भी बड़ा खर्च है। ऐसे झूठे मुकदमे में भी सजा हुई तो समझूँगा इस देश में प्रलय होने वाली है। कैसा निष्ठुर कानून बना है! पर कानून की क्या गलती है? कानून बनाने वालों की भी क्या गलती है? जिन लोगों के हाथों में कानून सौंपा गया है वे अगर ईमानदार हों तो फिर देश की दुर्दशा ही काहे को हो? हाय! इस कानून से कितने

लोग बेकसूर जेलखाने में सड़ रहे हैं। उनके घरवालों का दुख देखकर दिल फटने लगता है। चूल्हे की हाँड़ी चूल्हे पर ही पड़ी है। आँगन का धान आँगन में ही सूखा जाता है, गोशाला के जानवर वहीं बँधे हैं। खेत में जुताई पूरी नहीं हुई, सब खेतों में बीज नहीं बोया जा सका, धान के खेतों की घास नहीं निकाली जा सकी। बरस भर का क्या सहारा है? 'कहाँ नाथ, कहाँ भात' की पुकार के साथ धूल में पड़े बिलख रहे हैं। कोई-कोई मजिस्ट्रेट इन्साफ भी करते हैं। उनके हाथों यह कानून यमदंड नहीं बना। अहा! अगर सभी अमरनगर के मजिस्ट्रेट की तरह न्याय करनेवाले होते तो क्या किसानों के पके धान में घुन लगता, अनाज भरे खेतों में कीड़े गिरते? तो क्या मुझे इस भारी मुसीबत में पड़ना होता? हे लेफ्टिनेंट गवर्नर! जैसा कानून बनाया था, वैसे ही सज्जन लोगों को नियुक्त भी करते तो यह सत्यानाश न होता! हे देशपालक! अगर एक ऐसी धारा भी जोड़ देते कि मुकदमा झूठा साबित होने पर मुद्दई को सजा होगी, तो अमरनगर की जेल नीलकरों से भर जाती, और वे लोग इतने प्रबल न हो पाते। हमारे मजिस्ट्रेट की बदली हो चुकी है, पर यह मुकदमा खत्म होने तक यहीं रहेंगे। ऐसा हुआ तो हम लोगों की खैर नहीं।

(सावित्री का प्रवेश।)

सावित्री : नवीन, सब हल अगर छोड़ दो, क्या तो भी ब्याना लेना पड़ेगा? हल-बैल सब बेचकर व्यापार करो, उससे जो आमदनी होगी उससे आराम से कट जाएगी। यह मुसीबत अब और नहीं सही जाती।

नवीनमाधव : माँ, मेरी भी यही इच्छा है। बस बिन्दु का काम लगने की राह देखता हूँ। अभी खेती छोड़ देने से गृहस्थी चलना कठिन हो जाएगा। इसीलिए इतनी परेशानी में भी कुछेक हल रख छोड़े हैं।

सावित्री : ऐसा दुखता सिर लेकर कैसे जाएगा, बता? हाय परमेश्वर! ऐसा नील यहाँ पड़ा था! *(नवीन के माथे पर हाथ मलती है।)*

(रेवती का प्रवेश।)

रेवती : माँजी, मैं कहाँ जाऊँ, क्या करूँ? क्या किया, क्यों मरने के लिए बुला लायी? दूसरे की चीज घर में सँभाल कर न रख

सकी! बड़े बाबू, मुझे बचाओ, मेरे तो प्रान निकल चले...मेरी छेत्तरमनी को ला दो, मेरी सोने की गुड़िया को ला दो।

सावित्री : क्या हुआ? हुआ क्या है?

रेवती : मेरी छेत्तरमनी संझा को पेंचा की माँ के साथ दास दीघी से पानी लाने गयी थी। बाग में होकर आते बखत चार लठैत बिटिया को पकड़ ले गये। पदी कलमुँही दिखाकर भाग गयी। बड़े बाबू, दूसरे की अमानत है, मैंने क्या किया? क्यों बुलाया? बड़े चाव से बिटिया का कारज करूँगी, सोचा था।

सावित्री : सत्यानाश हो गया। ये हत्यारे सब कुछ कर सके हैं...लोगों की जमीनें छीनें, धान छीनें, गाय-बैल छीनें। लाठी के जोर से नील कराएँ। लोग चाहे रोकर चाहे झींककर करें ही हैं। पर यह क्या? भले आदमियों की जात लेना?

रेवती : माँजी, आधा पेट खाकर नील कर रहे हैं, जिस खेत में निसान लगाया, उसी में नील बोया। रायचरण जमीन जोतता जाए और हिलकियों से रोता जाए। खेत से लौटते ही वह तो यह बात सुनकर पागल हो जाएँगे।

नवीनमाधव : साधु कहाँ है?

रेवती : बाहर बैठे रो रहे हैं।

नवीनमाधव : सतीत्व, कुलीन महिलाओं का सबसे मूल्यवान मणि! सतीत्व भूषण से सुशोभित रमणी कितनी सुन्दर लगती है! स्वरपुर के भीम के जीवित रहते कुलकामिनी का अपहरण! अभी जाऊँगा...कैसा दु:शासन है, देखता हूँ। सतीत्व के श्वेत उत्पल पर नीलमंडूक कभी न बैठ सकेगा।

(नवीन का प्रस्थान।)

सावित्री : सतीत्व भगवान का दिया हुआ रतन है। इससे कंगालिनी भी रानी हो जाती है। अगर नील बन्दरों के हाथ से पवित्र रतन के अपवित्र होने से पहले ही ला सके, तभी तुम्हें मेरा गर्भ में धारण करना सार्थक होगा। ऐसा अत्याचार आज तक कभी नहीं सुना। चल, घोषबहू, बाहर चलें।

(दोनों का प्रस्थान।)

तृतीय गर्भांक

[रोज़ साहब का कमरा। रोज़ बैठा हुआ है। पदी मिसरानी और क्षेत्रमणि का प्रवेश]

क्षेत्रमणि : मिसरानी बुआ, मुझसे ऐसी बात न कहो। मैं जान दे सकती हूँ, धरम नहीं। मेरे काटकर टुकड़े-टुकड़े कर दो, मुझे जला डालो, बहा दो, बाँध के रखो। मैं पराये मर्द को नहीं छू सकती। मेरा आदमी क्या सोचेगा?

पदी : तेरा आदमी कहाँ और तू कहाँ? यह बात किसी को न पता चलेगी। आज रात को ही मैं तुझे अपने साथ तेरी माँ के घर पहुँचा आऊँगी।

क्षेत्रमणि : आदमी को पता न भी चले...ऊपर के देवता तो जान जाएँगे! देवता की आँखों में तो धूल न झोंक सकूँगी। मेरे भीतर जो दिन-रात, आग सुलगती रहेगी। मेरा पति सती समझकर मुझे जितना प्यार करेगा, उतना ही मेरा जी जलेगा। कोई जाने या न जाने, मैं कभी किसी दूसरे मरद को न छू सकूँगी।

रोज़ : पद्मा, पलँग पर ले आ न।

पदी : आ बेटी, साहब के पास आ जा। तुझे जो कहना हो उन्हीं से कह। मुझसे कहना तो जंगल में रोने के बराबर है।

रोज़ : हमको बोलना सूअर के पंजे से छूटने का माफिक! हा-हा-हा! हम नीलकर है। हम दूसरा जम है। खड़ा-खड़ा कितना गाँव जला दिया, बेटा को दूध पिलाता हुआ कितना माँ लोग जलकर मर गया। वह देखकर क्या हमको तरस आता? तरस आता तो क्या हमारा कोठी रहता? हाम लोग बुरा आदमी नेहीं, नील का काम में हमारा सुभाव ही ऐसा हो गया। एक आदमी को मारने में दुख होता था, अब हम दस औरतों को बेदम करके रामकान्त से पिटाई करता है और फिर तभी हँसते-हँसते खाना खाता है। हमको औरत लोग बड़ा प्यारा लगता है। कोठी का काम में इसका बड़ा सहूलियत होता है। समन्दर में सब मिल जाता है। तेरा बदन में जोर नहीं...पद्मा, खींच ला।

पदी : छेत्तरमनी, मेरी रानी बिटिया, पलँग पर आ जा, साहब तुझे एक मेम की पोशाक देंगे, कह चुके हैं।

क्षेत्रमणि : मेम की पोशाक में आग लगे। टाट पहनना पड़े वह भी अच्छा है पर मेम की पोशाक न पहननी पड़े। मिसरानी बुआ, मुझे बड़ी प्यास लगी है। मुझे घर पहुँचा दे। पानी पीकर चैन आएगा। हाय, हाय! मेरी माँ ने तो अब तक गले में फाँसी लगा ली होगी, बाप ने सिर पर कुल्हाड़ी मार ली होगी, मेरा चाचा जंगली भैंसे की तरह इधर से उधर झपट रहा होगा। मेरी माँ के और कोई नहीं, बाप और चाचा दोनों के बीच मैं अकेली लड़की हूँ। मुझे छोड़ दे, मुझे घर पहुँचा आ, तेरे पैरों पड़ती हूँ। पदी बुआ, तेरा गू खाऊँ। मैया री, मर गयी, प्यासी मर चली।

रोज़ : कूंजा में पानी है, दे दो।

क्षेत्रमणि : हिन्दू की बेटी होकर साहब का पानी पी सकती हूँ? मुझे लठैतों ने छुआ है, मैं घर लौटकर नहाये बिना तो भीतर भी न जा सकूँगी।

पदी : *(स्वगत)* मेरा तो धरम भी गया और जात भी। *(जोर से)* तो बेटी मैं क्या करूँ? साहब के चंगुल में पड़कर छूटना कठिन है। छोटे साहब, छेत्तरमनी आज घर चली जाए, फिर किसी दिन आ जाएगी।

रोज़ : तो तोम हमारा साथ मजा लूटो! तू कमरा में से जा, हमको जोर होगा तो नरम कर लेगा, नेहीं तो तेरे साथ घर भेज देगा...डेम्नेड व्होर! हमको लगता है तूने ही रोका होगा, तभी भले घर की लड़की को लठैतों की मदद से लाना हुआ। नील के लठैत इस काम के लिए कभी नेहीं देता। हरामजादी, पदी मिसरानी!

पदी : अपनी कली को बुलाओ। वही तुम्हें बड़ी प्यारी लगने लगी है, यह मैं समझ गयी हूँ।

क्षेत्रमणि : मिसरानी बुआ, जा मत, मिसरानी बुआ, तू मत जा। *(पदी का प्रस्थान।)* मुझे काले साँप के बिल में, अकेला छोड़ गयी है। मुझे डर लगता है, कँपकँपी आ रही है, डर से सिर चकरा रहा है, प्यास से गला सूख रहा है...

रोज़ : डियर, डियर *(अपने दोनों हाथों से क्षेत्रमणि के दोनों हाथ पकड़कर खींचता है)* आओ, आओ...

क्षेत्रमणि : ए साहब, तुम मेरे बाप हो, ए साहब तुम मेरे बाप हो। मुझे छोड़ दो, पदी बुआ के साथ मुझे घर भेज दो। अँधेरी रात है, मैं अकेली न जा सकूँगी। *(साहब हाथ खींचता है)* ए साहब जी, तुम मेरे बाप के समान हो, ए साहब जी, तुम मेरे पिता के समान हो। हाथ पकड़ने से जात चली जाती है, छोड़ दो, तुम मेरे पिता हो।

रोज़ : तेरा बेटा का बाप होने चाहता। हम किसी तरह धोखे में नहीं आएगा। पलँग पर आ जाओ नहीं तो लात से पेट फाड़ देगा।

क्षेत्रमणि : मेरा बच्चा मर जाएगा, दुहाई साहब, मेरा बच्चा मर जाएगा। मैं गरभवती हूँ।

रोज़ : तुझे नंगा किये बिना तेरा शरम नहीं जाएगा।

(कपड़े खींचता है।)

क्षेत्रमणि : ओ साहब, मैं तुम्हारी माँ हूँ, मुझे नंगा मत करो। तुम मेरे बेटे हो, मेरी धोती छोड़ दो...*(रोज़ के हाथ में नाखून गड़ा देती है।)*

रोज़ : इन्फर्नल बिच! *(बेंत उठाकर)* अब तोमारा छिनालपना निकालता है।

क्षेत्रमणि : मुझे बिलकुल मार डालो, मैं कुछ नहीं कहूँगी। मेरी छाती पर तलवार चला दो, मैं सुरग चली जाऊँ...ओ गूखानी के बेटे, ओ कलमुँही के बेटे, तेरे सब घरवाले मर जाएँ। फिर मेरे बदन को हाथ लगाया तो दाँतों से तेरे हाथ चींथकर टुकड़े-टुकड़े कर दूँगी। तेरे माँ-बहन नहीं है, जाकर उनकी धोतियाँ उतार। खड़ा क्यों है, ओ बहन के खसम, मार न, मेरी जान ले ले। और अब मुझसे सहा नहीं जाता।

रोज़ : चुप रह हरामजादी। छोटे मुँह बड़ी बात।

(पेट में घूँसा मारता है और बाल पकड़कर खींचता है।)

क्षेत्रमणि : मैया, कहाँ गयी? पिताजी कहाँ गये? देखो तुम्हारी छेत्तर मर चली। *(काँपती है)*

(खिड़की की चटखनी तोड़कर नवीनमाधव और तोराप का प्रवेश)

नवीनमाधव : *(रोज़ के हाथ से क्षेत्रमणि के बाल छुड़ाते हुए)* रे नराधम, नीच नीलकर, यही तुम्हारा ईसाई धर्म है? यही तुम्हारी ईसाइयों की दया, विनयशीलता है? हाय, हाय! बालिका, अबला, गर्भवती स्त्री के साथ ऐसा निर्दय व्यवहार!

तोराप : साला ऐसे खड़ा है जैसे काठ की मूरत...शैतान की जबान बन्द हो गयी। बड़े बाबू, इस साले का कोई ईमान है जो धरम की बात सुनेगा। इसके जैसे कुत्ते के लिए डंडा चाहिए। साला कैसे देख रहा है! इसे मेरे हाथ के थप्पड़ की जरूरत है। *(गर्दन पकड़कर थप्पड़ मारते हुए)* चिल्लाया तो जहन्नुम भेज दूँगा। *(गला दबाते हुए)* पाँच दिन चोर की, एक दिन साह की। पाँच दिन खिलाया, अब एक दिन खा। *(कान मलता है।)*

नवीनमाधव : डर क्या है, अच्छी तरह साड़ी पहन लो। *(क्षेत्रमणि कपड़े पहनती है।)* तोराप, तू बदमाश का गला दबाये रख, मैं छेत्तर को लेकर चलता हूँ। गोरों के मोहल्ले से बाहर हो जाऊँ तब तुम इसे छोड़कर भाग निकलना। नदी के किनारे से जाने में बड़ा कष्ट है, मेरी सारी देह काँटों से छिद गयी है। अब तक सब गोरे सो गये होंगे, खासकर यह बात सुनकर भी कुछ न कहेंगे। तुम उसके बाद हमारे घर आना। तू इन्द्राबाद से कैसे भागा और कहाँ रहता है यह मैं सुनना चाहता हूँ।

तोराप : मैं आज रात ही नदी तैरकर घर पहुँचूँगा। मेरी कहानी और क्या सुनेंगे? मैं साले मुख्तार के अस्तबल का झरोखा तोड़कर भाग निकला और सीधा बसन्त बाबू की जमींदारी में जा पहुँचा। उसके बाद रात को बालबच्चों को घर से ले आया। इस साले ने ही तो निकाला, खेती करके पेट भरने का कोई रास्ता बाकी नहीं छोड़ा है? नील ने जान आफत में कर रखी है।...और ऊपर से नमकहरामी करने को कहता है। क्यों बे साले, गिटपिट करके जूते की ठोकर अब नहीं मारता?

(घुटने से ठोकर मारता है।)

नवीनमाधव : तोराप, मारने की क्या जरूरत है? ये लोग बेरहम हैं इसलिए हमारा भी निर्दयी होना ठीक नहीं। मैं चलता हूँ।

(क्षेत्रमणि के साथ नवीनमाधव का प्रस्थान।)

तोराप : ऐसे आदमी को भी बेघरबार करना चाहता है? अपने बड़े बाप से कह और समझा-बुझाकर काम करा ले, जोर-जबरदस्ती कितने दिन चलेगा? छोड़कर चले गये तो कुछ न कर सकेगा? राँड़ से ज्यादा कोसा क्या? साली सब रैयत भाग गयी तो कोठी कबर में पहुँच जाएगी। बड़े बाबू के पिछले रुपये चुका दे और इस साल जितना नील बोना चाहते हैं उतना ही मान ले। तेरी वजह से ही वे लोग इतने दुखी हैं। ब्याना लेने से ही तो कुछ नहीं होता, जुताई भी तो करनी पड़ती है। छोटे साहब, सलाम, मैं चला।

(रोज़ को चित पटककर भाग जाता है।)

रोज़ : बाइ जोव! बीटन टु जैली!

(प्रस्थान।)

चतुर्थ गर्भांक

[गोलोक बसु के भवन का दालान। सावित्री का प्रवेश]

सावित्री : *(दीर्घ निश्वास छोड़ते हुए)* ओ निर्दयी हाकिम! तूने मुझे भी क्यों नहीं तलब कर लिया? मैं भी पति-पुत्र के साथ जिले के शहर चली जाती। इस श्मशान में रहने से वही अच्छा होता। हा! मेरे पति को तो घर के बिना आराम नहीं, कभी दूसरे गाँव दावत तक में नहीं जाएँ। उनके भाग में इतना दुःख बदा था। फौजदारी में पकड़कै ले गये, उन्हें जेल जाना पड़ेगा। हे भगवती! तुम्हारी यही इच्छा थी, माता? हाय, हाय! वह कहे हैं, अपने ओसारे के सिवाय उन्हें नींद नहीं आवै, बस आतप चावल का ही भात खावें, और वह भी बड़ी बहू के हाथ का न हो तो नहीं खावें। हाय! छाती पीट-पीटकर खून निकाल लिया, रोते-रोते आँखें सूज गयीं। जाते समय कहने लगे, 'यही मेरी गंगायात्रा है'...*(रोने लगती है)*। नवीन कहै है, 'माँ अपनी भगवती को पुकारो, मैं अवश्य जीतकर उनके साथ

लौटूँगा।' मेरे बेटे का सोने का-सा मुँह स्याह हो गया है। रुपए का इन्तजाम करने में ही कितनी परेशानी हुई, चक्कर काटते-काटते घनचक्कर हो गया। मैं कहीं बहुओं के गहने न देने लगूँ, इस डर से मुझे तो हिम्मत बँधाया करै। 'माँ, रुपये की क्या कमी है? मुकदमे में ऐसा क्या खरच होगा?' जायदाद के मुकदमे में मेरे गहने गिरवी रखकर पिता जी को कितना दुःख हुआ था। कहे थे, 'कुछ रुपया हाथ में आते ही सबसे पहले बिटिया के गहने छुड़ाकर लाऊँगा।' पिताजी के मुँह पर साहस और आँखों में आँसू होवे थे। उन्होंने रोते-रोते ही प्राण छोड़े।...मेरा नवीन इस धूप में इन्द्राबाद गया और मैं घर में बैठी हूँ...महापापिनी! यही तेरी माँ की ममता है!

(सैरिन्ध्री का प्रवेश।)

सैरिन्ध्री : अम्मा जी, बड़ी देर हो गयी, नहा लीजिए। हमारी ही तकदीर फूटी है, नहीं तो ऐसी बात होती ही क्यों?

सावित्री : *(रोते-रोते)* नहीं बेटी, मेरा नवीन जब तक घर लौटकर नहीं आता मैं अन्न-जल नहीं लूँगी। मेरे लाल को कौन खिलाएगा?

सैरिन्ध्री : वहाँ देवर जी रहते हैं, रसोइया है, कोई तकलीफ नहीं होगी। आप नहा लीजिए। *(तेल का बर्तन लिए सरलता का प्रवेश।)* छोटी बहू, तुम माता जी को तेल लगाकर नहलाकर रसोईघर में ले आओ। मैं खाने का बन्दोबस्त करूँ।

(सैरिन्ध्री का प्रस्थान। सरलता तेल मलती है।)

सावित्री : मेरी मैना चुप हो गयी, बिटिया के मुँह से कोई बात नहीं निकलती। मेरी बेटी बासी फूल की तरह मुरझा गयी है। हाय, हाय! बिन्दुमाधव को कितने दिन से नहीं देखा! कॉलेज बन्द होगा तो बेटा घर आएगा, यही आशा लगा रखी थी। सो यह मुसीबत खड़ी हो गयी। *(सरलता की ठोढ़ी छूकर)* बिचारी का मुँह सूख गया है, अभी तक स्यात् कुछ खाया नहीं। ऐसी मुसीबत में पड़ी हूँ, कि बच्चों का खाना-पीना हुआ या नहीं, यह भी कब देखूँ? मैं आप ही नहाये लेती हूँ, तुम जाकर कुछ खा लो, बेटा। चलो, मैं भी चलती हूँ।

(दोनों का प्रस्थान।)

चतुर्थ अंक

प्रथम गर्भांक

[इन्द्राबाद की फौजदारी कचहरी। वुड, रोज़, मजिस्ट्रेट और बाकी अमले के लोग बैठे हैं। गोलोक, नवीन, बिन्दुमाधव, वादी, प्रतिवादी के मुख्तार, नाजिर, चपरासी, अर्दली, किसान आदि खड़े हैं।]

प्रतिवादी का मुख्तार : सेवक की इस दरखास्त की प्रार्थना मंजूर हो। *(शेरिस्तादार के हाथों में दरख्वास्त देता है।)*

मजिस्ट्रेट : अच्छा पढ़ो। *(वुड साहब से सलाह करता है और हँसता है।)*

शेरिस्तादार : *(वादी के मुख्तार से)* पूरी रामायण लिख रखी है। उसका संक्षेपसार न हो तो क्या सारी पढ़ी जा सकती है?

(दरख्वास्त के पन्ने उलटता है।)

मजिस्ट्रेट : *(वुड साहब के साथ बातचीत के बाद हँसी रोकते हुए)* खुलासा पढ़ो।

शेरिस्दादार : आसामी और आसामी के मुख्तार की गैरहाजिरी में फरियादी के गवाहों के बयान लिये गये हैं। प्रार्थना यह है कि फरियादी के गवाहों को फिर से हाजिर किया जाय।

वादी का मु. : धर्मावतार, मुख्तार लोग झूठ, बेईमानी, दुष्टता सब-कुछ करते हैं, बेहिचक हलफ उठाकर झूठ बोलते हैं, सदा बुरे कामों में फँसे रहते हैं, विवाहिता स्त्री को छोड़ वेश्याओं के घरों में जिन्दगी बिताते हैं। इसलिए जमींदारों को मुख्तारों से बहुत ही नफरत है, पर फिर भी काम पड़ने पर उन्हें बुलाते हैं और अपने पास बिस्तर पर बिठाते हैं। धर्मावतार, मुख्तार लोगों का

पेशा ही धोखा है। पर नीलकरों के मुख्तारों द्वारा किसी तरह का कोई धोखा नहीं हो सकता। नीलकर साहब सब ईसाई हैं। ईसाई धर्म में झूठ को बड़ा भारी पाप माना गया है। परद्रव्यहरण, परनारीगमन, नरहत्या आदि नीच काम ईसाई धर्म में बहुत घृणित माने गये हैं। ईसाई धर्म में बुरा काम करना तो दूर, मन में बुरे काम की कल्पना से भी नरक में जलना पड़ता है। करुणा, क्षमा, विनय, परोपकार ईसाई धर्म के प्रधान आदर्श हैं। ऐसे सत्य-सनातन-धर्म-परायण नीलकरों का झूठी गवाही देना कभी सम्भव नहीं। धर्मावतार, हम लोग इन नीलकरों के वेतनभोगी मुख्तार हैं, हमने उनके चरित्र के अनुसार ही अपना चरित्र भी सुधार लिया है। इच्छा होने पर भी हमें गवाह को सिखाने का साहस नहीं होता। क्योंकि सत्यपरायण साहब लोगों को अगर सुई की नोक बराबर भी अपने नौकर की चालाकी का पता चल जाय तो वे उसे उचित दंड देते हैं। प्रतिवादी के मान्य गवाह कोठी के अमीन का दृष्टान्त सामने है। किसानों के बयाने का रुपया किसानों को नहीं दिया इसलिए दयावान साहब ने उसे काम से निकाल दिया और मामूली गरीब किसानों के रोने से पिघलकर और क्रुद्ध होकर उसे पीटा भी।

वुड : *(मजिस्ट्रेट से)* ऐक्स्ट्रीम प्रोवोकेशन, ऐक्स्ट्रीम प्रोवोकेशन!

वा.मु. : हुजूर, मेरे गवाहों से खुद हुजूर ने बहुत-से सवाल किये थे। अगर वे सिखाये हुए गवाह होते तो यह तभी जाहिर हो जाता। कानून के विद्वानों का कहना है, 'न्यायाधीश तो आसामी के वकील के समान है।' इसी से आसामी के पक्ष के सारे सवाल तो हुजूर ने कर ही लिये। इसलिए गवाहों को दोबारा बुलाने से आसामी का तो कोई उपकार होने की सम्भावना नहीं, पर गवाहों को तकलीफ होगी। धर्मावतार, गवाह गरीब खेतिहर हैं, खुद हल चलाकर बाल-बच्चों का पालन करते हैं। वे लोग सारे दिन खेत में न रहें तो उनकी खेती उजड़ जाती है। भोजन तक के लिए घर आने से खेती का नुकसान होता है, इसलिए उनकी स्त्रियाँ अँगोछे में खाना बाँधकर खेत पर ले जाती हैं

और उन्हें वहीं खिला आती हैं। एक दिन के लिए खेत छोड़कर आने में किसानों का बड़ा हरजा होता है। इस समय यहाँ इतनी दूर किसानों को तलब करने से उनकी बरस-भर की मेहनत बर्बाद हो जाएगी, धर्मावतार। धर्मावतार, जैसा हुक्म करें।

मजिस्ट्रेट : कोई कारण तो समझ में नहीं आता। *(वुड साहब से परामर्श करता है)* जरूरत नहीं।

प्र.मु. : हुजूर, नीलकरों का बयाना किसी गाँव का कोई भी किसान अपनी इच्छा से नहीं लेता। अमीन खलासी के साथ नीलकर साहब, अथवा उनके दीवान, घोड़े पर चढ़कर खेतों में जाते हैं और अच्छी-अच्छी जमीनों पर कोठी का निशान लगाकर किसानों को नील की खेती का हुक्म दे आते हैं। बाद में उनके कारिन्दे किसानों को पकड़कर कोठी पर बुलवाते हैं और जबर्दस्ती बयाना लिखा लेते हैं। बयाना लेकर किसान रोता-पीटता घर लौटता है और उस दिन उसके घर में मातम मनाया जाता है। नील द्वारा बयाना चुकाने के बाद किसान का पैसा बकाया रहने पर भी बही-खातों में बयाना बाकी ही लिखा रहता है। इसलिए एक बार बयाना लेने पर किसान की सात पीढ़ी तक की खैर नहीं। नील की खेती से किसान कितना घबराते हैं यह या तो किसान जानते हैं या दीनरक्षक परमेश्वर। जहाँ भी चार किसान एक साथ बैठें, वहीं वे अपने-अपने बयाने का हाल सुनाकर बचाव के उपाय सोचते हैं। उन्हें किसी सलाह-मशविरे की जरूरत नहीं, उनकी वैसे ही पागल कुत्ते जैसी हालत होती है। ऐसे किसान यह गवाही दे गये कि उनकी तो इच्छा थी, पर मेरे मुवक्किल ने सलाह देकर और डर दिखाकर उन्हें नील की खेती करने से रोका...यह बहुत ही आश्चर्य की बात है और साफ-साफ धोखा है। धर्मावतार, उन्हें फिर हुजूर के सामने लाया जाय। सेवक दो सवालों में उनकी गवाही झूठी साबित कर देगा। मेरे मुवक्किल के पुत्र नवीनमाधव बसु निर्दयी नीलकर राक्षसों से लाचार किसानों की रक्षा में जी-जान से लगे रहते हैं, यह बात मैं मानता हूँ।

और वे वुड साहब के अत्याचार को रोकने में बहुत बार सफल भी हुए हैं, यह पलाशपुर अग्निकांड के मुकदमे की मिसाल से जाहिर है। पर मेरे मुवक्किल गोलोकचन्द्र बसु बहुत ही सीधे आदमी हैं, नीलकर साहबों से बाघ से भी ज्यादा डरते हैं। वे किसी झमेले में नहीं पड़ते, कभी किसी की बुराई नहीं करते, किसी को बुराई से बचाने की भी हिम्मत नहीं करते। धर्मावतार, गोलोकचन्द्र बसु बड़े अच्छे चाल-चलन के आदमी हैं यह जिले के सभी लोग जानते हैं। अमले के लोगों से पूछने पर भी यह जाहिर हो जाएगा कि —

गोलोकचन्द्र : न्यायाधीश महोदय, मेरे पिछले वर्ष के नील के रुपये नहीं चुकाये गये, तो भी फौजदारी के डर से मैं साठ बीघा जमीन के लिए बयाना लेने को तैयार था। बड़े बाबू ने कहा, 'पिताजी, हमारी और भी आमदनी है, एक-दो बरस नील करने से हमारे त्यौहार-उत्सव बन्द नहीं होंगे, भूखों मरने की नौबत न आएगी। पर जो लोग सिर्फ खेती के ही आसरे हैं, उनका क्या होगा? हमने ऐसे नील किया तो सभी को वही करना होगा।' बड़े बाबू की यह बात बड़ी बुद्धिमानी की थी। इसलिए मैंने कहा, 'हाथ-पैर जोड़कर साहब को पचास बीघे पर राजी कर लो।' साहब ने हाँ-ना तो कुछ नहीं कहा, पर चुपके-चुपके मुझे इस बुढ़ापे में जेल भेजने का इन्तजाम किया। मैं जानता हूँ, साहब लोगों को प्रसन्न रखने में ही भलाई है। साहबों का ही राज है, हाकिम भी उन्हीं के भाई-बिरादर हैं, उनकी मर्जी के विरुद्ध चलना ठीक नहीं। मुझे छोड़ दीजिए, मैं वादा करता हूँ, हल-बैल बिना नील की खेती हो या न हो, पर हर बरस उसके बदले मैं साहब को सौ रुपया देता रहूँगा। मैं क्या कभी किसानों को बहका सकता हूँ? मेरी क्या कभी उनसे मुलाकात होती है?

प्र.मु. : धर्मावतार, जिन चार किसानों ने गवाही दी है उनमें से एक मजूर है। उसके पुरखों तक के पास कभी हल नहीं रहा। उसके पास न जमीन है, न कोई पूँजी, न बैल है, न गोशाला। मौके पर जाँच होने से असलियत जाहिर हो जाएगी। कानाई

तरफदार दूसरे गाँव का किसान है। उसके साथ मेरे मुवक्किल की कोई जान-पहचान नहीं। वह कोई शनाख्त नहीं कर सकता। इन्हीं सब कारणों से मैं उन लोगों को फिर से अदालत में बुलाये जाने की प्रार्थना करता हूँ। कानून बनानेवालों ने लिखा है, फैसले के पहले आसामी को बचाव की हर सहूलियत मिलनी चाहिए। धर्मावतार, मेरी यह प्रार्थना मंजूर होने से मुझे कोई शिकायत न रहेगी।

वा.मु. : हुजूर —

मजिस्ट्रेट : *(पत्र लिखता है)* बोलो, बोलो, मैं कान से तो नहीं लिख रहा हूँ।

वा.मु. : हुजूर, इस समय किसानों को बुलाकर परेशान करने से उनकी बड़ी हानि होगी, नहीं तो मैं भी प्रार्थना करता गवाहों को फिर हाजिर किया जाय। क्योंकि बहस में आसामी का साबित जुर्म और भी पक्की तौर पर साबित हो सकता है। धर्मावतार, गोलोक बसु की बदचलनी देश-विदेश सब जगह जाहिर है। जो उसकी भलाई करे यह उसी का बुरा चीतता है। नीलकर अपार समुद्र पार करके इस देश में आये हैं और यहाँ की छिपी हुई दौलत निकालकर देश की भलाई कर रहे हैं, राजकोष में धन बढ़ा रहे हैं, और आप लोगों का उपकार हो रहा है। जो आदमी ऐसे महापुरुषों के महान कामों का विरोध करे, उसके लिए जेल के सिवाय कहाँ जगह हो सकती है?

मजिस्ट्रेट : *(चिट्ठी पर पता लिखकर)* चपरासी!

चपरासी : खुदाबन्द! *(साहब के पास जाता है)*

मजिस्ट्रेट : *(वुड के साथ सलाह करके)* बीवी वुड को देना...खानसामा को बोलो, बाहर का साहब लोग आज जाएगा नहीं।

शेरिस्तादार : हुजूर, क्या हुकुम लिखा जाय?

मजिस्ट्रेट : फाइल कर दिया जाय।

शेरिस्तादार : *(लिखता है)* हुक्म हुआ 'फाइल कर दिया'। *(मजिस्ट्रेट दस्तखत करता है)*। धर्मावतार, आसामी के जवाब के हुक्म पर हुजूर के दस्तखत नहीं हुए...

मजिस्ट्रेट : पढ़ो।

शेरिस्तादार : हुक्म हुआ, 'आसामी से दो-दो सौ रुपये की दो जमानतें ले ली जाएँ और सफाई के गवाहों के नाम बाकायदा सफीना जारी किया जाए।' *(मजिस्ट्रेट दस्तखत करता है।)*

मजिस्ट्रेट : मीरगाँव में डकैती का मुकदमा कल पेश करना।

(मजिस्ट्रेट, वुड, रोज़, चपरासी और अर्दली का प्रस्थान।)

शेरिस्तादार : नाजिर साहब, बाकायदा जमानतनामा लिखा लो।

(शेरिस्तादार, पेशकार, वादी के मुख्तार और किसानों का प्रस्थान।)

नाजिर : *(प्रतिवादी के मुख्तार से)* आज जमानतनामा कैसे तैयार होगा? मुझे बहुत काम है...

प्र.मु. : नाम ही बहुत बड़ा है, पल्ले कुछ नहीं है। *(नाजिर से परामर्श करता है)*। गहना बेचकर यह रुपया देना होगा।

नाजिर : मेरी न तो जमींदारी है, न व्यापार है, और न कोई खेती है। यही रोजगार है। बस तुम्हारी खातिर सौ रुपये मान लूँगा। चलो, मेरे घर चलना होगा। दीवानजी भैया न सुन लें। उनकी पूजा अलग से हुई या नहीं?

(सबका प्रस्थान।)

द्वितीय गर्भांक

[इन्द्राबाद में बिन्दुमाधव का निवास स्थान। नवीनमाधव, बिन्दुमाधव और साधुचरण बैठे हैं]

नवीनमाधव : इसलिए मुझे घर जाना पड़ेगा। माताजी यह खबर सुनते ही जान दे देंगी। बिन्दु, तुमसे और क्या कहूँ, देखना पिता को किसी तरह का दुःख न हो। घरबार छोड़ना तै है, सर्वस्व बेचकर मैं रुपया भेज दूँगा। जो जितना माँगे, उसे उतना ही दे देना।

बिन्दुमाधव : जेलर रुपये का लालची नहीं, मजिस्ट्रेट के डर से रसोइया नहीं ले जाने देता।

नवीनमाधव : रुपया भी दो और मिन्नत भी करो। हाय! बुढ़ापे का शरीर। तीन दिन से उपवास! इतना समझाया, इतनी मिन्नतें कीं...कहने लगे, नवीन तीन दिन बीतने पर खाने-न-खाने की चिन्ता करूँगा। तीन दिन तक इस पापी मुख में कुछ न जाएगा।

बिन्दुमाधव : पिताजी के पेट में दो कौर अन्न पहुँचाने का कोई रास्ता नहीं सूझता। नीलकरों के गुलाम मूर्ख मजिस्ट्रेट द्वारा जेल की सजा के हुक्म के बाद से पिताजी ने आँखों पर जो हाथ रखे वे अभी तक नहीं हटाये हैं। आँसुओं से हाथ भीग गया है। जहाँ पहले-पहल बिठा दिया था, वहीं बैठे हैं। दुबले बेजान कबूतर की तरह चुपचाप जेल के पिंजड़े में पड़े हैं। चार दिन हो गये, आज उन्हें जरूर कुछ-न-कुछ खिलाना है। आप घर जाइए, मैं रोज पत्र भेजता रहूँगा।

नवीनमाधव : विधाता! पिता को कैसा दु:ख दिया! बिन्दु, तुम्हें भी रात-दिन जेल में रहने दें तभी मैं बेखटके घर लौट सकता हूँ।

साधुचरण : मैं चोरी करता हूँ, आप लोग मुझे चोर कहकर पकड़वा दीजिए। मैं मान लूँगा। तब मुझे भी जेल में भेज देंगे। मैं वहाँ मालिक की सेवा करता रहूँगा।

नवीनमाधव : साधु, तुम सचमुच ही साधु हो। हाय! मणि की बीमारी की खबर से तुम दु:खी हो। तुम्हें जितनी जल्दी घर ले जा सकूँ, उतना ही अच्छा है।

साधुचरण : *(दीर्घ निश्वास छोड़कर)* बड़े बाबू, जाकर बेटी को देख सकूँगा, मुझे इसकी उम्मीद नहीं।

बिन्दुमाधव : तुम्हें जो अर्क दिया है, उसे खिलाने से जरूर आराम मिलेगा। डॉक्टर साहब ने पूरा हाल सुनकर यह दवाई दी है।

(डिप्टी इन्स्पेक्टर का प्रवेश।)

डिप्टी इन्स्पे. : बिन्दु बाबू, आपके पिता की रिहाई के लिए कमिश्नर साहब ने खासतौर पर लिखा है।

बिन्दुमाधव : लेफ्टिनेंट गवर्नर छोड़ देंगे, इसमें सन्देह नहीं।

नवीनमाधव : रिहाई की खबर कब तक आ जाएगी?

बिन्दुमाधव : पन्द्रह दिन से ज्यादा नहीं लगेंगे।

डिप्टी इन्स्पे. : अमरनगर के असिस्टेंट मजिस्ट्रेट ने एक मुख्तार को इस कानून

में छह महीने की सजा दी थी, उसे पन्द्रह दिन ही जेल में रहना पड़ा।

नवीनमाधव : ऐसा भी दिन कभी होगा तब गवर्नर साहब, मजिस्ट्रेट के नीच फैसले को रद कर देंगे?

बिन्दुमाधव : भगवान हैं, जरूर ही करेंगे। आप चलें, बहुत दूर जाना है।

(नवीनमाधव, बिन्दुमाधव और साधुचरण का प्रस्थान।)

डिप्टी इन्स्पे. : हाय, दोनों भाई दुःख से झुलसकर जीते-जी मरे-से हो रहे हैं। लेफ्टिनेंट गवर्नर का रिहाई का हुक्म दोनों भाइयों की बेजान देह को फिर से जिला देगा। नवीन बाबू बहुत वीर, परोपकारी, उदार, विद्याप्रेमी, देशहितैषी हैं। पर नीलकरों के जुल्म के पाले में नवीन बाबू के अच्छे गुणों की कलियाँ मुरझा गयीं। *(कॉलेज के पंडितों का प्रवेश।)* अब चलूँ।

पंडित : स्वभाव से ही मेरा शरीर थोड़ा-सा गर्म रहता है, धूप सहन नहीं होती। चैत-बैसाख के महीनों में धूप की गर्मी से पागल हो उठता हूँ। कई दिनों से सिर के दर्द से दुःखी हूँ। बिन्दुमाधव की इस मुसीबत में एक बार भी न आ सका।

डिप्टी इन्स्पे. : विष्णुतेल से आपको लाभ हो सकता है। विष्णुबाबू के लिए विष्णुतेल तैयार कराया गया है। थोड़ा-सा आपके घर भी कल भेज दूँगा।

पंडित : बड़ी कृपा है। लड़कों को पढ़ाने से अच्छा-भला आदमी पागल हो जाय, मेरी तो फिर ऐसी अवस्था है।

डिप्टी इन्स्पे. : बड़े पंडित जी, अब दिखाई नहीं पड़ते?

पंडित : वे यह चाकरी छोड़ने के उपाय कर रहे हैं। उनका सपूत बेटा कमाई करने लगा है, उनकी गृहस्थी ठाठ से चलेगी। अब खूँटी गले में बाँधकर कॉलेज आना-जाना अच्छा नहीं लगता। उम्र भी तो कम नहीं।

(बिन्दुमाधव का फिर से प्रवेश।)

बिन्दुमाधव : पंडित जी आये हैं?...

पंडित : पापी ने ऐसा फैसला किया। तुमने नहीं सुना, बड़े दिन के समय वह उस कोठी में एक नहीं, दस दिन बिता आया है। उससे प्रजा का न्याय होगा? काजी हिन्दू का पर्व बताएगा?

बिन्दुमाधव : जैसी विधाता की मर्जी!

पंडित : मुख्तार किसे किया था?

बिन्दुमाधव : प्राणधन मल्लिक को।

पंडित : उसे भी कोई मुख्तार बनाता है? और किसी को किया होता तो भला होता। सब देवता एक-से हैं।

बिन्दुमाधव : कमिश्नर साहब ने पिता की रिहाई के लिए सरकार को रिपोर्ट भेजी है।

पंडित : जैसे नागनाथ वैसे साँपनाथ। जैसे मजिस्ट्रेट वैसे ही कमिश्नर।

बिन्दुमाधव : आप कमिश्नर को खास जानते नहीं, इसी से ऐसा कह रहे हैं। कमिश्नर साहब बहुत न्यायप्रिय हैं। नेटिव लोगों की उन्नति चाहते हैं।

पंडित : जो हो, अब भगवान की दया से तुम्हारे पिता को छुटकारा मिल जाय तो सब ठीक है। जेल में कैसी अवस्था में हैं?

बिन्दुमाधव : लगातार रो रहे हैं और पिछले तीन दिन से कुछ नहीं खाया-पिया। मैं अभी जेल की तरफ जा रहा हूँ। यह समाचार सुनाकर उनके मन को तसल्ली दूँगा। *(एक चपरासी का प्रवेश।)* तुम तो जेल के चपरासी हो न?

चपरासी : आप जरा जल्दी जेल में चलिए। जेलर साहब ने बुलाया है।

बिन्दुमाधव : मेरे पिताजी को तुमने आज देखा था?

चपरासी : आप आइए। मैं कुछ नहीं कह सकता।

बिन्दुमाधव : चल भैया! *(पंडित जी से)* कुछ ठीक नहीं लगता, मैं चलता हूँ।

(चपरासी और बिन्दुमाधव का प्रस्थान।)

पंडित : चलो, हम लोग भी जेल की ओर ही चलें। लगता है कोई बुरी बात होने वाली है।

(दोनों का प्रस्थान।)

तृतीय गर्भांक

[इन्द्राबाद का जेलखाना। गोलोकचन्द्र की मृत देह चादर की रस्सी से झूल रही है। जेलर और जमादार बैठे हैं।]

जेलर : बिन्दुमाधव बाबू को बुलाने कौन गया है?

जमादार : मनीरुद्दीन गया है। डॉक्टर साहब के आये बिना तो इसे उतारा नहीं जा सकता।

जेलर : आज मजिस्ट्रेट साहब के आने की भी बात है न?

जमादार : जी नहीं। उन्हें और चार दिन देर होगी। सनीचर को सचीगंज की कोठी में साहब लोगों की सैम्पेन पार्टी है, मेमों का नाच होगा। वुड साहब की बीवी हमारे साहब के सिवाय और किसी के साथ नाचती ही नहीं, मैं जब अरदली था, देख चुका हूँ। वुड साहब की मेम की बड़ी दया है। एक चिट्ठी से इस गरीब को जेल का जमादार बना दिया।

जेलर : हाय! पिता ने कुछ खाया नहीं, इसी से बिन्दु बाबू कितना रोते थे। यह दशा देखकर तो दम तोड़ देंगे। *(बिन्दुमाधव का प्रवेश)* सब परमेश्वर की मर्जी है।

बिन्दुमाधव : यह क्या, यह क्या! हाय! हाय! पिताजी ने फाँसी लगा ली। मैं तो उनकी रिहाई की आशा के समाचार सुनने आया था। कैसा दु:ख है! *(अपने माथे को गोलोक की छाती से टिका मृतदेह को आलिंगन करके रोता है।)* पिताजी, हम लोगों की माया एकदम छोड़ गये। बिन्दुमाधव के अँग्रेजी ज्ञान की बड़ाई अब लोगों के सामने और नहीं करेंगे? नवीनमाधव को 'स्वरपुर का भीम' कहना खत्म हो गया? बड़ी बहू को 'मेरी माँ, मेरी माँ' पुकारकर विपिन के साथ प्यार-भरा झगड़ा किया करते थे, वह बन्द कर दिया? हाय! दाने की तलाश में भटकने वाले बगुले के जोड़े से नर को बहेलिया मार डाले तो मादा जैसे व्याकुल हो जाती है, मेरी माँ की तुम्हारे इस समाचार से वैसी ही हालत होगी...

जेलर : *(हाथ पकड़कर बिन्दुमाधव को अलग लाते हुए)* बिन्दुबाबू, अब इतने न घबराइए। डॉक्टर साहब से पूछकर ही अमृतघाट ले जाने का इन्तजाम कीजिए।

(डिप्टी इन्सपेक्टर और पंडित जी का प्रवेश।)

बिन्दुमाधव : जेलर साहब, मुझसे कुछ न कहें। जो भी सलाह ठीक हो, पंडित जी और डिप्टी साहब से कर लीजिए। शोक के कारण मुझे कोई बात नहीं सूझती। मैं एक बार तो अपने पिता के चरणों को हृदय से लगा लूँ। इस जन्म में फिर इसका मौका न मिलेगा!

(गोलोक के चरणों को छाती से लगाकर बैठ जाता है।)

पंडित : *(डिप्टी इन्सपेक्टर से)* मैं बिन्दुमाधव को गोद में पकड़ता हूँ, तुम रस्सी खोल दो...इस देवशरीर को इस नरक में एक क्षण भी नहीं रखना चाहिए...

जेलर : श्रीमान कुछ देर इन्तजार करना होगा...

पंडित : आप शायद नरक के दरबान हैं? नहीं तो ऐसा स्वभाव क्यों होता?

जेलर : आप विद्वान हैं, मुझे बेकार ही डाँट रहे हैं।

(डॉक्टर साहब का प्रवेश।)

डॉक्टर : हो-हो, बिन्दुमाधव। गॉड्स विल...पंडित जी भी आया है। बिन्दु को कॉलेज न छोड़ना पड़े।

पंडित : कॉलेज छोड़ना तो ठीक नहीं।

बिन्दुमाधव : हम लोगों की जमीन-जायदाद तो सब गयी ही। अब पिता भी हमें दर-दर का भिखारी बनाकर परलोक सिधार गये। *(रोता है)* पढ़ाई अब कैसे होगी?

पंडित : नीलकर साहबों ने बिन्दुमाधव के परिवार का सर्वस्व छीन लिया है...

डॉक्टर : पादरी लोगों से हमने प्लैन्टर साहबों का बात सुना है और देखा भी है। हम मातंगनगर की कोठी से लौटता था। रास्ता में एक गाँव में ठहरा। मेरा पालकी के पास से दो किसान बाजार जाता था। एक का हाथ में दूध था। हम दूध खरीदना

माँगा। एक किसान दूसरे को धीरे-से बोला, 'नील का भूत', 'नील का भूत' और दूध रखकर भाग निकला। हमने दूसरा किसान से पूछा तो वह बोला, 'वे दोनों बयाने का डर से भाग गया है। हमने तो बयाना ले रखा है, हमको गोदाम जाने में क्या डर?' हम समझा हमको भी प्लैन्टर सोचा। किसानों के हाथ में दूध देकर हम चला आया।

डिप्टी इन्स्पे. : वेलि साहब के कन्सर्न के एक गाँव में से पादरी साहब जा रहे थे। किसान उन्हें देखकर 'नील भूत', 'नील भूत', चिल्लाते हुए अपने-अपने घर को भाग गये। पर धीरे-धीरे पादरी साहब की उदारता, क्षमा और विनय को देखकर किसानों को बड़ा आश्चर्य हुआ। और नीलकरों के अत्याचार से दुःखी प्रजा से पादरी साहब ने जितनी हमदर्दी दिखायी, वे लोग उतनी ही ज्यादा उनकी भक्ति करने लगे। अब किसान आपस में कहते हैं, 'एक ही झाड़ के बाँस जरूर हैं...पर कहाँ दुर्गामाता की चौकी, और कहाँ हाड़ी का सींका!'

पंडित : हम लोग लाश को ले जाएँ?

डॉक्टर : थोड़ा देखना होगा। आपलोग बाहर ले आइए।

(बिन्दुमाधव और डिप्टी इन्स्पेक्टर रस्सी खोलकर लाश को ले जाते हैं। सबका प्रस्थान।)

पंचम अंक

प्रथम गर्भांक

[बेगुनबाड़ी कोठी के दफ्तर के सामने। गोपीनाथ दास और एक ग्वाले का प्रवेश]

गोपीनाथ : तुझे यह सारी खबर कैसे मिली?

ग्वाला : हम लोग पड़ोसी हैं, हर बखत जाना-आना लगा रहै है। नौन नहीं रहा तौ नौन ले आये। लड़का रोने लगा तो गुड़ ला दिया। बोस घराने में सात पीढ़ियों से हमारी परबस्ती है। मुझे उनके घर की खबर न होगी?

गोपीनाथ : बिन्दुमाधव का विवाह कहाँ हुआ है?

ग्वाला : अरे उसे क्या कहे हैं, कलकत्ते के पच्छिम में वे ही लोग जो कायतों को जनेऊ पहनावे थे,...छोटे बाबू के ससुर की बड़ी इज्जत है, सुना है। गवन्नर साब बिना टोपी उतारे नहीं आते। वे लोग क्या देहात में अपनी लड़की देते? छोटे बाबू का लिखना-पढ़ना देखकर गाँव-देहात की कुछ परवा नहीं की। लोग कहें हैं सहर की लड़कियाँ बड़ी सजी-बजी रहें हैं, घरेलू-बाजारू कुछ पहचाना नहीं जावै। पर बोस घराने की बहू जैसी सीधी लड़की तो कहीं देखी नहीं। गोमा की माँ रोज ही उनके घर जावै है। पाँच बरस ब्या को होने आये पर एक दिन उसका मुँह तक न देख पायी। जिस दिन ब्या होकर आयी, हमने बस उसी दिन देखा। सोचा सहर के बाबू लोग आधे इंगरेज, इसीलिए ऐसी मेम जैसी लड़की भई।

गोपीनाथ : बहू हमेशा सास की सेवा में रहती है?

ग्वाला : दीवान जी साहब, क्या कहूँ, गोमा की माँ कहै थी, मुसलमानों के मुहल्ले तक में सब जानें। छोटी बहू न होय तो जिस दिन गले में फाँसी लगाने की खबर सुनी उसी दिन माँजी मर जातीं। सुना है सहर में औरतें, मरदों को किराये पै रक्खे हैं। और माँ-बाप को भूखों मार डालै हैं। पर इस बहू को देखकै लगा यह सब गप्प है।

गोपीनाथ : नवीन बोस की माँ भी शायद बहू से बड़ा प्रेम करती हैं।

ग्वाला : माँजी इस धरती पै किसे पिरेम नहीं करें, यही पता नहीं। आहा! औरत जैसे बिलकुल अन्नपूरनी हैं...पर तुम लोगों ने क्या अन्न बाकी छोड़ा है जो वह पूरन करेंगी। नील राच्छस ने बूढ़े को तो खा लिया, बूढ़ी को भी खाऊँ-खाऊँ करै है।...

गोपीनाथ : चुप रह बदमाश, साहब ने सुन लिया तो अभी मरम्मत करेंगे।

ग्वाला : मैं क्या करूँ, तुम्हीं तो खोद-खोदकर जहर निकालो हो। मेरी क्या हिम्मत, जो कोठी में बैठकर साले बदमाशों को गाली दूँ...

गोपीनाथ : मेरा मन भी अब दु:खी है। झूठा मुकदमा लगाकर इज्जतदार आदमी को बर्बाद कर दिया। नवीन के सिर दर्द और नवीन की माँ की यह हालत सुनकर मुझे बड़ा बुरा लगा...

ग्वाला : मेंढकी कौ जुकाम—दीवान जी साब नाराज न होना, मैं तो पागलसिड़ी आदमी हूँ, तमाकू लगा लाऊँ?

गोपीनाथ : साला नन्द का वंश दुनिया से मिट गया।...

ग्वाला : सब लोग ही सब करें हैं। आप लोग ठहरे साब के हाथ की तलवार, जहाँ गिरा दें, वहीं गिरै। सालों की कोठी पर गाज पड़े तो गाँव के लोगों की जान बचै...

गोपीनाथ : तू साला बड़ा बुद्धू है। और बकबक नहीं...तू जा, साहब के आने का वक्त हो गया...

ग्वाला : मैं चला! मेरे दूध का हिसाब करके कल एक रुपया मुझे देना पड़ेगा। हम लोग गंगा नहाने जाएँगे।

(प्रस्थान।)

गोपीनाथ : लगता है इस सिर दर्द के ऊपर ही कल बिजली गिरेगी। साहब तुम्हारे तालाब के किनारे नील बोएँगे, इसे कोई न रोक

सकेगा।...साहब की भी थोड़ी-सी तो ज्यादती है। पिछले साल का बकाया मिले बिना ही पचास बीघा नील के लिए तैयार हो गया, फिर भी मन नहीं भरा। पूरब के खेतों की थोड़ी-सी धान वाली जमीन के लिए ही तो यह सब झमेला है। नवीन बोस को भी दे देना चाहिए था।—गोरों को खुश रखने में ही भलाई है। पर नवीन तो मरकर भी काटने वालों में है। *(दूर से साहब को आता देखकर)* यह लो, शुभ्रकान्ति नीलाम्बर जी पधार रहे हैं। मुझे शायद पुराने दीवान के साथ कुछ दिन बिताने पड़ें।

(वुड का प्रवेश।)

वुड : ये बात किसी को भी मालूम नहीं हो। मातंगनगर का कोठी में बड़ा दंगा होगा, सब लठैत वहीं रहेगा। यहाँ का वास्ते दस बल्लम वाला खोजना होगा। हम जाएगा, छोटा साहब जाएगा, तोम जाएगा। साला गला में रस्सी बाँधकर ऊधम न उठा सकेगा। मदद का वास्ते दारोगा को भी बुला नेहीं सकेगा —

गोपीनाथ : बदमाश इतने घबराये हुए हैं, बल्लम वालों की जरूरत ही नहीं होगी। हिन्दू के लिए फाँसी लगाकर, खासकर जेल के भीतर मरना बड़ा दोष है और बुराई की बात है। इससे बदमाशों की अकल बड़ी दुरुस्त हुई।

वुड : तोम समझता नेहीं, बाप का मरने से रास्कल को खुशी हुआ —बाप का डर से नील का बयाना लेता था। अब भैंचो को वह डर भी नेहीं रहा, मनमाना करेगा। साला ने हमारा कोठी को बदनाम कर दिया। हरामजादा को हम कल ही गिरफ्तार कराएगा, मजूमदार के साथ दोस्ती करा देगा। अमरनगर के मजिस्ट्रेट जैसा हाकिम आ जाय तो बदमाश सब कर सकेंगे।

गोपीनाथ : मजूमदार के मुकदमे का जो ढंग बना है वह अगर नवीन बोस का यह झमेला न उठा होता, तो अब तक बड़ा खतरनाक हो जाता...अब भी क्या होगा, कहा नहीं जा सकता। सुना है अब जो हाकिम आ रहे हैं वह किसानों की तरफदारी करते हैं और मुफस्सिल में तम्बू लेकर जाते हैं। इसमें कुछ गड़बड़ है, डर भी है ही...

वुड : तोम डर-डर करके हमको तंग किया। नीलकर साहब को किस काम में डर? गीदड़ साला, तोमारा दिल धड़कता तो काम छोड़ो...

गोपीनाथ : धर्मावतार, काम में ही डर होता है। पुराने दीवान के कैद होने पर उनका बेटा छह महीने की बकाया तनखा लेने आया था। उसमें आपने दरखास्त देने को कहा। दरखास्त आने पर हुकुम दिया, हिसाब-किताब पूरा होने के पहले तनखा नहीं दी जा सकती। धर्मावतार, नौकर कैद होने पर यही इन्साफ है?

वुड : हम क्या जानता नेहीं? वह साला, पाजी, नमकहराम, बेईमान! तोम नील का रुपया नेहीं खाता तो क्या डेडलि कमीशन बनता? तो क्या किसान लोग रोता-रोता पादरी साहब के पास जाता? तोम साला लोग सब बर्बाद किया है...माल कम पड़ा तो तोमारा घर बेचकर वसूल करेगा—ऐरेन्ट कावर्ड, हैलिश नेव....

गोपीनाथ : हुजूर, हम तो कसाई के कुत्ते हैं—हड्डी चूसकर ही सबर करते हैं। धर्मावतार, जैसे महाजन कर्जदार से धान वसूल करते हैं, वैसे ही आप लोग भी नील लेते, तो नीलकोठियों की इतनी बदनामी न होती। अमीन-खलासी की भी जरूरत न पड़ती, और मुझे 'गोपी गुंडा, गोपी गुंडा' कहकर सब लोग गाली न देते।

वुड : तोम अन्धा है, तुम्हारा आँख नहीं? *(एक उम्मीदवार का प्रवेश।)* हम इन आँखों से देखा *(अपनी आँखों में उँगली डालता है।)* महाजन धान का खेत में जाता और किसानों से झगड़ा करता। इस आदमी को पूछो।

उम्मीदवार : धर्मावतार, मैं ऐसी बहुत मिसालें दे सकता हूँ। किसान कहते हैं नीलकर साहबों की बदौलत महाजन के हाथ से बचे हुए हैं।

गोपीनाथ : *(उम्मीदवार से अलग)* हे भैया, खुशामद बेकार है। कोई जगह खाली नहीं। *(वुड से)* महाजन धान के खेतों में जाते हैं और अपने कर्जदारों से झगड़ा करते हैं, यह सच जरूर है। पर आप इसकी भीतरी बात जानते तो श्यामचन्द रूपी छड़ी

की मार से भूखी प्रजा रूपी लक्ष्मण के गिरने की कर्जदार के शुभचिन्तक महाजनों से तुलना न करते — हमारे और महाजनों के बीच बड़ा फर्क है।

वुड : आच्छा, हमको समझाओ। कोई वजह होगा, साला लोग हमारा सब बात कहता फिरता है, महाजन का कोई बात नेहीं कहता।

गोपीनाथ : धर्मावतार, कर्जदारों को साल में जितना रुपया चाहिए और खाने को जितना अनाज चाहिए, वह सब महाजन से ही मिलता है। बरस बीतने पर वे तमाकू, ईख, तिली आदि बेचकर तो महाजन का रुपया सूद समेत चुकाते हैं, या ये सब चीजें ही बाजार भाव महाजन को दे देते हैं। और जो अनाज होता है उसमें से महाजन के अनाज का ड्यौढ़ा या सवाया उसके घर पहुँचा देते हैं। इसके बाद जो बचता है उससे तीन-चार महीने का खरच चलता है। अगर देश में अकाल से या कर्जदार की फिजूलखरची से रुपया या अनाज बकाया रह जाय, तो वह नये खाते में लिख लिया जाता है। बकाया धीरे-धीरे वसूल होता रहता है, महाजन कभी कर्जदार पर नालिश नहीं करते। जो बकाया रह जाता है वह महाजनों को फिलहाल नुकसान ही लगता है, इसीलिए वे लोग कभी-कभी खेतों पर जाते हैं, खेती का इन्तजाम ठीक है या नहीं, देखते हैं, लगान के लिए जितना रुपया किसान ने लिया है उसके मुताबिक ठीक जमीन जोती-बोयी गयी है या नहीं, इसका पता लगाते हैं। कोई-कोई नासमझ कर्जदार जो धोखे से ज्यादा रुपया ले जाते हैं और हमेशा कर्ज में उलझे रहते हैं। वे महाजन का भी नुकसान करते हैं और खुद भी तकलीफ उठाते हैं। उस परेशानी से बचने के लिए ही महाजन खेतों पर जाते हैं, नील के भूत होकर नहीं *(जीभ काटकर)* धर्मावतार, ये हरामजादे मुसलमान साले ऐसा कहते हैं।

वुड : तोम पर निकलने का भूत सवार है, नहीं तो तोम इतना खोजबीन काहे करता, नेहीं तो तू इतना बेअदब कैसे होता? बदमाश, इन्सेस्चुअस ब्रूट!

गोपीनाथ : धर्मावतार, गाली खाने के लिए हम भी हैं, मारपीट के लिए भी हम हैं, कृष्णमन्दिर जाने के लिए भी हम हैं। कोठी में डिस्पेन्सरी-स्कूल हों तो आप लोग, खूनखराबी हो तो हम लोग। हुजूर के पास सलाह के लिए जाने से नाराज होते हैं। मजूमदार के मुकदमे से मेरा जी जैसा उखड़ा है वह भगवान ही जानते हैं।

वुड : बदमाश को कोई हिम्मत का काम करने का वास्ते बोला, तो साला मजूमदार की बात निकालता है—हम हमेशा बोला तोम साला बड़ा नालायक है। नवीनबोस को शचीगंज का मुदाम में पहुँचाता क्यों नेहीं?

गोपीनाथ : आप माई-बाप हैं। गरीब नौकर को बचाने के लिए एक बार नवीन बोस से इस मुकदमे की बात पूछ लेना अच्छा होगा।

वुड : चोप रहो, यू बैस्टर्ड आफ व्होर्स बिच! तेरा वास्ते हम कुत्ता का साथ मुलाकात करेगा? साला कावर्ड, कायत का बच्चा! *(ठोकर मार कर गोपी को जमीन पर गिरा देता है।)* कमीशन में तुझको गवाही का लिए भेजने से तू हरामजादा तो सब बर्बाद कर देता, डेविलिश निगर। *(और दो ठोकर लगाता है।)* ऐसा ही तुम केवट का माफिक काम देगा—साला कायत—कल को काम देखके हम तुमको खुद जेल में भेज देगा।

(वुड और उम्मीदवार का प्रस्थान।)

गोपीनाथ : *(बदन झाड़ते-झाड़ते उठकर)* सात सौ गिद्ध मरते हैं तो एक नीलकर का दीवान होता है, नहीं तो अनगिनत जूतियाँ हजम कैसे होतीं? कैसी ठोकरें मारी हैं, बाप रे बाप! बेटा जैसे कॉलेज-आउट बाबुओं की गाउन पहनने वाली छोकरी हो!

(नेपथ्य में 'दीवान', 'दीवान' की आवाज सुनाई देती है।)

गोपीनाथ : बन्दा हाजिर है। अब किसी शामत आयी?

(गाते-गाते गोपी का प्रस्थान।)

द्वितीय गर्भांक

[नवीनमाधव का शयनघर। आदुरी बिस्तर बिछाते-बिछाते रोने लगती है।]

आदुरी : हाय हाय! हाय हाय! कहाँ जाऊँ? देखा नहीं जाए। ऐसे मारा है बस धुधधुकी रह गयी। माँजी देखेंगी तो जान दे देंगी। पकड़कर कोठी ले गये, यह सोचकर वे लोग पेड़ के नीचे पछाड़ खा-खाकर रोवें हैं। गोद में उठाकर घर की तरफ ले आये यह देखा ही नहीं।

(नेपथ्य से) : आदुरी, भीतर ले आएँ?

आदुरी : हाँ, भीतर ले आओ, यहाँ कोई नहीं है।

(मूर्च्छित नवीनमाधव को लिये हुए साधुचरण और तोराप का प्रवेश।)

साधुचरण : *(नवीनमाधव को बिस्तरे पर लिटाकर)* माँजी कहाँ हैं?

आदुरी : वे लोग पेड़ के नीचे खड़ी देखने लगीं। *(तोराप को दिखाकर)* ये जब लेकर भागे तो हमने सोचा कोठी ले गये। वे पेड़ के नीचे पछाड़ खाकर गिरने लगीं, मैं लोगों को बुलाने घर आयी। मरे बेटे को देखकर माँजी क्या जीती रहेंगी? तुम जरा खड़े रहो, मैं उन्हें बुला लाऊँ।

(आदुरी का प्रस्थान। पुरोहित का प्रवेश।)

पुरोहित : हाय भगवान! ऐसे आदमी को भी छीन लिया! इतने लोगों का अन्न छिन गया। बड़े बाबू अब उठ सकेंगे, ऐसा नहीं लगता।

साधुचरण : परमेश्वर की इच्छा। वे मरे हुए को भी जिला सकते हैं।

पुरोहित : शास्त्र के अनुसार तेरह दिन बाद बिन्दुमाधव ने भागीरथी के किनारे पिंडदान किया। सिर्फ मालकिन माँजी के कहने से मासिक श्राद्ध का आयोजन किया गया। श्राद्ध के बाद यह जगह छोड़ना पक्का था और मुझसे कहा था अब उन उजड्ड साहबों से मिलेंगे ही नहीं। फिर आज किसलिए गये थे?

साधुचरण : बड़े बाबू की गलती नहीं, सोच-विचार में भी कोई कमी नहीं। माँजी और बहूजी ने बहुत तरह से मना किया था।

उन्होंने कहा था, 'जब तक यहाँ रहना है, कुएँ से पानी खींचकर नहा लेंगे, या आदुरी तालाब से पानी ला देगी, हमें कोई दु:ख नहीं।' बड़े बाबू ने कहा, 'मैं पचास रुपया नजर देकर और साहब के पैर पकड़कर उन्हें तालाब किनारे नील करने से रोकूँगा। इस मुसीबत में लड़ाई की कोई बात ही नहीं कहूँगा।' यह तै करके बड़े बाबू मुझे और तोराप को साथ लेकर नील के खेत में गये और रो-रोकर साहब से बोले, 'हुजूर, मैं आपको पचास रुपया सलामी देता हूँ, इस बरस इस जगह नील न बोइए। और अगर यह भीख न दें तो ये रुपये लेकर गरीब पिताहीन प्रजा पर दया कीजिए और श्राद्ध के दिन तक बुवाई न करिए।' नीच ने इसका जो उत्तर दिया उसको फिर मुँह से निकालने में भी पाप है। अभी तक बदन काँप रहा है। बदमाश बोला, 'यवन की जेल में डकैतों के साथ मेरे बाप ने फाँसी लगायी है। इसलिए उसके श्राद्ध में बहुत साँड़ काटने पड़ेंगे, उसके लिए ये रुपये रख ले।' और पैर का जूता बड़े बाबू के घुटने पर रखकर बोला, 'तेरे बाप के श्राद्ध की भीख यह है।'

पुरोहित : नारायण! नारायण! *(कान पर हाथ रखता है।)*

साधुचरण : सुनते ही बड़े बाबू की आँखें लाल हो गयीं, बदन थरथर काँपने लगा। वे दाँतों से होंठ काटने लगे। फिर थोड़ी देर चुप रहकर साहब के सीने पर जोर से ऐसी लात मारी कि बेटा घास के गट्ठर की तरह धप से चित जा पड़ा। केशो ढाली, जो अब कोठी का जमादार हो गया है, और दस बल्लम वालों ने बड़े बाबू को घेर लिया। इन लोगों को बड़े बाबू ने एक बार एक डकैती के मामले से बचाया था, उन्हें बड़े बाबू को मारने में थोड़ी-सी शरम लगी। इस पर बड़े साहब ने उठकर जमादार को एक घूँसा लगाया और उसके हाथ की लाठी छीनकर बड़े बाबू के सिर पर मारी। बड़े बाबू का सिर फट गया और वे अचेत होकर धरती पर गिर पड़े। मैं बहुत जतन करके भी घेरे के भीतर न जा सका। तोराप दूर खड़ा देख रहा था। बड़े बाबू के घिरते ही उसने भैंसे की तरह झपटकर घेरा

तोड़ा और बड़े बाबू को गोद में उठाकर तेजी से भाग आया।

तोराप : मुझसे कहा था, 'तुम जरा दूर रहना, कहीं पकड़कर न ले जाएँ।' मेरे ऊपर साले को बड़ा गुस्सा है। पर मारपीट होगी यह जानता तो मैं क्या छिपा रहता? थोड़ा भी आगे होता तो बड़े बाबू को बचाकर ले आता और दोनों सालों को बरकत बीबी की दरगाह में जिबह करता। बड़े बाबू का सिर देखकर मेरे तो हाथ-पैर फूल गये, उन सालों को मारता कैसे। या अल्ला! बड़े बाबू ने मुझे इतनी बार बचाया, मैं उन्हें एक बार भी न बचा सका।

(सिर पीटकर रोता है।)

पुरोहित : छाती में किसी हथियार का घाव दीखता है।

साधुचरण : तोराप के घेरे में पहुँचते ही छोटे साहब ने नीचे पड़े बड़े बाबू पर तलवार का वार किया। तोराप ने आपने हाथ से उन्हें बचाया तो उसका बाँया हाथ कट गया और बड़े बाबू के सीने में भी थोड़ा-सा घाव हुआ।

पुरोहित : *(सोचकर)*

'बन्धुस्त्रीभृत्यवर्गस्य बुद्धेः सत्वस्य चालनः।
आपन्निकषपाषाणे नरो जानाति सारताम्॥'

घर के दूसरे लोग नहीं दिखाई पड़ते, पर दूसरे गाँव का रहनेवाला दूसरी जात का तोराप बड़े बाबू के पास बैठा रो रहा है। हाय! गरीब मजूर आदमी, हाथ बिल्कुल कट गया है—उसके मुँह पर इतना खून कैसे?

साधुचरण : छोटे साहब के तोराप के हाथ में तलवार मारने के बाद, जैसे मूँछ मरोड़ने से नेवला पलटकर काट लेता है, उसी तरह तोराप दर्द से तड़प उठा और बड़े साहब की नाक काटकर भागा आया।

तोराप : नाक मैंने सहेजकर रखी है, बड़े बाबू अच्छे हो जाएँगे तब दिखाऊँगा। यह देखो *(कटी हुई नाक दिखता है।)* बड़े बाबू, अगर आप भाग सकते तो मैं साले के दोनों कान भी खसोटकर ले आता, खुदा के बन्दे को जान से तो न मारता।

पुरोहित : धर्म की बात है, शूर्पनखा की नाक काटने से देवताओं को

रावण के अत्याचार से छुटकारा मिला था। तो क्या बड़े साहब की नाक काटने से प्रजा को नीलकरों के अत्याचार से छुटकारा नहीं मिलेगा?

तोराप : मैं अब धान की खत्ती में छिप रहूँ, रात को भाग जाऊँगा। साला नाक के लिए सारे गाँव को रसातल भेजेगा।

(नवीनमाधव के पलँग के पास धरती पर दो बार सलाम करके प्रस्थान।)

साधुचरण : मालिक के मरने के बाद माँजी ऐसी कमजोर हो गयी हैं, बड़े बाबू की यह हालत देखते ही प्राण छोड़ देंगी, इसमें कोई सन्देह नहीं। इतने पानी के छींटे दिये, छाती पर हाथ फेरा, किसी तरह चेत नहीं आता। आप एक बार पुकार देखिए न?

पुरोहित : बड़े बाबू! बड़े बाबू! नवीनमाधव! *(आँखों में आँसू आ जाते हैं)* प्रजापालक, अन्नदाता!...आँखें हिला रहे हैं। हाय! माता जी अभी आत्महत्या करेंगी। फाँसी लगाने की बात सुनने के बाद से प्रतिज्ञा की है, दस दिन तक इस पापी पृथ्वी का अन्न ग्रहण नहीं करेंगी। आज पाँचवाँ दिन है, सबेरे नवीनमाधव माँ का गला पकड़कर बहुत रोये और कहा, 'माता, अगर आज भोजन न करेंगी तो चाहे माता की आज्ञा न मानने से नरक भले ही मिले, पर मैं भी हविष्य नहीं खाऊँगा। उपवासी रहूँगा।' इस पर माँ ने नवीन का मुख चूमकर कहा, 'बेटा मैं राजरानी से राजमाता हो गयी इसका मुझे कोई दुःख न रहता, अगर मैं आखरी बखत उनके चरणों से अपना सिर लगा पाती। ऐसे पुण्यात्मा की अपमृत्यु हुई! मैं इसीलिए उपवास कर रही हूँ। दुखिया के धन तो तुम्हीं हो। तुम्हारा और बिन्दुमाधव का मुँह देखकर मैं आज पुरोहित जी का प्रसाद ले लूँगी। तुम मेरे सामने आँखें मत भरो।' यह कहकर नवीन को पाँच बरस के बालक की तरह गोद में छिपा लिया। *(नेपथ्य में विलापसूचक ध्वनि सुनाई देती है)* आ रही हैं।

(सावित्री, सैरिन्ध्री, सरलता, आदुरी, रेवती, नवीन की मौसी और अन्यान्य पड़ोसिनों का प्रवेश।)

पुरोहित : कोई डर नहीं, जीवित है...

सावित्री : *(नवीन का मृतवत् शरीर देखकर)* नवीनमाधव! मेरे बेटे! मेरे बेटे! मेरे बेटे! कहाँ, कहाँ, कहाँ...उहूहू!

(मूर्च्छित होकर गिर जाती है।)

सैरिन्ध्री : *(रोते-रोते)* छोटी बहू, तुम माँजी को पकड़ो। मैं प्राणनाथ को एक बार जी भरकर देख तो लूँ।

(नवीनमाधव के पास बैठ जाती है।)

पुरोहित : *(सैरिन्ध्री से)* बेटी, तुम पतिव्रता साध्वी सती हो। तुम्हारा शरीर अच्छे लक्षणों से सुशोभित है। पतिपरायणा सुलक्षणा भार्या के भाग्य से मृत पति भी जीवित होता है। आँखें हिल रही हैं। निर्भय होकर सेवा करो। साधू, माँजी को होश में आने तक तुम यहीं रहना।

(पुरोहित का प्रस्थान।)

साधुचरण : माँजी की नाक से हाथ लगाकर देखो जरा। उनकी देह मरे हुए आदमी से भी ज्यादा बेजान लग रही है।

सरलता : *(नाक से हाथ लगाकर रेवती से कोमल स्वर में)* साँस तो ठीक चल रही है पर सिर से ऐसी आग निकले है कि मेरा गला जला जाय।

साधुचरण : मुनीमजी वैद्य को लेने गये थे, वे क्या साहबों के हाथ पड़ गये? मैं वैद्य जी के घर जाता हूँ।

(साधुचरण का प्रस्थान।)

सैरिन्ध्री : हाय! हाय! प्राणनाथ! जिस माता के उपवास से इतने दुखी थे, जिस माता को कमजोर देख दिन-रात सेवा में लगे रहते थे, जो माता कुछ दिनों से तुम्हें गोद में लिये बिना सो न पाती थीं, वही माता अब तुम्हारे पास बेहोश पड़ी हैं, तुमने एक बार उन्हें देखा भी नहीं। *(सावित्री को देखकर)* हाय, हाय! बछड़े से बिछड़ी भटकती गाय जैसे साँप के काटने से उजाड़ मैदान में मरी पड़ी रहती है, जीवनाधार पुत्र के शोक में माता उसी प्रकार धरती पर पड़ी है। प्राणनाथ! एक बार आँखें खोलकर देखो, एक बार इस दासी को अपने अपने अमृतवचनों से दासी पुकारकर कानों को परितृप्त करो। भरी दोपहर मेरा सुख-सूर्य डूब गया —मेरे विपिन का क्या होगा?

(रोते-रोते नवीनमाधव के सीने पर गिर जाती है।)

सरलता : अरे, अरे, तुम लोग जीजी को सँभालो।

सैरिन्ध्री : *(उठकर)* बहुत बचपन में ही मेरे पिता नहीं रहे। हाय! पिताजी को भी नील के लिए ही कोठी पकड़ ले गये थे, जहाँ से वे फिर नहीं लौटे। नील कोठी, उनके लिए जम का घर हो गयी है। मेरी माँ बेचारी मुझे लेकर मामा के घर चली गयी। पति के शोक में वहीं उनकी मृत्यु हुई। मामाओं ने मुझे पाला-पोसा। मैं मालिन के हाथ से गिरे फूल की भाँति रास्ते में पड़ी थी। प्राणनाथ ने अचानक मुझे प्यार से उठाकर मेरा गौरव बढ़ाया। मैं माँ-बाप का शोक भूल गयी। प्राणनाथ को पाकर मुझे पिता और माता दोनों मिल गये। *(दीर्घ निश्वास छोड़कर)* मेरा सारा दु:ख फिर से हरा हो रहा है। हाय! सब-कुछ ढँकने वाले स्वामी को खोकर मैं फिर माता-पिता विहीन रास्ते की भिखारिन हो जाऊँगी।

(धरती पर गिर जाती है।)

नवीन की मौसी : *(हाथ पकड़कर उठाते हुए)* घबराती क्यों हो? इतनी उतावली न बनो, बेटी! बिन्दुमाधव को डॉक्टर लाने के लिए लिख दिया है। डॉक्टर के आते ही ठीक हो जाएँगे।

सैरिन्ध्री : छोटी माँजी! मैंने बचपन में साँझी का व्रत किया था। अल्पना पर हाथ रखकर मैंने कहा था, राम जैसा पति मिले, कौशल्या जैसी सास मिले, दशरथ जैसा ससुर मिले, लक्ष्मण जैसा देवर मिले। छोटी अम्मा जी, भगवान ने मुझे सभी कुछ आशा से अधिक दिया। मेरे तेजपुंज प्रजापालक रघुनाथ जैसे स्वामी, अविरल अमृतमुखी बधूप्राणा कौशल्या-जैसी सास, स्नेहपूर्ण लोचन और प्रसन्न मुख वाले, सदा 'बहूरानी' 'बहूरानी' कहकर कृतार्थ करनेवाले, दसों दिशाओं को आलोकित करने वाले ससुर, शारद-कौमुदी-विनिन्दित मेरे विमल बिन्दुमाधव जो सीता के लक्ष्मण देवर से भी अधिक प्रिय थे। हे माँ! सब कुछ मिला, पर एक ही घटना ठीक न मिली —मैं अभी तक जीवित हूँ। राम वनवास जा रहे हैं, पर सीता का साथ जाने का कोई उद्योग नहीं। हाय! हाय! पिता के बिना खाये मरने

के समाचार से ही बहुत व्याकुल थे। उनके पारण के लिए ही प्राणनाथ गले में दुपट्टा डाले स्वर्गधाम जा रहे हैं। (एक दृष्टि मुख पर डालकर) हाय, हाय! स्वामी के होंठ एकदम सूख गये हैं।...अरे, तुम कोई मेरे विपिन को एक बार पाठशाला से बुला लाओ। मैं एक बार *(आँसू भरी आँखों से)* विपिन के हाथों स्वामी के सूखे हुए मुख में गंगाजल डलवा दूँ।

(नवीनमाधव के मुख पर अपना मुख रख देती है)

सब लोग : हाय! हाय!

मौसी : *(पकड़कर उठाते हुए)* बेटी, ऐसी बात मुँह पर न लाओ। *(रोती है)* अगर बड़ी जीजी को होश होता तो यह बात सुनकर जान दे देतीं।

सैरिन्ध्री : अम्माजी, मेरे स्वामी ने इस लोक में बड़ा दुःख पाया। वे उस लोक में परम सुखी हों, यही मेरी लालसा है। प्राणनाथ! तुम्हारी दासी जीवन-भर जगदीश्वर को पुकारेगी। प्राणेश्वर! तुम परम धार्मिक, परोपकारी, दीन-पालक हो, तुम्हें अनाथ-बन्धु जगदीश्वर अवश्य ही स्थान देंगे। हाय, हाय! जीवनकान्त! दासी को भी साथ ले चलो। तुम्हारी पूजा के फूल चुन दिया करेगी।

हाय हाय! यह कैसा सत्यानाश हो गया। सीता को छोड़कर कहीं राम बनवास जाते होंगे! क्या करूँ, कहाँ जाऊँ, कैसे प्रान बचें; हे विपदा में सहारा देनेवाले, कुछ उपाय करो! हे रमापति, बचाओ, बचाओ, स्त्री के धन की रक्षा करो। नील की आग में नवीनमाधव भस्म हुए। हे दीनानाथ कहाँ हो, मेरे प्राणनाथ मुझे अभागिनी अनाथिनी बनाकर चल दिये। *(नवीनमाधव के वक्ष पर हाथ रख लम्बी साँस लेते हुए)* अपनों को छोड़कर स्वामी इस विपदा में चल दिये! हे पतितपावन, तुम दया के सागर हो, मेरे जीवनधन को जीवनदान दो!

सरलता : जीजी, अम्माजी ने आँखें खोल दी हैं, पर मेरी ओर मुँह बिगाड़ रही हैं। *(रोकर)* जीजी, आज तक तो अम्माजी ने कभी मुझे ऐसे नाराज होकर नहीं देखा।

सैरिन्ध्री : हाय! अम्माजी सरलता को इतना प्यार करें हैं कि इस बेहोशी

की हालत में भी जरा नाराज़ी से देखने के कारण सरलता ने चम्पा का फूल बालू के बर्तन में फेंक दिया है। बहन, रोओ मत, अम्माजी होश में आते ही फिर तुम्हें हृदय से लगा लेंगी और प्यार से पगली की बेटी कहकर पुकारेंगी।

(सावित्री उठकर नवीन के पास जा बैठती है और कुछ आह्लाद जैसा प्रगट करके नवीन को एकटक देखती रहती है।)

सावित्री : प्रसव जैसी वेदना दूसरी नहीं। पर जो अमूल्य रत्न प्रसव किया है उसका मुख देखकर सब दु:ख मिट गये। *(रोते-रोते)* अरे दु:ख! अगर मेम जम को चिट्ठी लिखकर स्वामी को न मारती तो चाँद-सा बेटा देखकर कितने खुश होते। *(ताली बजाती है।)*

सब : हाय! हाय! यह तो पागल हो गयी!

सावित्री : *(सैरिन्ध्री से)* दाई बहू! बच्चे को एक बार मेरी गोद में दो न, जलते हुए अंग को शीतल करूँ। स्वामी का नाम लेकर एक बार बेटे को प्यार करूँ। *(नवीन का मुख चूमती है।)*

सैरिन्ध्री : अम्माजी, मैं हूँ तुम्हारी बड़ी बहू। अम्माजी, देख नहीं रही हो? तुम्हारे प्राणों से प्यारे राम तो अचेत पड़े हैं, कुछ बोल नहीं पा रहे।

सावित्री : खाने के वक्त बोल फूटेगा। हाय रे! स्वामी होते तो आज कितनी खुशी होती। कैसे बाजे बजते। *(रोती है।)*

सैरिन्ध्री : सत्यानाश के ऊपर और सत्यानाश! अम्माजी पागल हो गयीं?

सरलता : जीजी अम्माजी को बिस्तर से उतार दो। मैं सेवा-टहल से उन्हें अच्छा कर लूँगी।

सावित्री : यह चिट्ठी में भी लिखा था। ऐसे खुशी के दिन बाजे न बज सके। *(चारों तरफ देखती है और फिर उठकर सरलता के पास जाती है।)* तुम्हारे पैरों पड़ती हूँ, मेमसाहब! और एक चिट्ठी लिखकर स्वामी को जम के घर से वापिस बुला दो। तुम साहब की बीवी हो, नहीं तो मैं तुम्हारे पैर पकड़ लेती।

सरलता : अम्माजी, तुम मुझे मेरी माँ से भी ज्यादा प्यार करती हो। अम्माजी, तुम्हारे मुँह से ऐसी बात सुनकर मुझे मौत से भी

ज्यादा दु:ख हुआ। *(दोनों हाथों से सावित्री को पकड़कर)* अम्माजी, तुम्हारी यह दशा देखकर मेरे दिल पर बिजलियाँ गिर रही हैं।

सावित्री : खानगी, पाजी, म्लेच्छ! मुझे एकादशी के दिन छू लिया। *(हाथ छुड़ा लेती है।)*

सरलता : हाय, अम्माजी! तुम्हारे मुँह से ऐसी बात सुनने के बाद मैं इस दुनिया में नहीं जी सकती। *(सावित्री के दोनों पैर पकड़कर धरती पर लोट जाती है।)* अम्माजी, मैं तुम्हारे चरणकमलों में ही प्राण त्याग करूँगी। *(रोती है।)*

सैरिन्ध्री : *(उठते हुए)* हाय हाय! मेरी सरलता तो बड़ी सुशीला है। मेरी सास की बड़ी प्यारी बहू है। अम्माजी के मुँह से कुवचन सुनकर बड़ी व्याकुल हो गयी है। *(सावित्री से)* अम्माजी, तुम मेरे पास आओ!

सावित्री : दाई बहू, बेटे को अकेले छोड़ आयी हो, मैं जाऊँ। *(दौड़कर नवीन के पास जाकर बैठती है।)*

रेवती : *(सावित्री से)* माँजी, तुम तो कहा करती हो छोटी बहू जैसी बहू गाँव में नहीं। छोटी बहू के खिलाये बिना तुम खाती नहीं, उसी छोटी बहू को तुमने खानगी की गाली दी। ओ माँजी, तुम मेरी बात नहीं सुन रही हो? हम तो तुम्हारा ही खाने वाले हैं...कितना खाना देती रही हो।

सावित्री : मेरे बेटे के अन्नप्रासन का दिन आये, तुझे खाने को दूँगी।

मौसी : बड़ी जीजी, तुम्हारा नवीन बच जाएगा। तुम पागल मत बनो!

सावित्री : तुमने कैसे जाना? वह नाम तो और कोई नहीं जानता। मेरे ससुर ने कहा था, बहूरानी के लड़का होगा तो उसका नाम नवीनमाधव रखूँगा। मुझे बेटा मिला है तो मैं वही नाम रखूँगा। स्वामी कहते थे कब बेटा होगा, जिसे नवीनमाधव कहकर पुकार सकूँ। *(रोती है)*। जिन्दा रहते तो आज वह अभिलाषा पूरी हो जाती। *(नेपथ्य में शोर सुनाई देता है)* वह बाजे आ गये। *(ताली बजाती है।)*

सैरिन्ध्री : वैद्य जी आ रहे रहे हैं। छोटी बहू, उठो, उस कमरे में चली जाओ।

(वैद्य जी और साधुचरण का प्रवेश। सरलता, रेवती और पड़ोसिनों का प्रस्थान। सैरिन्ध्री घूँघट निकालकर एक किनारे खड़ी रहती है।)

साधुचरण : ये रही, माँजी तो उठ बैठी हैं।

सावित्री : *(रोकर)* मेरे स्वामी नहीं हैं। इसलिए तुम मेरे ऐसे अवसर पर ढोल घर छोड़ आये।

आदुरी : उनके घट में क्या अब होश है? बिल्कुल पागल हो गयी हैं। उन्होंने बड़े बाबू को 'मेरा नन्हा मुन्ना' कहा है और छोटी बहू को 'मेम' कहकर कितनी गालियाँ दी हैं। छोटी बहू तो रो-रोकर हलकान हो गयी हैं। तुम लोगों को समझा है बाजेवाले।

साधुचरण : बात भी ऐसी ही हुई है।

वैद्य : *(नवीन के पास बैठकर)* एक तो वैसे ही पति के शोक में कुछ खाया-पिया नहीं, ऊपर से आँखों के तारे बेटे की यह दशा—अचानक ऐसे पागल हो जाना सम्भव भी है और निदान-संगत भी। नाड़ी की गति देखना आवश्यक है। मालकिन, जरा हाथ दीजिए। *(हाथ बढ़ाता है।)*

सावित्री : तू कलमुँहा जरूर कोठी का आदमी है, नहीं तो भले घर की औरत का हाथ क्यों पकड़ता! *(उठकर)* दाई बहू, बच्चे को देखना, बहन! मैं पानी पी आऊँ। तुझे एक चेली की साड़ी दूँगी।

(प्रस्थान।)

वैद्य : हाय! ज्ञानप्रदीप अब और नहीं जलेगा। मैं हिमसागर तेल भेजूँगा, इस समय उसी का सेवन होना चाहिए। *(नवीन का हाथ पकड़कर)* बहुत दुर्बलता ही है, और कोई बुरा लक्षण तो नहीं दिखाई पड़ता। डॉक्टर लोग और मामलों में तो लट्ठ हैं, पर चीराफाड़ी के लिए अच्छे हैं। खर्चा जरूर होगा, पर कोई डॉक्टर बुलाना आवश्यक है।

साधुचरण : छोटे बाबू को डॉक्टर साथ लाने के लिए लिख दिया गया है।

वैद्य : ठीक ही किया।

(चार रिश्तेदारों का प्रवेश।)

पहला : ऐसी घटना होगी, हमें स्वप्न में भी गुमान न था। दोपहर का

समय, कोई खाना खाता था, कोई स्नान करता था, कोई भोजन करके झपकी लेता था। मैंने तो अभी सुना।

दूसरा : हाय! सिर पर.चोट तो खतरनाक जान पड़ती है। कैसे दुर्दैव की बात है। आज झगड़े की कोई सम्भावना न थी, नहीं तो सभी किसान मौजूद रहते।

साधुचरण : दो सौ किसान लाठी हाथ में लिये 'मारो मारो' कर रहे हैं, और 'हाय बड़े बाबू', 'हाय, बड़े बाबू' कहकर रो रहे हैं। मैंने उन सबसे अपने-अपने घर जाने को कह दिया, क्योंकि जरा-सा रास्ता सूझते ही साब नाक की यन्त्रणा से गाँव जला देगा।

वैद्य : सिर को धोकर अभी तारपीन का तेल लगा दो। बाद में शाम को आकर दूसरा प्रबन्ध कर जाऊँगा। रोगी के कमरे में शोर करने से कष्ट बढ़ जाता है—किसी तरह की बातचीत यहाँ न की जाय।

(वैद्य जी, साधुचरण और रिश्तेदारों का एक ओर और आदुरी का दूसरी ओर प्रस्थान। सैरिन्ध्री बैठ जाती है।)
(पर्दा गिरता है।)

तृतीय गर्भांक

[साधुचरण का घर। क्षेत्रमणि बिस्तर पर पड़ी पीड़ा से तड़प रही है। एक ओर साधुचरण और दूसरी ओर रेवती बैठे हैं।]

क्षेत्रमणि : बिस्तर झाड़कर बिछाओ, ओ अम्मा, बिस्तर झाड़ दो।

रेवती : मेरी लाड़ली, मेरी रानी बिटिया, ऐसे क्यों करै है? बिस्तर झाड़े दूँ। बिस्तर पर तो कुछ भी नहीं है, बेटी। अपने गद्दे के ऊपर तुम्हारी काकी ने जो लिहाफ दिया है, वही बिछाया है, बेटी!

क्षेत्रमणि : काँटे चुभ रहे हैं। मर गयी मैं। माँ री, मर गयी री! बापू की तरफ घुमा दे!

साधुचरण : *(धीरे-धीरे क्षेत्रमणि की करवट बदलकर स्वगत)* शैय्याकंटकी, मरने के पहले के लच्छन। *(जोर से)* बेटी मेरी, हीरा बिटिया, कुछ खा लो न। मैं इन्द्राबाद से तुम्हारे लिए बेदाना अनार खरीदकर लाया हूँ, बेटी! तुम्हारी रंगीन साड़ी की बड़ी इच्छा थी न, बेटी। मैं वह भी खरीद लाया हूँ, बिटिया। साड़ी देखकर तुम तो खुश ही नहीं हुई, बेटी।

रेवती : मेरी बिटिया की कितनी साध थी, छैमासे के बखत एक माला लेगी। हाय हाय! मेरी बेटी का रूप क्या से क्या हो गया! क्या करूँ? बाप रे बाप! *(क्षेत्रमणि के मुँह पर मुँह रख देती है)* मेरी सोने की गुड़िया कैसी काली पड़ गयी। देखो, देखो, बेटी की आँखों की पुतलियाँ कैसी कर रही हैं!

साधुचरण : छेत्तरमनी, छेत्तरमनी, अच्छी तरह इधर देख न, बेटी!

क्षेत्रमणि : हार, कडूले, अम्मा। बापू! आह! *(करवट बदलती है।)*

रेवती : मैं गोद में ले लूँ, माँ की गुड़िया माँ की की गोद में ही ठीक रहेगी। *(गोद में उठाने लगती है।)*

साधुचरण : गोद में मत उठा, झटका लग जाएगा।

रेवती : ऐसी तकदीर फूट गयी, हाय, हाय! मेरी बिटिया तो भोर-चढ़े कारतिक जैसी थी। मैं अपनी गुड़िया का रूप भूलूँ कैसे! बाप रे बाप! बाप रे बाप!

साधुचरण : रामचरन कब का गया है, अभी तक नहीं आया।

रेवती : बड़े बाबू मेरी बिटिया को बाघ के मुँह से निकाल लाये। कलमुँहे ने ऐसी लात मारी कि बिटिया का पेट गिर गया। उसके बाद कैसी खींचतान? हाय हाय! नाती हुआ, खून का डेला। पर सब बनावट दीखती थी, उँगलियाँ तक थीं। छोटा साहब मेरी छेत्तर को खा गया, बड़ा साहब बड़े बाबू को खा गया। हाय हाय! गरीब को बचानेवाला कोई नहीं।

साधुचरण : ऐसा क्या पुन्न किया है कि नाती का मुँह देखते!

क्षेत्रमणि : बदन कट गया —कमर —टेंगरा मछली, हू-हू-हू...

रेवती : नौमी की रात बीत गयी, मेरी सोने की पिरतिमा अब सिरानी पड़ेगी। मेरा अब क्या होगा! मुझे अम्मा कहकर कौन पुकारेगा, इसलिए लायी थी?

(साधुचरण का गला पकड़कर रोती है।)

साधुचरण : चुप रहो, अब न रोओ, धक्का लग जाएगा।

(रामचरण और वैद्यजी का प्रवेश।)

वैद्य : अब इस समय क्या विकार है? वह दवा खिला दी थी?

साधुचरण : दवा पेट में नहीं टिकी...जो कुछ पेट में गया था वह भी उसी बखत उलट दिया। अब जरा हाथ तो देखिए। लगता है आखिरी बखत आ पहुँचा।

रेवती : काँटे-काँटे चिल्ला रही है। इतना गुदगुदा बिस्तर कर दिया, फिर भी मेरी बेटी छटपटा ही रही है। जरा और अच्छी दवा देकर इसकी जान बचा लो। मेरा बड़ी साधों का परिवार है! *(रोती है।)*

साधुचरण : नाड़ी नहीं मिलती।

वैद्य : *(हाथ पकड़कर)* ऐसी हालत में नाड़ी कमजोर रहना अच्छी बात है। 'क्षीणे बलवती नाड़ी सा नाड़ी प्राणघातिका।'

साधुचरण : दवाई इस समय खिलाना न खिलाना बराबर है। माँ-बाप को तो आखिरी दम तक उम्मीद रहती है। देखिए कोई रास्ता हो तो।

वैद्य : गर्मी के चावलों का पानी चाहिए। पूरी मात्रा सूचिकाभरण सेवन ही इस समय होना चाहिए।

साधुचरण : रामचरण, पापमोचन पूजा के लिए बड़ी रानी ने जो आतप चावल दिये हैं वे उस कमरे में से ले आ।

(रामचरण का प्रस्थान।)

रेवती : हाय! अन्नपूरना को क्या होश है, जो आप ही हाथ में आतप चावल लिए मेरी छेत्तरमनी को देखने आएँगी। मेरी तकदीर से ही माँजी पागल हो गयीं।

वैद्य : एक तो पति शोक में व्याकुल, ऊपर से बेटा मृतप्राय! पागलपन धीरे-धीरे बढ़ता ही जा रहा है। लगता है माँजी का नवीन से पहले ही देवलोक हो जाएगा। बहुत ही कमजोर हो गयी हैं।

साधुचरण : बड़े बाबू आज कैसे हैं? मुझे तो लगता है, नीलकर राक्षसों के अत्याचार की आग बड़े बाबू को अपने पवित्र रक्त द्वारा

बुझानी पड़ी। कमीशन से प्रजा की भलाई जरूर हो सकती है। पर उसका फल क्या? चैतन बिल के सौ काले जहरीले साँप मेरे सारे शरीर को डस लें वह भी मैं सह सकता हूँ, ईंट से बनी हुई भट्ठी में सुन्दरी लकड़ी की आग पर बड़े भारी कढ़ाव में उबलते हुए रस में अचानक गिरकर उसमें से निकलने के लिए छटपटाना भी सह सकता हूँ; अमावस की रात में 'अ रे रे होई होई' चिल्लाते हुए निर्दयी दुष्ट डाकू इकलौते सुशील, विद्वान पुत्र की हत्या करके, आँखों के सामने परमसुन्दरी, पतिव्रता दसमास गर्भवती पत्नी के पेट में लात मारकर गिरा दें, और धनसम्पत्ति छीनकर तलवार से मेरी आँखें फोड़ दें, यह भी मैं सहन कर सकता हूँ, गाँव के भीतर एक नहीं, दस नील कोठियाँ बन जाएँ, यह भी सहन कर सकता हूँ, पर एक पल के लिए भी प्रजापालक बड़े बाबू से बिछुड़ना नहीं सह सकता।

वैद्य : जिस चोट से सिर फटकर मस्तिष्क बाहर निकल आया है वह सांघातिक है। सन्निपात के लक्षण दिखाई पड़ने लगे हैं, दोपहर को या शाम तक प्राण नहीं रहेंगे। विपिन के हाथों थोड़ा-सा गंगाजल मुँह में डाला गया, पर वह भी दोनों किनारों से बह पड़ा। नवीन की पत्नी पतिशोक से व्याकुल है पर पति की सद्‌गति के उपाय में लगी हुई है।

साधुचरण : हाय! हाय! माँजी अगर पागल न होतीं तो यह दशा देखकर उनके प्राण निकल जाते। डॉक्टर साहब ने भी सिर के घाव को खतरनाक बताया है।

वैद्य : डॉक्टर साहब बड़े दयावान हैं। बिन्दुमाधव रुपये देने लगे तो बोले, 'बिन्दु बाबू, आप लोग मुसीबत में हैं, आपके पिता का श्राद्ध नहीं हो सका। इस वक्त मैं आपसे कुछ नहीं ले सकता। मैं जिस पालकी में आया हूँ उसी में लौट जाऊँगा। उन्हें भी आपको कुछ न देना होगा, दु:शासन डॉक्टर होता तो मालिक के श्राद्ध के रुपये भी ले जाता। बेटा को मैं दो बार देख चुका हूँ, जैसा दुर्मुख है वैसा ही अर्थपिशाच भी।

साधुचरण : छोटे बाबू डॉक्टर साहब को साथ लेकर छेत्तरमनी को देखने

आये थे पर कुछ नहीं लिया। नीलकरों के अत्याचार के कारण हमारे घर की गरीबी देखकर डॉक्टर साहब छेत्तरमनी के बहाने मुझे दो रुपये दे गये।

वैद्य : दु:शासन डॉक्टर होता तो बिना हाथ पकड़े कहता, बचेगी नहीं, और तुम्हारे बैल बिकवाकर रुपया ले जाता।

रेवती : हम अपना सब कुछ बेचकर रुपये देने को तैयार हैं, मेरी बिटिया को कोई बचा दे।

(चावल लेकर रायचरण का प्रवेश।)

वैद्य : चावलों को पत्थर की कटोरी में धोकर पानी लाओ। *(रेवती चावल ले लेती है।)* पानी ज्यादा न देना। यह कटोरी तो बहुत सुन्दर बनी हुई लगती है।

रेवती : माँजी गया से बहुत-सी कटोरियाँ लायी थीं। उनमें से यह मेरी छेत्तर को दी थी। हाय! वही मेरी माँजी पागल हो गयीं। गला घोंटकर न मर जाएँ, इसलिए दोनों हाथ रस्सी से बाँध दिये हैं।

वैद्य : साधु, पानी लाओ, मैं दवाई निकालता हूँ।

(दवाई का डिब्बा खोलता है।)

साधुचरण : वैद्य जी, अब दवाई निकालने की जरूरत नहीं रही। आँखों को देखिए जरा। रायचरण इधर आ।

रेवती : हाय मैया, मेरे भाग में क्या बदा था! हाय मैया, मैं अपनी लाड़ली को कैसे भूलूँगी। हाय बापू! हाय मैया!...ओ छेत्तर, ओ छेत्तर, छेत्तरमनी बेटी...अब क्या बोलेगी नहीं, मेरी बेटी! हाय बापू, हाय बापू, हाय बापू! *(रोती है)*।

वैद्य : अन्तिम समय आ गया।

साधु : रायचरण, पकड़, पकड़!

(साधुचरण और रायचरण खाट समेट क्षेत्रमणि को बाहर ले जाते हैं।)

रेवती : मैं सोने की लक्ष्मी को बहा न सकूँगी, मैया री! मैं कहाँ जाऊँगी! इससे तो साब के साथ रहती तो ही अच्छी थी, मैया री! मैं मुँह देखकर ही छाती ठंडी कर लिया करती। हाय मैया। हो-हो-हो!

(छाती पीटती-पीटती क्षेत्रमणि के पीछे-पीछे जाती है।)

वैद्य : हाय, हाय, हाय! माँ का भी क्या दुख है! इससे तो बच्चे न होना ही अच्छा है!

(प्रस्थान।)

चतुर्थ गर्भांक

[गोलोक बसु के घर का दालान। सावित्री नवीनमाधव की मृत देह को गोद में लिये बैठी है]

सावित्री : आजा, मेरे लाड़ले को निंदिया आजा। मेरा कन्हैया मैया की छाती ठंडी करने वाला है। राजा बेटे का मुँह देखते ही मुझे उनका मुँह याद आता है। *(मुँह चूमती है)* अरे, हाय हाय! मच्छरों ने कैसा काटा है। —गर्मी है इसलिए क्या करूँ? पर अब बिना मसहरी के नहीं सोऊँगी। *(सीने पर हाथ फेरती है)* माँ का जी कैसे मान सकता है—खटमलों ने ऐसा काटा है कि इस कोमल बदन में से खून निकल आया। बेटे का बिस्तर कोई ठीक नहीं कर देता। अपने कन्हैया को सुलाऊँ कैसे? मेरा अब कौन है? स्वामी के संग सब चला गया। *(रोती है)* बेटे को गोद में लेकर रोती है, कलमुँही? *(नवीन का मुख देखकर)* मुझ गरीबनी का धन सपने में हँसे है। *(मुख चूमकर)* नहीं बेटा, तुम्हें देखकर मैं सब दुःख भूल गयी, मैं नहीं रोऊँ। *(नवीन के मुख में स्तन देकर)* दूधू पीलो, मेरे कन्हैया, दूधू पीलो। उस छिनाल के पैरों पड़ी, फिर भी स्वामी को एक बार लायी नहीं। मेरे कन्हैया के लिए दूध लाकर फिर चले जाते। उस मरी से तो बड़ी दोस्ती है, चिट्ठी पाते ही जमराज छोड़ देते। *(अपने हाथों में रस्सी देखकर)* विधवा होकर हाथों में गहने पहनने से पति की गति नहीं होवै। इतना चीखकर रोयी फिर भी मेरे हाथों में शंख की चूड़ियाँ पहना दीं। दीये से जलायी थीं, फिर भी अभी हैं। *(दाँतों से हाथ की रस्सी काटती है)*। विधवा होकर गहने

पहनना न तो शोभा देवै, न अच्छा लगै। हाथ में फफोले पड़ गये। *(रोती है)* जिसने मेरा चूड़ी पहनना खतम किया उसके हाथ की चूड़ियाँ तीन दिन में ही उतर जाएँ। *(धरती पर उँगली टेढ़ी करती है।)* आप ही बिस्तर लगा दूँ। *(मन ही मन बिस्तर बिछाती है।)* चादर धुली नहीं। *(हाथ से घर का फर्श झाड़ती है।)* बबुए को सुला दूँ *(धीरे-धीरे नवीन के मृत शरीर को धरती पर रखती है।)* माँ के रहते हुए तुम्हें क्या डर, बेटा! आराम से सोओ। मेम की बच्ची आज आयी तो उसका गला घोंट दूँगी। बेटे को आँख से ओझल नहीं करूँगी। मैं लकीर खींच जाऊँ *(उँगली से नवीन के शव के चारों ओर कमरे के फर्श पर लकीर खींचते-खींचते मन्त्र-सा बड़बड़ाती जाती है।)*

(सरलता का प्रवेश।)

सरलता : ये सब कहाँ गये? हाय! मरी हुई देह के चारों तरफ चक्कर काट रही हैं! प्राणनाथ स्यात् सफर से थककर धरती पर शोक-दु:ख-विनाशिनी निद्रादेवी की सरन में चले गये। निद्रे! तुम्हारी महिमा लोकातीत है। तुम विधवा को सधवा कर देती हो, परदेसी को घर पहुँचा देती हो; तुम्हारे स्पर्श से कारावास की श्रृंखलाएँ टूट जाती हैं, तुम रोगी के धन्वन्तरी हो, तुम्हारे राज्य में वर्णभेद नहीं, भिन्नता नहीं, तुम्हारा राजनियम जातिभेद से भिन्न नहीं होता। तुमने मेरे प्राणेश्वर को अपने निष्पक्ष राज्य की प्रजा बना लिया है, नहीं तो उनके पास से पागल माता मृत पुत्र को कैसे लाती? स्वामी पिता और भाई के वियोग से बहुत ही अधीर हो गये हैं। पूर्णिमा का चन्द्रमा जिस प्रकार कृष्ण पक्ष में धीरे-धीरे घटता जाता है, प्राणनाथ का मुख-लावण्य उसी तरह दिनों-दिन मलिन होते-होते एकदम नष्ट हो गया है। हे अम्माजी, तुम कब उठ आयीं? मैं आहार-निद्रा छोड़कर लगातार तुम्हारी सेवा में लगी हुई हूँ। मैं क्या इतनी अचेत हो गयी थी? तुम्हें अच्छा करने के लिए मैंने यह स्वीकार कर लिया है कि तुम्हारे पति को यमराज के घर से ला दूँगी। तुम थोड़ी स्थिर तो हुई थीं। यह घोर रात्रि है, सृष्टि-संहार करते

हुए प्रलय काल के भीषण अन्धकार में अवनी घिरी हुई है, आकाश-मंडल घनघोर घन-घटाओं से आच्छादित है; अग्निबाण की भाँति पल-पल में विद्युत चमक रही है; प्राणी-मात्र कालनिद्रा-जैसी नींद में डूबा है, चारों ओर नीरवता है, शब्द के नाम पर जंगल में अँधेरे से घबराये हुए सियारों का कोलाहल और तस्कर समूह के अमंगलकारी कुत्तों का भयंकर शब्द सुनाई पड़ता है। ऐसे भयंकर निशीथ में, हे माता, तुम किस तरह अकेली बाहर के द्वार से निकलकर मृत पुत्र को ले आयीं?

(मृत शरीर के पास जाती है।)

सावित्री : मैंने लकीर खींच दी है, तू लकीर के भीतर आ गयी?

सरलता : हाय, ऐसे देशविजयी प्राणों से प्यारे भाई के वियोग में प्राणनाथ के भी प्राण न बचेंगे। *(रोती है।)*

सावित्री : मुझे मेरे बेटे को देखकर ईर्ष्या हो रही है। ओ सत्यानासी, राँड़, छिनाल की बेटी, तेरा खसम मर जाये —निकल जा, यहाँ से निकल जा, नहीं तो अभी तेरे गले पे पैर रखकर जीभ बाहर खींच लूँगी।

सरलता : हाय! मेरे सास-ससुर के ऐसे सोने के पुतले पानी में गये!

सावित्री : तू मेरे बेटे की तरफ मत देख। तुझे मना कर रही हूँ— खसमखानी! तेरी मौत सिर पर मँडरा रही है, लगता है।

(कुछ आगे बढ़ती है।)

सरलता : हाय! विधाता का कराल कर कैसा निष्ठुर है। मेरी सरल सास को तुमने ऐसा कर दिया, हाय यमराज!

सावित्री : फिर बुलाया, फिर बुलाया! *(दोनों हाथों से सरलता को गला दबाकर उसे धरती पर गिराते हुए)* पाजी की बेटी, जमसुहागनी, तुझे मार डालूँगी। *(सरलता के गले पर पैर रखकर खड़ी हो जाती है।)* मेरे मालिक को खा गयी और अब मेरे दूध पीते बच्चे को खाने के लिए अपने यार को बुला रही है—मर, मर, मर, मर! *(गले के ऊपर नोचने लगती है।)*

सरलता : ग् ग्—आ, आ, आ — !

(सरलता की मृत्यु।)

(बिन्दुमाधव का प्रवेश।)

बिन्दुमाधव : यह रहे, यहाँ पड़े हुए हैं ओ अम्मा, यह क्या? मेरी सरलता को मार डाला? अम्मा! *(सरलता का सिर हाथों में लेकर)* मेरी प्यारी सरला इस पापी धरती को छोड़ गयी?

(रोते-रोते सरलता का मुख चूमता है।)

सावित्री : काटकर मार डाल छिनाल को। मेरे नन्हे बेटे को खाने के लिए जमराज को बुला रही थी। इसी से मैंने गले पर पैर रखकर मार डाला।

बिन्दुमाधव : हे माता, जननी जिस प्रकार रात्रि के समय अपने अंगों के संचालन से वक्षस्थल पर स्तनपान करते हुए दूधपीते शिशु को मारकर नींद टूटने पर शोक से अधीर होकर आत्मघात की तैयारी करती है, यदि आपके शोकदुख-विस्मारक पागलपन का इस समय अन्त हो जाय तो आप भी अपने प्राणों से प्यारी सरलता की हत्या के मनस्ताप से प्राण छोड़ देंगी। अम्मा, तुम्हारा ज्ञानदीप क्या फिर से न जलेगा?—आपको अब होश न आना ही ठीक है। हाय! पति-पुत्र वियोगिनी नारी का पागलपन क्या दुखदायी है? मनोमृग पागलपन की दीवारों से घिरा हुआ है, इसी से शोक-शार्दूल, आक्रमण करने में असमर्थ है। अम्मा, मैं तुम्हारा बिन्दुमाधव हूँ।

सावित्री : क्या, क्या कहा?

बिन्दुमाधव : अम्मा, मुझसे अब और नहीं सहा जाता—माँ ने पिता की आत्महत्या और भाई की मृत्यु से स्वयं पागल होकर मेरी सरलता की हत्या करके मेरे क्षत-विक्षत हृदय पर नमक छिड़क दिया!

सावित्री : क्या? मेरा नवीन नहीं है, मेरा नवीन नहीं है? हाय, हाय, मेरे बेटे, बिन्दुमाधव, मेरे लाल, मैंने तुम्हारी सरलता की हत्या कर डाली। मैंने पागल होकर छोटी बहू को मार डाला है। *(सरलता की लाश को गोद में लेकर आलिंगन करती है।)* हाय, हाय! मैं पति-पुत्र-विहीन होकर भी जिन्दा रह सकती थी, पर तुम्हें अपने हाथों से मारकर तो मेरा हृदय ही फट चला। हा...हे माँ!

(सरलता को छाती से लगाये हुए ही धरती पर गिरकर मर जाती है।)

बिन्दुमाधव : *(सावित्री के शरीर से हाथ लगाकर)* जो कह रहा था वही हुआ। होश आते ही माता के प्राण निकल गये। कैसी विडम्बना है। माँ अब हृदय से लगाकर प्यार न करेंगी। अम्मा, मेरी अम्मा कहकर पुकारना क्या खत्म हो गया? *(रोता है)*। जीते जी एक बार तो माता के चरणों की धूल माथे पर लगा लूँ। *(चरणों की धूल माथे से लगाता है)* अन्तिम बार जननी की चरणरज खाकर इस मानव देह को पवित्र कर लूँ।

(चरणधूलि फाँकता है।)

(सैरिन्ध्री का प्रवेश।)

सैरिन्ध्री : देवर जी, मैं भी साथ सती हो जाऊँगी, मुझे रोकना मत। सरलता के पास मेरा विपिन बड़े सुख से रहेगा। यह क्या? यह क्या? सास-बहू ऐसे क्यों पड़ी हैं?

बिन्दुमाधव : बड़ी बहू, अम्मा ने सरलता की हत्या कर डाली। उसके बाद अचानक होश आने से स्वयं भी बहुत ही शोकसन्तप्त होकर प्राण छोड़ दिये।

सैरिन्ध्री : अभी? कैसे? कैसा सत्यानाश! क्या हुआ? क्या हुआ? हाय! हाय! ओ मेरी बहन, वह इतने मन से बनायी बालों की चोटी, तुमने आज भी उसका जूड़ा नहीं बनाया। हाय! हाय! अब तुम जीजी कहकर नहीं पुकारोगी? *(रोती है।)* अम्मा जी, तुम अपने राम के पास चली गयीं, मुझे नहीं जाने दिया। अम्माजी, तुम्हें पाकर मैंने अपनी माँ की एक दिन भी याद नहीं की थी।

(आदुरी का प्रवेश।)

आदुरी : विपिन डर गया है, बड़ी बहू तुम जल्दी से आओ!

सैरिन्ध्री : तू वहीं से नहीं पुकार सकती थी, उसे अकेला छोड़ आयी!

(आदुरी के साथ जल्दी से जाती है।)

बिन्दुमाधव : विपिन हमारे इस विपदा के सागर का ध्रुवतारा है। *(दीर्घ निश्वास छोड़कर)* विनश्वर संसार में मानव की लीला प्रबल वेग से प्रवाहित गहरी नदी के अत्यन्त ऊँचे किनारे की भाँति क्षणभंगुर है। तट की कैसी अपूर्व शोभा होती है। आँखों को

आनन्द देनेवाला नयी दूब से हरा-भरा मैदान, नये-नये पत्तों से सुशोभित वृक्ष, कहीं-कहीं बने हुए सन्तोष-संकुलित धीवरों के पर्ण-कुटीर, कहीं नयी दूब के लालच से आहार में लीन बछड़े समेत गाय। आहा! वहाँ भ्रमण करने से विहंगमदल की मीठी मधुर तानों से और खिले हुए जंगली फूलों के सौरभ से सुगन्धित मन्द पवन से, पूर्णानन्द आनन्दमय के चिन्तन में मन डूब जाता है। सहसा मैदान के ऊपर रेखा की भाँति किसी दरार का दिखाई पड़ना, और पलभर में शोभा सहित कूल का टूटकर गहरे जल में डूब जाना! कैसा परिताप है! स्वरपुर निवासी बसुकुल नील-कीर्तिनाशा में विलुप्त हो गया! नीलकर रूपी विषधर साँपों ने सारे सुख में आग लगा दी। अन्याय के कारण पिता जेल में मरे, सबसे बड़े भाई के नील के खेत में प्रान गये; और माँ ने अपने पति और पुत्र के शोक में पागल होकर अपने हाथों से बेचारी सरला की हत्या कर दी। मेरे रोने-धोने से माँ को कुछ होश आया तो उनके भीतर दुख का समुद्र उमड़ पड़ा। शोक की पीड़ा में सिर फिर गया और माँ तभी मर गयी, सान्त्वना कौन सुनता। मैं लगातार पुकार रहा हूँ, 'पिता, कहाँ गये? पिता, कहाँ गये? आओ, मुझे हँसकर हृदय से लगाओ।' 'माँ, माँ' पुकारता हुआ चारों ओर देखता हूँ, पर उनकी आनन्द देनेवाली मूर्ति कहीं नहीं दीखती। 'माँ' कहकर पुकारते ही माँ तुरन्त आकर 'बेटा' कहती हैं और मुख पोंछ हृदय से लगाती हैं। माँ के प्यार का कोई अन्त नहीं, उसकी महिमा कौन जानता है! लड़ाई में, जंगल में, डर लगते ही सब 'माँ, माँ' पुकारते हैं। सुख देनेवाले प्राणों से प्यारे भाई, दुनिया में जिसकी कोई मिसाल नहीं; हे भैया, एक बार आँख खोलकर देखो न! तुम्हारा बिन्दुमाधव घर आया है। हाय हाय! मेरा हृदय फट चला, मेरी प्राणों से प्यारी सरला कहाँ छिप गयी? वह रूपवती, गुणवती, पतिपरायणा, हंसगामिनी, मृगनयनी सती हँसकर मेरा हाथ पकड़ती थी और मधुर स्वर में बेताल गाती थी। उसके अमृत जैसे मधुर पाठ से मन वैसे ही मुग्ध हो जाता था जैसे सूने जंगल में किसी वनपक्षी के संगीत से।

कमल-जैसी शोभावाली मेरी सुन्दर सरला ने मेरे देह-सरोवर को आलोकित कर रखा था। कौन निष्ठुर उस कमल को छीन ले गया और सरोवर को अँधेरा और शोभाहीन कर गया? मेरी तो सारी गृहस्थी लाशों से भरे मरघट जैसी हो गयी, मेरे पिता, माता, भाई, पत्नी सभी मर गये! आह! नील का कैसा कराल कर है! हाय! ये सब भैया की मृत देह खोजते-खोजते कहाँ चले गये। वे लोग आ जाएँ तो गंगा-यात्रा का आयोजन किया जाए। हाय! पुरुषसिंह नवीनमाधव के जीवननाटक का अन्तिम अंक कैसा भयंकर है!

(सावित्री के पैर पकड़कर बैठ जाता है।)

॥ समाप्त ॥

चर्च मिशनरी सोसाइटी के रेवरेंड जेम्स लौंग पर अपलेख के लिए मुकदमा

कलकत्ता सर्वोच्च न्यायालय 19, 20 तथा 24 जुलाई 1861

शुक्रवार, 19 जुलाई को, विख्यात पुस्तिका 'नील दर्पण' में कुछ अपलेख के प्रकाशन के लिए महारानी बनाम लौंग के मुकदमे की सुनवाई का दिन था। अदालत हर वर्ग के यौरपियनों से खचाखच भरी हुई थी। सरकार के सचिवों और विशेष आयुक्तों से लगाकर छोटे-मोटे सभी श्रेणियों के अफसर तक वहाँ मौजूद थे; 'परीक्षा की घड़ी' में अपने सहधर्मी का साथ देने के लिए कुछ मिशनरी भी थे; और हर श्रेणी के इतने व्यवसायी, महाजन, व्यापारी तथा इक्का-दुक्का नीलकर वहाँ आये थे कि किसी ने कहा कि कलकत्ते में कारोबार चलाने वाला कोई न रहा होगा। सब लोगों को यही लगता था कि सिर्फ रेवरेंड जेम्स लौंग ही नहीं, स्वयं बंगाल सरकार कटघरे में है। दोनों ओर के नेता समझ रहे थे कि यह कानून के कठोर चौखटे के भीतर एक भयंकर राजनैतिक आन्दोलन का संघर्ष है। बेंच पर लैंड होल्डर्स एसोसिएशन के एक सदस्य की बगल में बंगाल के भूतपूर्व सचिव बैठे थे, तो वकीलों की मेज पर नील आयोग के विरोधकर्ता सदस्य के सामने लेफ्टिनेंट गवर्नर के सुपुत्र थे। नादिया के भूतपूर्व विशेष आयुक्त मि. मोट्रेसर नीलकर शिष्टमंडल के उन्हीं सदस्यों से घिरे बैठे थे जिनके बयान को उन्होंने इतने व्यापक रूप से अविश्वसनीय सिद्ध कर दिया था। भीड़ में प्रभावशाली, भारी-भरकम डील-डौलवाले हिन्दुस्तानियों की संख्या भी कम न थी। अधिष्ठाता न्यायाधीश, सर एम.एल. वैल्स थे जिन्होंने ग्यारह बजे अदालत में प्रवेश किया और साम्राज्य के अन्तर्गत हिन्दुस्तान का पहला सरकारी मुकदमा प्रारम्भ किया।

अपलेख

रेव. जेम्स लौंग पर 'नील दर्पण' नामक पुस्तिका में बहुत तरह के अपलेख प्रकाशित करने का आरोप लगाया गया था।

मि. पीटरसन और मि. कावी वादी के वकील थे।

मि. ऐग्लिटन और मि. न्यूमार्च प्रतिवादी की ओर से वकील थे।

विशेष जूरी के शपथ ग्रहण करते समय मि. ऐग्लिटन ने इस आधार पर आपत्ति उठायी कि विशेष जूरी के चौबीस सदस्यों में से केवल सत्रह को 'सम्मन' भेजे गये। न्यायाधीश महोदय के आदेश से 'सम्मन' भेजने वाले अधिकारी से पूछा गया तो उसने बयान दिया कि अनुपस्थित जूरी-सदस्य कलकत्ते से बाहर इंग्लैंड या कहीं और गये हुए हैं।

जूरी के शपथ-ग्रहण के बाद जूरी के एक सदस्य मि. आर.एल. ऐग्लिटन के नाम पर वादी के वकील ने आपत्ति उठायी। पर अन्त में आपत्ति वापिस ले ली गयी और निम्नलिखित जूरी सदस्य स्वीकृत हुए :

मि. एस. अपकार—प्रधान
मि. आर.एल. ऐग्लिंटन
मि. ए.जी. अवडाल
मि. डब्ल्यू.एस. ऐटकिन्सन
मि. डब्ल्यू.बी. बेली
मि. ए. बायल
मि. आर. ब्लेचाइन्डन
मि. ई. क्रेटन
मि. जे. मोट
मि. ई. पामर
मि. मानिकजी रुस्तमजी
मि. जे. डब्ल्यू. राबर्ट
मि. जे. स्टीवैन्सन
मि. सी. वैस्किन्स
मि. एल.ए. डीसूजा

मि. पीटरसन ने कहा :

"यह बताना आवश्यक नहीं है कि यह मुकदमा न सिर्फ उस विशेष व्यक्ति के लिए, जिसका मैं वकील हूँ, बल्कि सारे ईसाई सम्प्रदाय के लिए महत्त्वपूर्ण है। जूरी से यह बात छिपाना जितना व्यर्थ है, उतना ही अनावश्यक भी कि इस मुकदमे में वास्तविक वादी कौन है। मेरे मुवक्किल हैं 'इंगलिशमैन' अखबार के सम्पादक और संचालक-स्वामी मि. वाल्टर ब्रैट। यह मुकदमा अँग्रेजी भारत की 'लैंड होल्डर्स एसोसिएशन' और नीलकर समुदाय की इच्छा और पूरी सहमति से चलाया गया है। प्रारम्भिक बातें इसलिए कही जा रही हैं कि वर्तमान मुकदमे की जिम्मेदारी के बारे में हर प्रकार का सन्देह दूर हो जाय। यह बात मान लेने से प्रतिवादी पक्ष के विद्वान सहयोगियों को इस मुकदमे के उद्देश्य की जाँच-पड़ताल का कष्ट न उठाना पड़ेगा। इन शब्दों के साथ मैं मुकदमे के बारे में अपनी आम राय आपके समक्ष रखूँगा। मुझे प्रतिवादी के विरुद्ध अभियोजक के रूप में खड़े होने का बड़ा दुःख है, क्योंकि उनके विचार चाहे जो हों, वे फिर भी पवित्र पुरोहित समाज के सदस्य हैं। आदमी चाहे जिस धार्मिक सम्प्रदाय का हो, मुझे ऐसे मुकदमे के अभियोजन में स्वभावतः ही कुछ खेद और ग्लानि होती है जिसमें प्रतिवादी पुरोहित वर्ग का हो। पर जब वह श्रद्धेय प्रतिवादी अत्यन्त भयंकर प्रकार के अपलेख का प्रचारक हो, जब वह अपनी स्थिति और साधनों का प्रयोग अकारण ही अपने भाइयों की बदनामी और बुराई के लिए करे, तो ग्लानि और खेद की भावना समाप्त हो जाती है और सारे समाज के प्रति अपने सार्वजनिक कर्तव्य के आगे इस तरह की छोटी-मोटी अथवा निजी भावनाओं का कोई महत्त्व नहीं रहता। किसी की बदनामी करना किसी भी समय अथवा किसी भी परिस्थिति में बड़ा खतरनाक काम है, पर अगर वह किसी कारण या हेतु के बिना ही किया जाय तो विशेष रूप से बुरा है। किसी आदमी की, या उपयुक्त और पर्याप्त कारण के बिना किसी वर्ग की, सार्वजनिक बदनामी करना उचित नहीं। हर आदमी को मनमाने विचार रखने या अपनी राय बनाने की स्वाधीनता है, पर यह तभी तक है जब तक वह व्यक्तियों को न घसीटे या अलग-अलग लोगों अथवा विशेष जन-समुदायों पर आक्षेप न करे। यह बात अस्वीकार करने का प्रयत्न सर्वथा निरर्थक है कि वर्षों से हिन्दुस्तान में सरकारी और गैर-सरकारी वर्गों के बीच बड़ा भारी संघर्ष मौजूद रहा है और अब भी जारी है। इस देश के अखबार समाज के विभिन्न पक्षों में रोज प्रचार करते रहे हैं और करते हैं और कौन समझदार आदमी अखबारों में स्वाधीन और खुली चर्चा का विरोध कर

सकता है? पर प्रतिवादी ने अपने विचारों को प्रगट करने का ऐसा कोई ढंग नहीं अपनाया। उसने गुप्त रूप से काम किया। पिछली सैशन्स अदालत में मुद्रक मि. मैन्युअल पर मुकदमा चलाया गया था जिसमें उन्होंने अपराध स्वीकार किया और असली आदमी का नाम बता दिया। वह नाम रेव. जेम्स लौंग का था। यहाँ पहले यह बताना जरूरी है कि अपलेख है क्या। जो आदमी किसी दूसरे की बदनामी और बुराई करने के उद्देश्य से झूठी प्रचार भरी बातें प्रकाशित करता है वह ऐसा जान-बूझकर उस उद्देश्य से ही करता है जो उस प्रकाशन द्वारा पूरा होता है। इसलिए यह सबूत देने की जिम्मेदारी प्रतिवादी पर ही है कि उसने ऐसा नहीं किया। यह कहा जा सकता है कि उस हालत में फौजदारी की बजाय दीवानी में मुकदमा क्यों नहीं चलाया गया। इसके लिए मेरा उत्तर यह है कि इस मामले में दीवानी मुकदमा मुमकिन नहीं। क्योंकि किसी विशेष व्यक्ति की बदनामी नहीं की गयी। इसीलिए फौजदारी का मुकदमा चलाया गया है। मुझे बहुत कारणों से इस बात का अफसोस है कि श्रद्धेय प्रतिवादी को दीवानी मुकदमे में अपने कार्य को उचित ठहराने का अवसर नहीं दिया जा सका। जार्ज थर्ड का अधिनियम 32 अभी इस देश में लागू नहीं हुआ है पर न्यायाधीश को यहाँ भी वही अधिकार हैं जो इंग्लैंड में हैं। मेरा विचार है कि विद्वेष अपने आप स्पष्ट प्रगट है। सम्भवत: प्रतिवादी कहे कि वह तो केवल अनुवादक है और पुस्तिका में प्रकट किए गये विचारों के लिए उत्तरदायी नहीं है। पर मैं यह सिद्ध करने को तैयार हूँ कि इस पुस्तिका का अनुवाद किसी देशी आदमी ने नहीं किया है। अनुवाद में भूलें और अशुद्ध व्याख्याएँ इतनी बड़ी और गहरी हैं कि इस विषय में किसी सन्देह की गुंजाइश नहीं। एक शब्द की ओर मैं विशेष रूप से ध्यान दिलाना चाहता हूँ। अनुवाद में 'सुड़की' शब्द का अर्थ 'ईंट पीसने वाले' किया गया है, जबकि कोई भी देशी आदमी यह जानता होगा कि उसका अर्थ 'बल्लमधारी' है। यह इस तरह की बहुत-सी भूलों में से केवल एक उदाहरण है और इससे यह सिद्ध होता है कि इसका अनुवादक कोई देशी आदमी नहीं हो सकता। माननीय न्यायाधीश मुकदमे के बारे में निर्देश करेंगे और आपके विचार के लिए वास्तविक प्रश्न यह है कि इसमें अपलेख हैं या नहीं हैं। प्रकाशन के साथ प्रतिवादी का सम्बन्ध निर्विवाद रूप से सिद्ध कर दिया जाएगा; मुद्रक यह सिद्ध करेगा कि पांडुलिपि प्रतिवादी से मिली थी और प्रेस के प्रूफों में संशोधन उसी के हस्ताक्षरों में है। इस बात पर विश्वास करना कठिन है कि ये पुस्तिकाएँ देशी

लोगों के चाल-चलन को सुधारने के उद्देश्य से सरकार के सबसे बड़े कार्यालय द्वारा प्रचारित की गयीं। इस परिस्थिति का उल्लेख केवल यही दिखाने के लिए है कि सारा कार्य किस तरह किया गया। उससे सिद्ध होता है कि प्रतिवादी केवल कट्टरपंथी या किसी विशेष विषय पर उग्र विचार रखनेवाला व्यक्ति नहीं है, जिसने इस पुस्तिका में अपने विचारों को कुछ अधिक तीखेपन के साथ रखने की भूल कर दी हो। ऐसी कोई बात नहीं। यह पुस्तिका किसी गलती को ठीक करने अथवा वर्तमान चाल-चलन को सुधारने के उद्देश्य से नहीं लिखी गयी। यह तो एक जाति को दूसरी जाति के विरुद्ध, यूरोपियनों को देशी लोगों के विरुद्ध भड़काने के उद्देश्य से लिखी गयी है। इस पुस्तिका में लिखी बातों से ऐसी स्थिति प्रगट होती है कि जो संसार में किसी भी सरकार के लिए लज्जा और अपमान की बात है। मेरा विचार है कि इस पुस्तिका के आरोप इस देश की सरकार के विरुद्ध हैं और वास्तव में तो एडवोकेट जनरल को मेरी जगह सरकारी अभियोजक के रूप में मौजूद होना चाहिए था। अब स्वयं पुस्तिका को लें। वह एक नाटक के रूप में है। साहित्यिक रचना की यह शैली देशी लोगों में बहुत लोकप्रिय होने के कारण इस बात की पूरी सम्भावना थी कि उसकी ओर लोगों का पर्याप्त ध्यान आकर्षित हो। कुछ नाटकों में, विशेषकर फ्रेंच नाटकों में, व्यंग्य तथा ऐसी अन्य हानिरहित बातें होती हैं जिन्हें कोई समझदार आदमी बुरा नहीं कहेगा। पर जब लूटपाट, जालसाजी, धोखाधड़ी तथा अन्य बुनियादी पापों को नाटक का विषय बनाया जाय, तब मेरे विचार से व्यंग्य की सम्भावना नहीं रहती। मैं समझता हूँ कि अखबारों और नाटकों को इस बात की स्वाधीनता है कि समाज की किसी विशेष अवस्था को प्रगट करें या दिखाएँ। इस स्वाधीनता के बिना हमारे महान व्यंग्यकारों का क्या होगा? और कौन समझदार आदमी इस पर आपत्ति करेगा? कोई नहीं। अब लेखक की भूमिका को लीजिए। मैं चाहता हूँ कि अदालत मेरी बात पर ध्यान दे और आवश्यक समझे तो मेरे विचारों में संशोधन कर दे। मैं जूरी से भी, जिनका नील के उत्पादन में कोई स्वार्थ नहीं, इस बात का अनुरोध करता हूँ कि उनके सामने जो प्रमाण पेश किए जाएँगे उन पर भली-भाँति विचार करें, और उन्होंने जो शपथ ली है उसके अनुसार निष्पक्ष भाव से सच्चा न्याय करें। मैं दावे के पहले आधार के बारे में इस पुस्तिका की भूमिका के निम्नलिखित अंश पर विशेष रूप से आपका ध्यान आकर्षित करना चाहता हूँ :

"दो दैनिक अखबारों के सम्पादक अपने कालम तुम्हारी प्रशंसा में रँग रहे हैं; उससे दूसरे लोग चाहे जो सोचें, पर तुम्हें उससे कभी खुशी नहीं होगी क्योंकि तुम उनके ऐसा करने का कारण अच्छी तरह जानते हो। चाँदी में भी कैसी अद्‌भुत आकर्षण-शक्ति है! घृणित जुडास ने ईसाई धर्म के महान प्रवर्तक जीसस को तीस हजार रुपये के लिए नीच पायलेट के हाथों सौंप दिया था। तो फिर यदि दोनों अखबारों के सम्पादक हजार रुपये की आशा में इस देश की गरीब, असहाय प्रजा को तुम्हारे भयंकर चंगुल में फँसा दें तो इसमें आश्चर्य क्या?"

प्रकाशन और उसके धन्धे को ध्यान में रखते हुए, ईसाई धर्म के एक शिक्षक के विषय में एक ईसाई के लिए इससे अधिक क्रोध दिलाने वाली बात और क्या हो सकती है कि अपने मसीह के साथ विश्वासघात करने वाले जुडास आईकेरिएट के साथ उसकी तुलना की जाय? और ईसाई धर्म की बात छोड़ भी दें, तो विश्वासघाती द्वारा उन तीस चाँदी के सिक्कों के लिए बिक्री से राजनीतिक स्वाधीनता की बिक्री की तुलना से अधिक क्रोध दिलाने वाली बात किसी भी सम्मानशील व्यक्ति के लिए और क्या हो सकती है? उच्च भावना और आत्म-सम्मान के प्रति सजग व्यक्तियों को कानून तोड़ने के लिए भड़काने वाली इससे बड़ी दूसरी बात और क्या हो सकती है कि उन्हें तुच्छ-से प्रलोभन में गरीबों का हित बेचने वाला और ऐसे नीलकरों की प्रशंसा करने वाला कहकर निन्दा की जाय जो, यदि यह भूमिका अपलेख के सिवाय अन्य कुछ है तो, अँग्रेजों के नाम पर सदा के लिए कलंक-स्वरूप है। पर अब मैं पुस्तिका से ऐसे मुख्य अंश सुनाना चाहता हूँ जिसमें दूसरे आधार पर मेरे मुवक्किलों के विरुद्ध बड़े पैमाने पर अपलेख हैं। हालाँकि मैं समस्त नीलकर समाज के विरुद्ध प्रत्यक्ष अथवा परोक्ष रूप से जो घिनौने आरोप लगाए गये हैं उनको विस्तार से बताने में आवश्यकता से अधिक समय नहीं लेना चाहता, फिर भी यह जरूरी है कि दावे में जो बहुत-सी बातें उठाई गयी हैं उनसे सम्बन्धित विभिन्न उद्धरणों का उल्लेख करूँ।

उसके बाद विद्वान वकील ने 'नील दर्पण' में से बहुत-से अंश पढ़कर सुनाये, जिनमें उन्होंने दिखाया कि बहुत ही गम्भीर और अपमानजनक बदनामी की बातें एक वर्ग के विरुद्ध लिखी गयी थीं। वकील महोदय ने यह भी कहा कि इस बात के काफी प्रमाण हैं कि इन बातों के लिखने वाले रेवरेन्ड महोदय की दृष्टि में यह वर्ग नीलकरों के अतिरिक्त और कोई नहीं हो सकता।

उन्होंने बहुत-से उद्धरण पढ़े और जूरियों की भावनाओं को नहीं बल्कि विवेक को जाग्रत करने का यत्न किया। जो अपवादपूर्ण बातें उन्होंने इस भाँति पढ़कर सुनायी, उनमें नीलकरों पर उन सब अपराधों का आरोप लगाया गया था जिन्हें सभी सभ्य व्यक्ति घृणा की दृष्टि से देखते हैं और जिनका वकील महोदय पहले ही विस्तार से उल्लेख कर चुके थे। वकील महादेय ने आगे कहा :

" 'नील दर्पण' का घोषित उद्देश्य है समाज की कुछ परिस्थितियों का वर्णन करना। क्या ऐसा उद्देश्य लेकर वुड और रोज़ जैसे बनावटी नामों से समूचे नीलकर समाज को चित्रित करने में कोई बुराई नहीं हुई? पुस्तक की कहानी शुरू होती है किसी समय के एक सुखी समाज के चित्र से, जिसमें चावल, अनाज, दाल, बीज, तिल और मछली, सभी कुछ उत्पन्न होता था और लोग सुख से जिन्दगी बिताते थे। स्त्रियाँ होती थीं सीधी-सादी और अपनी पति-भक्ति से सुखी; किसान सुखी, किसी बुराई की शिकायत नहीं; किसानों की बेटियाँ शीलवती और इसलिए सुखी। पर हाय, उनके स्वप्नों की दुनिया में एक परिवर्तन हुआ; नील का राक्षस आ पहुँचा! तीन बरस के छोटे-से समय में कर्जदारी, भुखमरी, उजाड़ खेत, कैद की सजाएँ, जालसाजी, बलात्कार के प्रत्यत्न, हत्या, अकाल-मृत्यु और आत्महत्या, सभी-कुछ आ धमके। नाटक में बंगाली का धर्म, उसकी स्त्रियाँ, उसकी पूजा आदि किसी में अन्तिम दृश्य तक कोई परिवर्तन नहीं होता, फिर किसी-न-किसी रूप में मृत्यु आकर उनके सारे दुखों का अन्त कर देती है। पर यह कैसे होता है; मरहठा घुड़सवारों के गिरोह द्वारा? तातार आक्रमणकारियों द्वारा? टिड्डीदल द्वारा? अग्निकांड या बाढ़ या किसी ऐसी ही विपत्ति के फलस्वरूप? नहीं, बल्कि नीलकर राक्षसों के प्रवेश के द्वारा, जिनके प्रतिनिधि इस नाटक के पात्र वुड और रोज़ हैं। जो बंगाली दीवान कभी भले थे, उन्होंने भी अब राक्षसी रूप धारण कर लिया; जो अमीन कभी किसी की हानि न करते थे, वे अब बाघ बन गये; जिन मजिस्ट्रेटों को इन्साफ-पसन्द माना जाता था वे अब बदलकर अत्याचारी हो गये। और नीलकर की पत्नी! —और यहाँ मुझे लगता है कि मैं सिर्फ वकील ही नहीं, एक अँग्रेज भी हूँ और सच्चे यथोचित क्रोध के साथ उस बदनामी उड़ाने वाले को सजा दिलाना चाहता हूँ जिसने मेरे देश की स्त्रियों की नेकनामी पर कलंक का काला टीका लगाया है, और उन्हें संसार के सामने ऐसा चित्रित किया है कि वे न्यायाधीशों की वासना पूरी करके उन्हें नीलकरों का सहायक बनाती हैं। सदा-सुहागिन पदी मिसरानी पहले बड़े साहब की

शिकार होती है, और बाद में जब बड़े साहब में कुकर्म के लायक शक्ति नहीं बचती तो वह छोटे साहब की वासना पूरी करने लगती है। इतनी बुरी होने पर भी उसमें तो कुछ झिझक मौजूद है, पर दोनों में से किसी नीलकर साहब में तनिक भी नहीं। सारे धर्मपरायण प्रजाजन विजयी अधर्म के अत्याचार के कारण या तो मर जाते हैं या मार डाले जाते हैं और इन सब मुसीबतों का एक मात्र कारण हैं नीलकर! यदि सचमुच समाज की ऐसी ही हालत थी तो सरकार कहाँ चली गयी थी, जिसमें न तो ऐसे अधर्म को रोकने की सामर्थ्य रही और न उसके ऐसे चित्रण के प्रभाव को देखने की? और यदि समाज की ऐसी अवस्था नहीं थी तो किसी उपद्रवी व्यक्ति को किसी भी आड़ में — धार्मिक, कट्टरपन्थी, राजनैतिक पक्षपातपूर्ण अथवा जो भी कहें— किसी भी बहाने ऐसी स्थिति दिखाने का क्या अधिकार था?''

इसके बाद विद्वान वकील महोदय ने नाटक का सामान्य उद्देश्य प्रकट करने के लिए बहुत-से उद्धरण सुनाये। फिर उन्होंने कहा :

''मैं अब जूरी को अधिक देर तक नहीं रोकूँगा। यद्यपि अपलेख की बात अपने आप स्पष्ट प्रगट है, फिर भी मैं मुकदमे की खास-खास बातों पर कुछ विचार आपके सामने रखना आवश्यक समझता हूँ। मैं जूरी से यह पूछना चाहता हूँ कि क्या उनके विचार में भी यूरोपीय नीलकरों में समाज की वैसी ही स्थिति है जैसी नाटक में दिखाई गयी है? यदि समाज की हालत वैसी नहीं है, तो मैं पूछता हूँ कि किसी बदनामी उड़ाने वाले उपद्रवी आदमी को इस तरह की झूठी निन्दा का और उसके द्वारा एक जाति को दूसरी जाति के विरुद्ध और एक वर्ग को दूसरे वर्ग के विरुद्ध भड़काने का क्या हक है? पर यदि जूरी को यह विश्वास है कि सचमुच समाज की स्थिति ऐसी ही है तो उनका विश्वास पक्के और अकाट्य प्रमाणों पर आधारित होना चाहिए। साथ ही उन्हें इस बारे में अपना जी भर लेना चाहिए कि प्रकाशक का उद्देश्य ईमानदारी का था। यदि वे सचमुच इसमें विश्वास करते हों तो उन्हें एक अधिकारी व्यक्ति के निराधार सुझावों पर भी विश्वास करना पड़ेगा, और चालीस बरस पहले लार्ड विलियम बैन्टिक, लार्ड मेटकाफ तथा अन्य प्रमुख व्यक्तियों ने इससे भिन्न जो कुछ लिखा था उसे हवा में उड़ा देना होगा। इस प्रश्न से मुँह चुराने में कोई लाभ नहीं कि उस स्थिति में उन्हें सारे नीलकर समुदाय को लूटपाट, बलात्कार और किसानों तथा उनके परिवारों को तरह-तरह से सताकर जबरदस्ती घर से निकालने का अपराधी मान लेना होगा। उन्हें इस बात पर

विश्वास करना पड़ेगा कि मुट्ठी भर नीलकर समुदाय का जहाँ एक व्यक्ति भी पहुँच जाता है, वहीं वे हजारों की संख्या में समूची जातियों का नामो-निशान तक मिटा देने का प्रयत्न ही नहीं करता, बल्कि सचमुच मिटा रहा है। यदि जूरी को इस बात का विश्वास हो जाय कि प्रकाशक प्रतिवादी ही है तो मैं ऐसे प्रमाण भी प्रस्तुत करूँगा कि जिनसे उन्हें यह पता चलेगा कि प्रकाशन छिपाकर किया गया था और छापने के बाद उसकी प्रतियाँ चोरी से ही बंगाल सचिवालय को भेजी गयी थीं। प्रकाशन का ढंग ही इस बात के पक्के-से-पक्के विश्वास को नष्ट कर देने के लिए पर्याप्त है कि उसमें लेखक का उद्देश्य सचमुच नेक अथवा न्यायपूर्ण था। जिस ढंग से यह अपलेख फैलाया गया है उसी से क्षण भर के लिए भी यह मानने की सम्भावना तक नष्ट हो जाती है कि उसके प्रचार करने वाले का इरादा नेक रहा हो। नहीं, इस देश के ईसाई समुदाय को कलंकित करने के लिए कोई गुप्त और अदृश्य शक्ति काम रही थी। यह बात जूरी की सहानुभूति प्राप्त करने के लिए नहीं कही जा रही है, क्योंकि उनके बीच अन्य धर्म मानने वाले सज्जन भी मौजूद है। और अपने चरित्र से इस लांछन को दूर करने के लिए ही मेरे मुवक्किल यह मामला अदालत के सामने लाये हैं। मैं यह प्रमाणित करूँगा कि प्रकाशन गुप्त रीति से किया गया है और उसका उद्देश्य विद्वेषपूर्ण से भी बुरा था। उस गुप्त शक्ति ने एक प्रतिष्ठित सम्प्रदाय पर इस प्रकार आक्रमण करवाया था कि उसे भद्दे और बदनामी भरे भूठे प्रचार द्वारा लगाए गये आरोपों से अपने चरित्र को बचाने का कोई अवसर ही न मिले। मुझे इस बात की चिन्ता नहीं कि उस अदृश्य शक्ति का कोई प्रतिनिधि अदालत में मौजूद है या मेरी बात सुन रहा है। मैं यह अवश्य जानना चाहूँगा कि यहाँ पता लगने के पहले ही वह नाटक इंग्लैंड में उन लोगों के पास भेजा गया या नहीं जिनके बीच उसका प्रचार वांछित था, और यदि भेजा गया तो मैं यह जानना चाहूँगा कि लाहौर से इस पुस्तक की प्रति लिफाफे में आने के पहले उसकी सूचना नीलकरों को दी गयी थी या नहीं। यह मैं इस समय नहीं जानना चाहता कि यह प्रति किसी सरकारी कर्मचारी ने भेजी थी या नहीं। वह एक दूसरे मुकदमे का विषय है जो मुझे उम्मीद है कि चलाया जाएगा। किन्तु यदि ऐसी गोपनीयता बरती गयी थी तो मैं यह जोर देकर कहना चाहूँगा कि इस नाटक के लेखक का उद्देश्य सत्य को प्रकाश में लाना नहीं हो सकता। बल्कि उसका उद्देश्य यह रहा होगा कि एक सम्प्रदाय की इस प्रकार बदनामी की जाय कि उसे अपनी रक्षा का कोई

अवसर न मिले। दूसरे शब्दों में 'अँधेरे में छुरा भोंकना' ही लेखक का उद्देश्य था। मैं इस समय जूरी से यह बात अपने मुवक्किलों की ओर से ही नहीं, समस्त ईसाई समुदाय की ओर से कह रहा हूँ। मैं यहाँ ब्रिटिश भारत के समस्त ईसाई निवासियों की ओर से प्रतिवादी के ऊपर एक भद्दे और बदनामी भरे प्रचार को लिखने और प्रकाशित करने का आरोप लगाता हूँ। मैं भी उसी सम्प्रदाय का ही सदस्य हूँ इसलिए शायद यह लगे कि इस मामले में मुवक्किल और वकील दोनों एक हो गये हैं। यह बात किस आधार पर कही जा सकती है कि लेखक का उद्देश्य प्रशंसनीय था? क्या भूमिका में कोई ऐसी बात है जिससे यह माना जा सके? नहीं! मैं फिर इस बात पर जोर देता हूँ कि ऐसा एक बड़ा भारी तथ्य अवश्य मौजूद है जो लेखक के उद्देश्य का नेक न होना प्रमाणित करता है। वह बड़ा तथ्य है उसके प्रकाशन की गोपनीयता। कुछ गिने-चुने लोगों को छोड़कर इस देश में किसी को उस पुस्तक की प्रति नहीं मिली, और इंग्लैंड में भी लेखक के झूठे प्रचार के समर्थकों के अतिरिक्त किसी और को उस अमूल्य पुस्तक की प्रति मिली होगी, इसमें मुझे शक है। यह मैं पहले ही बता चुका हूँ कि कलकत्ते में उसके अस्तित्व का कैसे पता चला। पर मैं यह पूछना चाहता हूँ कि उसका प्रचार उन जिलों में क्यों नहीं किया गया जहाँ वे लोग रहते हैं जिन पर उसमें प्रहार किया गया है। इस तरह से कम-से-कम उन लोगों को ऐसे आरोपों से अपने चरित्र को बचाने का एक अवसर तो मिल जाता, जो, यदि सच हैं तो, उन्हें पशुओं से भी गया-बीता सिद्ध करते हैं, जो उनके देश को कलंक लगाते हैं, और सरकार की भी बदनामी करते हैं कि उसने इससे पहले भेदभाव और बुराइयों की ऐसी भयानक स्थिति को दृढ़ता के साथ क्यों नहीं ठीक किया।

चूँकि विपक्ष में भी बड़े योग्य व्यक्ति हैं, यह बात बहुत जोर देकर कही जाएगी कि पुस्तक सार्वजनिक हित की दृष्टि से ही प्रकाशित की गयी है। मैं जूरी को सावधान करना चाहता हूँ कि वे इस कथन से भ्रम में न पड़ें, बल्कि प्रमाणों पर विचार करें और इस बात की जाँच करें कि प्रतिवादी के पुस्तक प्रकाशन से सम्बन्धित आचरणों में क्या कोई ऐसी बात मिलती है जो इस कथन की पुष्टि करती हो। मैं जानता हूँ कि जूरी में बहुत से बड़े धार्मिक लोग भी हैं। खेद है कि मुझे ईसाई मिशनरी जैसे उच्च व्यक्तियों पर प्रहार करने को बाध्य होना पड़ा, पर मैं यह कहे बिना नहीं रह सकता कि आज मिशनरी शब्द 'उपद्रवी' का समानार्थी हो गया है, क्योंकि औपनिवेशिक समाज में जहाँ

भी उपद्रव होते हैं वहाँ उनसे किसी-न-किसी मिशनरी का सम्बन्ध अवश्य पाया जाता है। जूरी को शायद मिशनरी स्मिथ का मामला याद हो जिसे डेमारारा में हब्शियों को विद्रोह, बगावत और लूटपाट के लिए भड़काने के लिए कठोरतम कानूनी दंड दिया गया था। अन्तरीप के झगड़े भी अभी उनकी स्मृति में ताजा होंगे और पड़ोसी उपनिवेश न्यूजीलैंड से आगे नहीं जाना चाहता जहाँ मिशनरी लोगों की कृपा से इस समय भी विद्रोह और रक्तपात मचा हुआ है। सच्चे धर्म के लिए मेरे मन में गहरा और हार्दिक सम्मान है। पर उसके प्रचारकों का धन्धा संसार में शान्ति स्थापित करने और सब लोगों में सद्भावना फैलाने के पवित्र कर्तव्य का धन्धा है, निन्दा को प्रश्रय और पाप को प्रेरणा देना नहीं। मेरे ये शब्द कठोर हैं, पर यदि मैं रेवरेन्ड प्रतिवादी महोदय को 'नील दर्पण' प्रकाशित करने की वास्तविकता समझा सकूँ तो मैं उनका प्रयोग न्यायोचित मानूँगा। मुझे पक्का विश्वास है कि जूरी भी मुझसे सहमत होंगे कि ऐसा प्रकाशन न तो ईसाई धर्म के प्रचार का सर्वोत्तम उपाय है और न उन यूरोपियनों की जान-माल की सुरक्षा का, जो आवश्यकता पड़ने पर किसी सहायता की आशा के बिना ही हजारों देशी लोगों के बीच अकेले रहते हैं। कारण चाहे जो भी हो, पर यदि ऐसी भूल ईसाई धर्म के प्रचार के लिए अनुपयुक्त अति-उत्साह के कारण हुई हो तो भी वह कम खतरनाक नहीं मानी जा सकती।

क्या हम नहीं देख चुके हैं कि हमारी जान कैसे कच्चे धागे से लटक रही है? पिछली बगावतों ने क्या यह नहीं सिखाया कि हमारी स्थिति कितनी अरक्षित है? क्या हम इसकी अनुमति दे सकते हैं कि कुछ अत्यधिक उत्साह से प्रेरित व्यक्ति हमारी सुरक्षा को खतरे में डाल दें और इंग्लैंड में लोगों को, जो अपने दूर रहने वाले देशवासियों के बारे में किसी बुराई पर विश्वास करने के लिए पहले से ही तैयार बैठे हैं, यह मानने के लिए बाध्य कर दें कि भारतवर्ष में अँग्रेज सचमुच उस सब अनुचित और लज्जाजनक व्यवहार के अपराधी हैं जिनका उन पर आरोप लगाया जाता है? क्या जिस तरह से यह पुस्तक प्रकाशित की गयी, उसका उद्देश्य ईसाई धर्म की प्रगति का था? क्या उसका उद्देश्य 'दुष्टों से दुष्टता छुड़वाने' और उचित तथा न्यायसम्मत कार्यों के लिए प्रेरित करना था? कलकत्ते के परम पूजनीय स्वर्गीय बिशप प्राय: लोगों की भर्त्सना किया करते थे और गिरजाघर के मंच से अपनी बात कहते थे। यह पद्धति समाज में प्रचलित व्यवहार के अनुकूल चाहे न हो, पर उससे

कहने वाले की नेकनीयती तो सिद्ध होती थी, उसमें कोई गोपनीयता न थी और वे साहसी ही नहीं, भले आदमी थे। इस बांग्ला पुस्तिका के प्रकाशक का आचरण उनसे कितना भिन्न है? क्या यह किसी दयालु ईसाई उपदेशक का कार्य है? नहीं, यह किसी कठमुल्ले का काम है, इतना तो कम-से-कम कहा जा सकता है। एक मिशनरी का यह कर्तव्य है कि वह काले और गोरे सभी लोगों के प्रति एक-सा करुणाभाव रखे; मिशनरी का यह कर्तव्य है कि वह आलोक और सत्य का प्रचारक बने, निन्दा का नहीं। ईसाई धर्म के प्रचारक के लिए ईसाई प्रेम के फलस्वरूप भी अपने ईसाई भाइयों के प्रति करुणाभाव रखना चाहिए। यदि उसका इरादा नेक था तो नीलकरों के ऊपर जिन अमानुषिक कार्यों का आरोप लगाया गया है उनकी सूचना उसने व्यापारी संगठनों के प्रधानों को क्यों नहीं भेजी, जिनकी बड़ी भारी पूँजी यहाँ लगी हुई है? यह सब तो उसने नहीं किया, पर एक बंगाली नाटक में लिखी हुई निन्दा की बातें प्रकाशित करके सन्तोष कर लिया। अनुवादक कोई देशी आदमी हो तो भी प्रतिवादी ने नाटक को प्रकाशित करके उसे अपना लिया है। उसने नाटक की प्रतियाँ सम्बद्ध व्यक्तियों को, जमींदारों और व्यावसायिक संगठनों और नीलकरों को क्यों नहीं भेजीं? मैं इस बात से इनकार नहीं करता कि नीलकरों में बुरे आदमी भी हैं। कोई इतना बड़ा जन-समुदाय ऐसा नहीं हो सकता जिसमें भले-बुरे दोनों प्रकार के व्यक्ति न हों। मैं इस बात से भी बेखबर नहीं हूँ कि प्रतिवादी की कोटि के एक से अधिक व्यक्तियों ने नीलकरों की निन्दा की है। पर अभी तक ऐसी निन्दा खुले आम अखबारों में होती रही है जिसका उसी प्रकार खुले आम नीलकरों ने उत्तर भी दिया है और उत्तर के साथ अपना नाम जोड़ने में भी वे हिचकिचाये नहीं हैं। पर यह आलोचना कितनी भिन्न रीति से की गयी है, खुले आम सार्वजनिक रूप से नहीं, बल्कि बड़ी होशियारी से गोपनीयता के साथ। मैन्यूअल ने पुस्तक छापी, प्रतियाँ मि. सैंडिस को भेजी गयी और उनके पास से बंगाल सचिवालय को। इस प्रकाशन की प्रेरणा का उद्देश्य गुप्त था और इस प्रश्न का निस्सन्देह किसी-न-किसी दिन अवश्य उत्तर मिलेगा कि इसके पीछे कोई राजनैतिक षड्यन्त्र था या नहीं जिसके सक्रिय एजेन्ट रेवरेन्ड मि. लौंग थे।

यदि यह भी मान लिया जाय कि पुस्तक एक नाटक मात्र है जिसका राजनैतिक अथवा कोई अन्य उद्देश्य नहीं है, फिर भी यदि उसके द्वारा देशी जन-समुदाय के बीच उनके यूरोपीय भाइयों के चरित्र और आचरण के बारे

में भ्रान्त धारणा फैलने की आशंका थी, तो यह रेवरेन्ड मि. लौंग का, जिनका धन्धा ही नास्तिकों को ईसाई बनाना है, यह कर्तव्य था कि इस भ्रान्त धारणा को उत्पन्न करने वाली पुस्तक की प्रतियाँ नष्ट कर देते। झूठी बदनामी फैलाने की अपेक्षा वह कार्य कहीं अधिक धार्मिक होता, और ईसाई धर्म के प्रचार में, जिस कार्य का उन्होंने बीड़ा उठा रखा है, उससे कहीं अधिक सहायता मिलती। जब तक उस नाटक की निन्दा-भरी बातें मौजूद हैं, और उस धर्म के अनुयाइयों के चरित्र को काले से काला चित्रित करती रहती हैं जिसका प्रचार नास्तिकों में करने का प्रतिवादी ने जिम्मा ले रखा है, तब तक वह एक भी व्यक्ति को कैसे ईसाई बना सकता है? क्या किसी भी नीलकर का आचरण जितना बताया गया है उससे आधा भी अत्याचारपूर्ण रहा है? यह तो मैं नहीं कह सकता कि नीलकरों में ऐसे लोग नहीं हैं जिनका आचरण निन्दनीय है, पर यह मैं सर्वथा अस्वीकार करता हूँ कि सभ्य व्यक्तियों का कोई भी समुदाय, ऐसे लोगों का समुदाय जिनका हित देशी लोगों के साथ भला व्यवहार करने में ही है, उन सब अत्याचारों का अपराधी हो सकता है, ऐसे पापपूर्ण कार्यों में आनन्द ले सकता है जैसा उस निन्दात्मक नाटक 'नील दर्पण' में चित्रित किया गया है। पुस्तक कब प्रकाशित हुई इसकी निश्चित सूचना नहीं मिल सकी और नीलकरों के सामने केवल यही रास्ता था कि वे उस आदमी का नाम लें जो पार्लियामेंट के कानून के कारण अपने प्रेस से निकलने वाली हर वस्तु पर अपना नाम छापने को बाध्य है। ऐसा उन्होंने इस सिद्धान्त पर किया कि बच्चा हाथ आ जाय तो माँ भी शीघ्र ही पकड़ाई दे जाएगी। उन्होंने मुद्रक पर नालिश की और उससे यह स्वीकृति प्राप्त कर ली कि प्रकाशक मि. लौंग थे। मेरे मुवक्किलों में अगर बदला लेने की भावना होती तो वे मुद्रक को भी दंड देने का आग्रह करते। पर यह कहना पर्याप्त है कि उन्होंने ऐसा नहीं किया। मैं इस बात के लिए तनिक भी आग्रह नहीं करना चाहता कि अखबार की आजादी के छोटे-मोटे दुरुपयोगों के लिए दंड दिया जाय। ऐसा दुरुपयोग खतरनाक नहीं हैं क्योंकि अखबारों से होने वाले लाभों द्वारा उस दुरुपयोग की हानि से बचाव हो जाता है। पर सच्चाई को सामने रखने का अवसर दिए बिना, लगाए गये आरोपों से कोई बचाव नहीं है। मेरे मुवक्किलों के लिए अपने चरित्र की निर्दोषता प्रमाणित करने का केवल एक ही उपाय बचा था कि वे अदालत में आकर जूरी का निर्णय प्राप्त करें और मुझे आशा है कि जूरी इस बदनामी भरे प्रचार में सहायक नहीं होंगे। दोष-निराकरण का कोई

प्रश्न ही नहीं उठता। कानून के अनुसार प्रतिवादी का अपने आपको निर्दोष सिद्ध कर सकना असम्भव है, चाहे उसने अपलेख की बातों को सच समझकर ही, और प्राप्त सूचनाओं के आधार पर ही पुस्तक क्यों न लिखी हो, और चाहे वह ऐसे व्यक्तियों को भी क्यों न प्रस्तुत कर दे जिन्होंने अत्याचार के कार्यों को अपनी आँखों से देखा हो। क्योंकि विद्वेष का प्रमाण अपलेख में ही मौजूद है, और यदि जूरी यह विश्वास नहीं करते कि समाज की स्थिति वैसी ही थी जैसी कि इस पुस्तिका में चित्रित की गयी है, तो उन्हें मानना पड़ेगा कि पुस्तिका अपलेख है। यदि वे इसे अपलेख नहीं मानेंगे तो उन्हें किसी एक नीलकर के विरुद्ध नहीं, बल्कि यूरोपीय नीलकरों के सम्पूर्ण समुदाय के विरुद्ध इस पुस्तिका में लगाए गये आरोपों को सत्य मानना पड़ेगा। उन्हें मानना पड़ेगा कि ये नीलकर सभ्य मनुष्यों की कोटि के बाहर हैं और जघन्य से जघन्य अत्याचार करने के कारण उनके विरुद्ध जो कुछ भी कहा गया है वह उचित ही है। उन्हें यह भी मानना पड़ेगा कि भलाई सिर्फ देशी लोगों और कुछ अफसरों में ही है। उन्हें मानना होगा कि उनके देशवासी इंग्लैंड से चलते ही ईसाई धर्म के सारे सिद्धान्त भूल जाते हैं और जिन अपराधों को स्वदेश में गर्हित समझा जाता है वे यहाँ बेखटके किये जा सकते हैं। उन्हें मानना पड़ेगा कि कुछेक खास लोगों को छोड़कर बाकी सारे न्यायाधीश, गैर-सरकारी लोग, ब्रिटिश भारत का सारा ईसाई समुदाय सम्मान और भावना के सभी सिद्धान्तों से एकदम शून्य है। उन्हें मानना पड़ेगा कि भारत में रहनेवाला हर यूरोपीयन यहाँ राज्य करने की अपेक्षा नोरफोक द्वीप में परिवर्तन के लिए अधिक उपयुक्त है। उन्हें मानना पड़ेगा कि काल्पनिक नीलकरों की पत्नियों के आकर्षण में फँसकर अफसरों ने ऐसे अत्याचार होने दिये, जिनके फलस्वरूप सारी प्रजा विनाश, बर्बादी और मृत्यु को प्राप्त हुई।

जूरीगण बड़ी सावधानी से चुने गये हैं, उनमें नील के रंग का कोई दाग नहीं। उनमें से एक भी ऐसा नहीं जिसे नील की खेती में कोई रुचि हो। इसलिए उनकी सहानुभूति मेरे मुवक्किलों के पक्ष में नहीं होगी। पर फिर भी मुझे पक्का यकीन है कि वे इसके अतिरिक्त किसी और निष्कर्ष पर नहीं पहुँच सकते कि प्रतिवादी एक जघन्य निन्दापूर्ण अपलेख का प्रकाशक और प्रचारक है और मैं उसे इस अदालत के हाथों छोड़कर सन्तुष्ट हूँ, जिसकी दया सुविदित है।

मुझे खेद है कि मैं और विस्तार से इस विषय की चर्चा न कर सकूँगा।

मैं सिर्फ अपने कर्तव्य का पालन कर रहा हूँ और मैं अनुभव करता हूँ कि यदि अपलेख पर ध्यान देकर उसका विरोध न किया गया तो उससे होने वाले परिणामों का चित्रण करने के लिए मेरे शब्द अपर्याप्त हैं। यदि यह दायित्वहीन अपलेख उत्तर-पश्चिम की लड़ाकू जातियों के बीच प्रचारित किया गया होता तो अनिवार्य रूप से उसके कारण वहाँ यूरोपियनों का नामो-निशान मिट जाता। यह मानना न्यायपूर्ण और उचित है कि इस देश की बिगड़ी हुई हालत कुछेक निन्दकों के कारण है। वे यदि दंडित न किये गये तो जो काम बंगाली कभी न कर पाये उसे वे देशी लोगों को जबरदस्ती एक साथ इकट्ठा करके यूरोपियनों को यहाँ से निकाल बाहर कर पूरा करेंगे। यदि देशी लोगों को यह विश्वास हो जाय कि नील की खेती में उन्हें पेशगी लेने पर मजबूर किया जाएगा, उनके साथ दुर्व्यवहार होगा, वे बर्बाद हो जाएँगे और उनकी बहू-बेटियों की आबरू लुटेगी तो क्या वे आकर मजदूरी करने को तैयार होंगे? मैं तो इस अपलेख के परिणामों के ख्याल से ही काँप उठता हूँ। यदि यह पुस्तिका बाजारों में बाँट दी गयी, गाँवों में फैला दी गयी तो आनेवाली पीढ़ियाँ अँग्रेजों के राज को मरहठी लुटेरों और मुस्लिम शासकों से भी अधिक बुरा बताएँगी। ये उस अपलेख के कुछेक बड़े-बड़े और खतरनाक परिणाम हैं जिनका मैंने बहुत मामूली तौर पर जिक्र किया है। मैं इस पक्के विश्वास के साथ अपना स्थान ग्रहण करता हूँ कि जूरी भी उसी निष्कर्ष पर पहुँचेंगे जो सत्य और न्याय के अनुकूल है और मेरे मुवक्किलों के चरित्र को निर्दोष सिद्ध करने के लिए आवश्यक है।

मि. क्लीमेंट हेनरी मैन्युअल से मि. कावी ने जिरह की। उन्होंने बयान दिया कि मैं 'कलकत्ता प्रिंटिंग एंड पब्लिशिंग प्रेस' का मालिक हूँ। मैंने पिछली अप्रैल या मई में स्वयं मि. लौंग के आदेश से 'नील दर्पण' छापा था। मि. लौंग पांडुलिपि के अंश थोड़े-थोड़े करके भेजते थे। प्रतिवादी से मुझे पाँच सौ प्रतियाँ छापने का आदेश मिला था, जो छापकर मि. लौंग के घर भिजवा दी गयी थीं। आमतौर पर मैं इसी प्रकार व्यवसाय चलाता हूँ। मैं इस पुस्तिका का प्रकाशक नहीं, केवल मुद्रक हूँ। पांडुलिपि प्रतिवादी को प्रूफ के साथ लौटा दी गयी थी। मुझे नहीं पता कि प्रतिवादी के पास भेजे जाने के बाद छपी हुई प्रतियों का क्या हुआ। मैंने छपाई का मूल्य लगभग तीन सौ रुपये लगाया था जो मि. लौंग ने चुका दिया था। मुझ पर 'नील दर्पण' के मुद्रक होने की हैसियत से आरोप लगाया गया है। प्रतिवादी ने मेरे वकील को अनुमति दे दी

है कि उसका नाम बता दिया जाय। मैं यह नहीं जानता कि यह अनुमति मुकदमे के दिन दी गयी या पहले। मैंने पुस्तिका के लेखक या प्रकाशक के बारे में कोई सूचना नहीं दी है।

अदालत द्वारा जिरह में गवाह ने कहा कि पूछे जाने पर लेखक का नाम बताने को मैं स्वतन्त्र था। मैं प्रतिवादी के हस्ताक्षरों की पहचानने की शपथ तो नहीं खा सकता पर मुझे विश्वास है कि प्रूफ प्रतिवादी ने अपने हस्ताक्षरों में ही 'पास' किये थे। 'पास' से मेरा अभिप्राय उस अन्तिम स्वीकृति से है जिसके लिए प्रूफ के कागज शुद्ध किये जाने के बाद लेखक को भेजे जाते हैं। प्रूफ के कागज मि. लौंग को भेजे जाते थे। (कुछ प्रूफ के कागज अदालत में पेश किये गये और गवाह ने मि. लौंग के हस्ताक्षरों में की गयी कुछ शुद्धियाँ और छापने का आदेश दिखाया।)

मि. ऐग्लिटन द्वारा जिरह में गवाह ने कहा कि मि. लौंग स्वयं मेरे कार्यालय में खुल्लम-खुल्ला आते थे। मुझे भी उनका नाम बताने को बाध्य नहीं किया गया और वह मैंने इस मुकदमे में स्वयं मि. लौंग की अनुमति से बताया है। मि. लौंग के हस्ताक्षर मैंने बहुत नहीं देखे हैं और उनके बारे में निश्चयपूर्वक कुछ नहीं कह सकता।

अदालत द्वारा प्रश्न किये जाने पर गवाह ने कहा कि जितना अवसर मिला है उसके आधार पर मुझे विश्वास है कि शुद्धियाँ मि. लौंग के हस्ताक्षरों में ही हुई थीं।

मि. कावी द्वारा जिरह में वाल्टर ब्रेट ने बयान दिया कि मैं 'इंगलिशमैन' का संचालक, स्वामी और आजकल सम्पादक भी हूँ। संचालक और स्वामी मैं लगभग दो वर्ष से और सम्पादक अपने सहयोगी मि. सौंडर्स के स्वदेश जाने के बाद से हूँ। पहले मि. सौंडर्स सम्पादक थे और मैं स्वयं संचालक, स्वामी और संयुक्त सम्पादक था। मैं यह जानता हूँ कि नील की खेती के सम्बन्ध में बहुत चर्चा होती रही है जिसमें मैंने स्वयं भी बहुत हिस्सा लिया है। सरकार ने एक आयोग भी नीलकर और रैयत के अधिकारों की जाँच करने के लिए नियुक्त किया था। आयोग के सामने पेश की गयी जानकारी के आधार पर स्वभावतः ही 'इंगलिशमैन' ने नीलकरों के पक्ष का समर्थन किया है। 'बंगाल हरकारू' का भी स्वभावतः वैसा ही दृष्टिकोण है। मेरा विचार है कि 'नील दर्पण' में नीलकरों की 'प्रशंसा से भरे रहनेवाले' जिन दो अखबारों का जिक्र है वे 'इंगलिशमैन' और 'हरकारू' ही हैं। मुझे 'नील दर्पण' की प्रति पहले-

पहल इस वर्ष की 27 मई को मिली थी, यह बात मैं यथासम्भव निश्चयपूर्वक कहता हूँ पर तारीख के बारे में शपथ नहीं ले सकता। मेरा अपना ही एक चपरासी उसे लाया था। मैंने सरकारी तौर पर भी एक प्रति मँगायी थी, जिसकी प्रतीक्षा थी। इसी बीच मुझे एक और प्रति भी मिल गयी जो एक लिफाफे में रखकर 'इंगलिशमैन' के सम्पादक के नाम भेजी गयी थी। मुझे मालूम नहीं वह किसने भेजी थी। उसके बाद जल्दी ही मुझे वह प्रति भी मिल गयी जिसकी मैंने माँग की थी। यह मुझे ऐसे व्यक्ति से मिली थी जिसका नाम इस मुकदमे में खोलने को स्वतन्त्र नहीं हूँ। तब से मुझे कई प्रतियाँ मिल चुकी हैं। 'नील दर्पण' में उल्लेखित अखबार 'इंगलिशमैन' और 'हरकारू' ही हैं यह बात मैं नीलकरों और किसानों के झगड़े में जो नीति इन पत्रों ने अपनायी है उसकी जानकारी के आधार पर कहता हूँ। मुझे कोई सन्देह नहीं कि यह निष्कर्ष सही है। कलकत्ते में एक ही दैनिक अखबार और है 'फीनिक्स'। उसने दूसरी नीति अपनायी है जो निस्सन्देह अस्वाभाविक है। मैंने 'नील दर्पण' नामक पुस्तक पढ़ी है और मुझे विश्वास है कि इस पूरी पुस्तक में यूरोपियन नीलकरों की ओर ही संकेत किया गया है।

मि. ऐग्लिटन द्वारा जिरह में गवाह ने कहा कि मैं 'लैंड होल्डर्स एंड कमर्शियल एसोशिएशन' का सदस्य हूँ। मुकदमा पूरी एसोसिएशन ने चलाया है, उसके एक अंश ने नहीं। मैंने यह अधिकृत रूप में नहीं सुना कि किसी सदस्य ने मुकदमे का विरोध किया है, पर मुझे विश्वास है कि किसी ने नहीं किया। मेरा नील से कोई सरोकार नहीं। कम-से-कम निम्न बंगाल मे नील की खेती तो मैं नहीं ही करता। पुस्तक की पहली प्रति मैंने 27 मई को देखी, पर इस अपलेख के कुछ अंश पहले भी देख चुका था। इसमें कोई सन्देह नहीं कि 'नील दर्पण' में जिन अखबारों का जिक्र है वे 'इंगलिशमैन' और 'हरकारू' ही हैं, क्योंकि नील-विरोधी अखबार हमेशा इन्हें 'नील के अखबार' कहते रहे हैं। पुस्तक में उनका नाम नहीं लिया गया है। हिन्दुस्तान में बहुत-से दैनिक अखबार हैं जिनमें से कुछ नीलकरों के पक्ष के समर्थक हैं और कुछ विरोधी। मैं देशी अखबारों के बारे में कुछ नहीं जानता; मेरा मतलब देशी भाषाओं में प्रकाशित अखबारों से है। 'हिन्दू पेट्रियट' और 'इंडियन फील्ड' देशी प्रभाव में चलने वाले अखबार हैं। उनका 'इंगलिशमैन' से प्रतिकूल दृष्टिकोण है। उन अखबारों में नीलकरों को बड़ी-बड़ी क्रूरताओं का अपराधी दिखाया जाता है। मैं यह जानता हूँ कि उन दोनों अखबारों के

अनुसार देशी लोगों में नीलकरों के तथाकथित अत्याचारों के विरुद्ध बहुत विक्षोभ मौजूद है। मैं यह बात तथ्य के रूप में नहीं जानता, जैसा कि उन अखबारों में बताया जाता है, प्रजा में नीलकरों के प्रति बहुत विक्षोभ है। जहाँ तक मैं समझता हूँ प्रजा में नीलकरों के विरुद्ध भारी दुराग्रह है, चाहे वह उचित हो या न हो। मेरे पास जो सबूत हैं उनके आधार पर यह कह सकता हूँ कि पलड़ा बहुत-कुछ उनके विरुद्ध है। 'इंगलिशमैन' का पाठकवर्ग बहुत बड़ा है; इस पुस्तक के प्रकाशन के बाद से उसमें कोई कमी नहीं आयी। 'इंगलिशमैन' के आदर और सम्मान का प्रश्न दूसरे लोगों की राय का प्रश्न है जिसे मैं निश्चित नहीं कर सकता। मेरे ग्राहकों में बहुत-से नीलकर भी हैं पर पूरी ग्राहक-सूची के अनुपात में उनकी संख्या बहुत बड़ी नहीं है। मैं ग्राहकों की ठीक-ठीक संख्या बताना जरूरी नहीं समझता और अपनी ग्राहक-सूची के बारे में चर्चा करने को तैयार नहीं हूँ। ग्राहकों की संख्या के बारे में कोई और बात कहने से पहले मैं अदालत से प्रार्थना करता हूँ कि मेरी ग्राहक-सूची के बारे में और प्रश्न न पूछे जाएँ।

अदालत का विचार था कि मुकदमे में तथ्यों से जिस विषय का सीधा सम्बन्ध न हो तो उसके बारे में कोई प्रश्न न पूछा जाय।

मि. ऐग्लिटन ने कहा कि मेरी राय में सम्पादक लाभ के लिए लिखते हैं, वे किसी स्वार्थ या पक्ष के समर्थन के लिए भाड़े पर लिखने वाले लोग होते हैं। मैं समझता हूँ कि उस पक्ष से सम्बन्धित लोगों की संख्या जानना आवश्यक है जिससे यह सिद्ध किया जा सके कि नील की खेती के प्रश्न पर 'इंगलिशमैन' का दृष्टिकोण अपनी ग्राहक-संख्या बढ़ाने के उद्देश्य से था।

इसके बाद मि. ऐग्लिटन की जिरह जारी रही। गवाह ने कहा कि यह बताने को तैयार नहीं हूँ कि नीलकरों में मेरे कितने ग्राहक हैं, पर मैं यह नहीं मानता कि 'नील दर्पण' के प्रकाशन के बाद से उनके बीच मेरी ग्राहक-संख्या में एक की भी वृद्धि हुई है। एक अखबार के प्रचार-क्षेत्र में निरन्तर परिवर्तन होते रहते हैं, पर मैं यह नहीं मानता कि उससे कोई वास्तविक अन्तर पड़ता है। 'इंगलिशमैन' के ग्राहकों की संख्या में पिछले दो साल में एक निश्चित औसत से लगातार वृद्धि होती रही है। मैं यह बताना निश्चित रूप से अस्वीकार करता हूँ कि मुझे नीलकर ग्राहकों से एक हजार रुपया वार्षिक से भी अधिक की आय होती है या नहीं।

मि. ऐग्लिटन ने इस प्रश्न पर आग्रह किया। अदालत ने मि. ब्रैट को

उत्तर देने का आदेश तो दिया पर कहा कि उसकी राय में प्रश्न बिल्कुल अप्रासंगिक है।

मि. ऐग्लिटन की जिरह में गवाह ने कहा कि मुझे नीलकर ग्राहकों से हजार रुपया वार्षिक से अधिक प्राप्त होता है। मैं जानता हूँ कि दुनिया भर में अखबार विशेष हितों और मतामत का समर्थन करते हैं।

मि. कावी द्वारा फिर से जिरह किए जाने पर गवाह ने कहा कि मैं एक हजार या कोई अन्य रकम पाने के उद्देश्य से नीलकरों के या किसी अन्य पक्ष का समर्थन नहीं करता। मुझे यकीन है कि 'नील दर्पण' की भूमिका में से जो उद्धरण मि. पीटरसन ने पढ़कर सुनाया है उसमें मेरे ऊपर नीलकरों के पक्ष का समर्थन करने के लिए घूस लेने का आरोप लगाया गया है।

ऐलेक्जेंडर फोर्ब्स ने मि. पीटरसन द्वारा जिरह में कहा कि मैं 'बंगाल हरकारू' का वर्तमान सम्पादक हूँ, और पिछले अठारह महीने से इस पद पर हूँ। 'नील दर्पण' मैंने थोड़ा-सा पढ़ा है। मुझे विश्वास है कि उसमें नीलकरों की प्रशंसा-सम्बन्धी अंश में जिन अखबारों की ओर संकेत किया गया है वे 'इंगलिशमैन' और 'बंगाल हरकारू' ही हैं, क्योंकि ये अखबार नीलकरों के हितों का समर्थन करते हैं। मुझे कोई सन्देह नहीं कि उसमें मि. ब्रैट और मेरी ओर ही संकेत है। मैंने ठीक या गलत, नीलकरों के पक्ष का समर्थन अवश्य किया है, पर जुडास आईकेरियट की भाँति तीस रुपये लेकर रैयत के पक्ष को बेचा नहीं है। नील की खेती के साथ मेरा प्रत्यक्ष सम्पर्क पन्द्रह वर्ष तक और परोक्ष रूप से तीन-चार साल तक रहा है। नील की खेती करनेवाला यदि एक भी रैयत पर हाथ उठाये तो अपना करोबार नहीं चला सकता। कारखाने के अमीन का काम किसानों को पेशगी बाँटना और नील की खेती की आप देखभाल करना होता है। अपने इलाके में नील की खेती के लिए जमीन पर निशान लगाने की जिम्मेदारी भी उसी की होती है। सब कारखानों में आमतौर पर दो सौ बीघा जमीन पीछे एक अमीन रखा जाता है। 'नील दर्पण' में 'एक किसान को सात कोठियों का पानी पिलाये जाने के' उद्धरण का अर्थ है सात कारखानों के गुदामों में बन्द किये जाने की धमकी; एक अन्य उद्धरण का अर्थ है खेती करने के लिए जबरदस्ती; एक अन्य उद्धरण का अर्थ है कैद करके किसान को किसी के विरुद्ध झूठी गवाही देने के लिए बाध्य करना। एक अन्य उद्धरण का अर्थ है कि अमीन अपनी सबसे छोटी लड़की को साहब के कमरे में बुरे इरादे से ले जाता था। बंगालियों में समाज की अवस्था चित्रित करने

के लिए नाटक बड़ा लोकप्रिय ढंग माना जाता है। गाँवों तथा अन्य स्थानों में सचमुच समाज की दशा और अवस्थाओं को चित्रित करने के लिए इस ढंग को अपनाया जाता है।

अदालत के प्रश्न के उत्तर में गवाह ने कहा कि इन नाटकों के बारे में यह माना जाता है कि काल्पनिक होने पर भी उनमें बहुत कुछ सच्चाई भी होती है।

मि. पीटरसन से जिरह में गवाह ने कहा कि मेरे विचार से नीलकरों से अपरिचित देशी लोग इस नाटक को अपने आचरण का सच्चा चित्रण मानेंगे। मुझे यकीन है कि कलकत्ते में उसे इसी रूप में स्वीकार किया गया है। मैं मि. लौंग के हस्ताक्षर पहचानता हूँ। मेरे हाथ में जो प्रूफ के कागज हैं उनमें कुछेक शुद्धियाँ और छापने का आदेश मि. लौंग के हस्ताक्षरों में है, यद्यपि आमतौर पर जैसे वह लिखते हैं उनकी तुलना में ये अक्षर कुछ अधिक साफ हैं।

मि. न्यूमार्च द्वारा जिरह में गवाह ने कहा कि मैं यह पक्के तौर पर नहीं कह सकता कि 'हरकारू' ही नीलकरों के पक्ष का सबसे उग्र समर्थक है, यद्यपि मैं आशा यही करता हूँ। मैं नहीं जानता कि मुझसे पहले भी वह अखबार उनके पक्ष का समर्थन करता था या नहीं; क्योंकि बहुत वर्षों तक मैं उसे पढ़ता नहीं था। मैंने उसकी ग्राहक-सूची देखी तो नहीं, पर यह जानता हूँ कि मेरे सम्पादक बनने पर बहुत-से नीलकर उसके ग्राहक बने हैं। मुझे इस बात का तनिक भी पता नहीं कि नीलकरों के बीच ग्राहकों से 'हरकारू' को हजार रुपया सालाना मिलता है या नहीं। हिन्दुस्तान के कई दैनिक अखबार है। मैं समझता हूँ उनकी संख्या छह है।

मि. न्यूमार्च —इस बारे में बड़ा मतभेद है कि रैयती खेती लाभदायक है या नहीं

मि. न्यूमार्च —उन अखबारों में से कुछेक ने इस सवाल पर आपसे विरोधी दृष्टिकोण अपनाया है या नहीं?

मि. फोर्ब्स —बंगाल में एक को छोड़कर बाकी सभी पत्रों ने नीलकरों का समर्थन किया है।

मि. न्यूमार्च —आप नहीं मानते कि जो आपसे भिन्न मत रखते हैं वे भी ईमानदार हैं?

मि. फोर्ब्स —सिर्फ जब अज्ञान के कारण ऐसा हो, तभी। मेरा विश्वास है कि ऐसा कोई ईमानदार आदमी नहीं है जो इस विषय में जानकारी होने पर

भी नील की खेती के बारे में मुझसे भिन्न राय रखता हो। ऐसा विश्वास करनेवाले ईमानदार आदमी भी हों, पर मेरे विचार से उनकी संख्या बड़ी नहीं है। मैं देशी समाज के बारे में बहुत कुछ जानता हूँ। देशी लोगों का ऐसा बड़ा समुदाय है जो यूरोपियनों से बड़ा द्वेष रखता है।

मि. पीटरसन —जब आपकी यह धारणा है तो क्या आप सोचते हैं कि 'नील दर्पण' के प्रकाशन से अच्छी भावना पैदा होगी?

मि. फोर्ब्स —निश्चित नहीं। मैं सोचता हूँ उससे यूरोपियनों के प्रति द्वेष और भी बहुत बढ़ जाएगा।

मि. पीटरसन —क्या आप जानते हैं कि मूल 'नील दर्पण' कहाँ प्रकाशित हुआ था।

मि. फोर्ब्स —मैंने सुना है, ढाका में।

मि. पीटरसन —क्या आप जानते हैं कि वह नाटक वहाँ खेला भी गया है?

मि. फोर्ब्स —हाँ, सुना मैंने भी ऐसा है। मुझे ढाका से एक पत्र द्वारा यह सूचना मिली थी कि वह नाटक वहाँ खेला गया है।

मि. पीटरसन द्वारा प्रश्न के उत्तर में गवाह ने कहा —कोई ईमानदार आदमी वह पुस्तिका नहीं लिखता। मैंने 'नील दर्पण' के विरोध में लिखा गया कोई प्रकाशन नहीं देखा है।

अदालत के प्रश्न के उत्तर में गवाह ने कहा —'मैं नहीं समझता कि इस पुस्तिका से मेरे अखबार को कोई क्षति पहुँची है। मैं नहीं कह सकता इंगलैंड में उसका क्या प्रभाव होगा।

इसके बाद मि. ब्रैट को फिर से बुलाया गया और उन्होंने कहा कि प्रकाशन की पहली सूचना मुझे लाहौर से एक पत्र द्वारा मिली जिसमें एक लिफाफा भी था। गवाह ने वह पेश किया। उसने कहा कि पहली सूचना यही थी। यह मुझे 'लाहौर क्रानिकल' के सम्पादक से प्राप्त हुआ था। यह पुस्तिका की प्रति प्राप्त होने के दो दिन पहले की बात है।

अदालत द्वारा प्रश्न के उत्तर में गवाह ने कहा कि व्यक्तिगत झल्लाहट से भी अधिक प्राप्त होनेवाले पत्रों के आधार पर मेरा विश्वास है कि पुस्तिका अधिक शिक्षित देशी लोगों में 'इंगलिशमैन' के विरुद्ध एक दुराग्रह पैदा करने का साधन बनी है।

मि. टामस जोन्स ने मि. कावी द्वारा जिरह में कहा कि —मैं बंगाल

सचिवालय का रजिस्ट्रार हूँ और साढ़े चार साल से इस पद पर हूँ। इस पुस्तिका की बहुत-सी प्रतियाँ मेरी मुहर से वितरित हुई हैं।

मि. कावी — वे भेजी किसने थी?

मि. ऐग्लिटन — मैं यह प्रश्न पूछे जाने पर आपत्ति करता हूँ। आपको गवाह से यह पूछने का तो हक है कि उन प्रतियों का क्या हुआ, पर आपको पुस्तिकाएँ भेजने वाले व्यक्ति का पता लगाने का कोई हक नहीं।

न्यायाधीश — मेरे विचार में तो सचमुच यह बहुत ही न्यायसंगत और उचित प्रश्न है।

मि. कावी — शायद मेरे विद्वान मित्र को इस बात का भय है कि हम गवाह को फाँसकर उससे कुछ बातों की स्वीकृति न करा लें। पर हमारा उद्देश्य यह नहीं है; हम उसके प्रकाशन का ढंग जानना चाहते हैं।

न्यायाधीश — मेरे पास इस बात का प्रमाण है कि मि. लौंग ने पाँच सौ प्रतियों की छपाई के लिए तीन सौ रुपये चुकाये थे। इसलिए मैं नहीं मानता कि उस प्रश्न का अधिक महत्त्व है।

मि. ऐग्लिटन — मेरा कहना है कि यह प्रश्न अनुचित है क्योंकि आपको उस व्यक्ति का पता लगाने का कोई अधिकार नहीं जिससे पुस्तिका गवाह को प्राप्त हुई। यह तथ्य आपके सामने मौजूद है कि पुस्तिका गवाह को मिली।

न्यायाधीश — यदि मि. लौंग ने किताबें भेजी हैं तो उसके वितरण के परिणाम भी उन्हें उसी प्रकार भुगतने पड़ेंगे जैसे पुस्तक को मुद्रक के हाथ में सौंपने के लिए भुगतने पड़ते हैं। मैं सतर्क रहूँगा कि मि. लौंग के बारे में जो प्रमाण कानूनी न हो उसका एक कण भी मैं न लिखूँ।

मि. टामस जोन्स ने आगे जिरह में कहा कि — ये प्रतियाँ बंगाल सचिवालय के रजिस्ट्रार की हैसियत से मेरी मुहर के अन्तर्गत वितरित की गयीं। सरकार से इस विषय में मेरे पास कोई सूचना नहीं आयी थी। मेरा ख्याल है कि वे मि. लौंग द्वारा भेजी गयी थीं। मुझे यकीन है कि प्रतियाँ वितरण के लिए ही भेजी गयी थीं। उन्होंने मुझसे वितरण करने को कहा नहीं था। वितरण-सूची बाद में भेजी गयी थी। लगभग पाँच सौ प्रतियाँ बंगाल कार्यालय को भेजी गयी थीं। मुझे यकीन है कि सूची अंशतः मि. लौंग के हस्ताक्षरों में थी। मेरा ख्याल है कि प्रतियाँ मई के प्रारम्भ में भेजी गयी थीं। मुझे यकीन है कि पहले जो लिफाफा पेश किया जा चुका है उसमें पुस्तिका की एक प्रति रही होगी। अधिकतर प्रतियाँ मेरे द्वारा ही वितरित हुईं। कुछ प्रतियाँ मेरे सूची

पाने से पहले ही इंग्लैंड भेज दी गयी थीं। मेरे विचार में सूची पाने के बाद कोई प्रति इंग्लैंड नहीं भेजी गयी। इस समय मुझे किसी ऐसे व्यक्ति का नाम याद नहीं जिसे पुस्तक भेजी जाने वाली थी।

न्यायाधीश —मैं चाहता हूँ कि आप जूरी को बताएँ कि प्रतियाँ एक सरकारी विभाग को क्यों भेजी गयी थीं।

मि. जोन्स —यह मैं नहीं बता सकता मान्यवर।

न्यायाधीश —क्या आप जानते हैं कि इन कागजों को भेजने से पहले कोई संवाद बंगाल कार्यालय को भेजा गया था?

मि. जोन्स —जहाँ तक मैं जानता हूँ, इस मामले में तो नहीं।

न्यायाधीश —आपने यह अन्तर क्यों किया? क्या आपको पहले भी ऐसे कागज मिला करते थे?

मि. जोन्स —मैं ऐसे कागज पहले भी वितरित करता रहा हूँ, पर सदा सचिव महोदय के आदेश से।

न्यायाधीश —क्या सचिव की जानकारी के बिना कागज कार्यालय में आते हैं, और उनके बिना जाने ही वितरित होते हैं?

मि. जोन्स —निस्सन्देह नहीं, मान्यवर।

न्यायाधीश —क्या ये कागज इस प्रकार भेजे गये थे कि लोग यह समझें कि वे बंगाल कार्यालय से उसके आदेश से वितरित किये जा रहे हैं?

मि. जोन्स —जी हाँ, मान्यवर।

न्यायाधीश —क्या लिफाफे में ऐसी कोई चीज थी जिससे किसी व्यक्ति को पता चले तो लगे कि वे कागज सरकार द्वारा नहीं भेजे गये थे?

मि. जोन्स —कोई नहीं, मान्यवर।

न्यायाधीश —मैं यह जानना चाहता हूँ कि इस मामले में बंगाल कार्यालय के कागजों के वितरण का कार्य जिस ढंग से हुआ वैसे क्या पहले भी कभी हुआ है?

मि. जोन्स —मैं प्राय: ऐसे देशी प्रकाशन वितरित करता रहा हूँ जिनमें देशी लोगों की भावनाओं, शिक्षा और सुधार की ओर संकेत होता है।

न्यायाधीश —क्या आपने यह पुस्तक पढ़ी है?

मि. जोन्स —मैंने उसका आधा पृष्ठ भी नहीं पढ़ा, मान्यवर।

न्यायाधीश —आप आज दिन भर अदालत में थे? और क्या आपने वादी के विद्वान वकील द्वारा पढ़े गए उद्धरण सुने हैं?

मि. जोन्स —जी हाँ, आज पहली बार मुझे पता चला कि उसके अन्दर क्या है?

न्यायाधीश —क्या आपने ऐसी पुस्तकें पहले भी देखी हैं?

मि. जोन्स —जहाँ तक मुझे याद पड़ता है ऐसी कोई पुस्तक मैंने पहले नहीं देखी।

मि. विलियम फ्रेडरिक फर्गुसन ने जिरह में कहा कि यह मुकदमा भारत के 'लैंड होल्डर्स एसोसिएशन' ने चलाया है। मुकदमा एसोसिएशन के सदस्यों के सर्व-सम्मत प्रस्ताव द्वारा चलाया गया है। मैंने पुस्तिका पढ़ी है और मुझे कोई सन्देह नहीं कि वह बंगाल के नीलकरों के बारे में है। मेरे विचार से उसके द्वारा बहुत विद्वेष फैलेगा।

मि. ऐग्लिटन द्वारा जिरह में गवाह ने कहा कि एसोसिएशन के किसी सदस्य ने यह मुकदमा चलाने का विरोध नहीं किया है। मैंने सिर्फ एक प्रतिकूल मत मि. लौंग पर मुकदमा चलाने के बारे में सुना है, और वह आपत्ति यह थी कि किसी बेचारे चाकर पर मुकदमा चलाने से क्या फायदा जबकि ऊँचा दाँव मारने का अवसर मौजूद है।

साइमन द क्रुज ने जिरह में कहा कि —मैंने वितरण-सूची पन्द्रह दिन या महीने भर पहले देखी थी। यह बंगाल कार्यालय में मेरे विभाग में थी। मि. जोन्स ने उसे मँगवाया था। एक सहायक उसे ले गया था।

मि. जोन्स को फिर से बुलाकर पूछे जाने पर उन्होंने कहा कि —सूची मिलने की मुझे कोई याद नहीं। मैं महीने भर बाहर था। उसे सचिव ही हटा सकते थे।

मि. कावी ने आवेदन किया कि दस्तावेज ढूँढ़े जाने तक वादी की नालिश स्थगित रखी जाय। न्यायाधीश के सहमत होने से मुकदमा अगले दिन ग्यारह बजे तक के लिए स्थगित कर दिया गया।

शनिवार, 20 जुलाई

अदालत खुलने पर बंगाल कार्यालय के एक छोटे कर्मचारी को वितरण-सूची पेश करने के लिए बुलाया गया। पर प्रतिवादी के वकील की सूचना पर मि. कावी ने बंगाल सरकार के सचिव मि. ई. लशिंगटन, सी.एस. को बुलाया और

उनका बयान लेना शुरू किया। उन्होंने उन व्यक्तियों के नामों की सूची पेश की जिनको 'नील दर्पण' वितरित किया जाने वाला था। उन्होंने आगे कहा कि सूची दो लोगों के हस्ताक्षरों में लिखी हुई है; एक तो मेरे कार्यालय के एक क्लर्क के हैं, दूसरा हस्ताक्षर मैं नहीं पहचानता। मैं मि. लौंग के हस्ताक्षर नहीं पहचानता। सूची पर ऐसी कोई बात नहीं लिखी है जिससे उसका 'नील दर्पण' से कोई सम्बन्ध प्रगट होता हो। मुझे यह सूची अपनी दराज में मिली और तब से वह वहीं रखी है, केवल मि. सेटन-कार ने कुछ समय के लिए उसे माँगा था। मैं यह नहीं बता सकता कि मेरे पास आने के बाद से मि. लौंग ने उसे देखा है या नहीं। 'नील दर्पण' का वितरण मेरे कार्यभार सँभालने से पहले ही हो चुका था।

मि. ऐग्लिटन ने यहाँ यह स्वीकार किया कि सूची का एक अंश प्रतिवादी के हस्ताक्षरों में है।

मि. ऐग्लिटन द्वारा जिरह में गवाह ने कहा कि मेरे पास 'नील दर्पण' की बहुत-सी प्रतियाँ थीं, सम्भवत: दो सौ होंगी। कार्यभार सँभालने पर मैंने यह प्रतियाँ विशेष रूप से स्वयं अपनी हिफाजत में रख ली थीं।

अदालत द्वारा जिरह में गवाह ने कहा कि प्रतियों का वितरण नहीं किया गया, बल्कि इस अदालत में मुकदमा चलने के कारण उन्हें रोक रखा गया है। मैं यह नहीं मानता कि मेरे हाथ की छोटी सूची में उन व्यक्तियों के नाम हैं जिन्हें सरकार देशी भाषाओं में देशी लोगों द्वारा लिखी पुस्तकें उनके साहित्य की शैली और उनके भावों की अवस्था दिखाने के लिए भेजा करती है।

मि. ऐग्लिटन की जिरह में गवाह ने कहा कि मेरे कार्यभार सँभालने के बाद बहुत बार पुस्तकों का वितरण हो चुका है।

मि. पीटरसन ने 'नील दर्पण' की प्रूफ प्रति 'अ' निशान लगाकर और शुद्ध की हुई प्रति 'अ-1' निशान लगाकर अदालत में दाखिल की। उन्होंने 'स' और 'स-1' निशान से वितरण-सूचियाँ भी दाखिल कीं।

इसके साथ वादी के सबूत समाप्त हुए।

मि. ऐग्लिटन उठे और बोले कि मि. पीटरसन से और चाहे जिन बातों में असहमत होऊँ, एक बात पर सहमत हूँ कि इस मुकदमे में जूरी के निर्णय का बड़ा महत्त्व है, केवल इसलिए ही नहीं कि मि. लौंग से उसका सम्बन्ध है, बल्कि इसलिए भी कि उसका सम्बन्ध विचार विनियम की स्वाधीनता और सार्वजनिक कल्याण से है। मैं यह नहीं भूल सकता कि जूरी के निर्णय का

किन बड़े-बड़े स्वार्थों पर असर पड़ेगा, और न यही भूल सकता हूँ कि यह मुकदमा देश भर में चर्चा का विषय बना हुआ है और उसने बहुत गहरी दिलचस्पी पैदा की है। इसलिए मैं जूरी से बहुत नम्रता के साथ अपनी बात कहना चाहता हूँ, पर उनके निर्णय के बारे में मेरे मन में तनिक भी भ्रम नहीं है, क्योंकि अपने मुवक्किल के विरुद्ध लगाये गये आरोपों को मैं इस प्रकार अप्रमाणित सिद्ध कर दूँगा कि कोई जूरी न्यायतः उसे अपराधी न पा सकेगा। ऐसे मामलों में, जिनका रूप ही अर्ध राजनैतिक होता है, वकीलों का जूरी से यह अनुरोध करना बहुत असाधारण बात नहीं है कि यदि उनके मन में किसी प्रकार का ऐसा राजनैतिक पक्षपात हो जो उन्हें किसी एक ओर झुका दे तो वे उसे अपने मन से निकाल दें। वर्तमान मामले में विशेष रूप से यह आवश्यक है कि जूरी कोई ऐसा विचार मन में न लाएँ जो प्रतिवादी या वादी किसी के लिए भी पक्षपातपूर्ण हो। इस मुकदमे के विषय पर अखबारों में बहुत बहस हो चुकी है और यह असम्भव है कि जूरी के हर सदस्य के मन में इस विषय पर कोई भी निजी विचार न हो। पर मुझे भरोसा है कि जूरी मुकदमे पर निरपेक्ष होकर अर्थात् आरोप का समर्थन करने वाले अथवा नहीं करने वाले प्रमाणों के आधार पर ही विचार करेंगे। शायद प्रतिवादी की हैसियत, उच्च स्थिति और धन्धे की ओर ध्यान दिलाना आवश्यक नहीं है। पिछले बहुत वर्षों से लोग उन्हें अत्यन्त सम्मानित व्यक्ति के रूप में, एक ऐसे शरीफ आदमी के रूप में जानते हैं, जिसका चरित्र निर्दोष और अनिन्दनीय रहा है। इस दृष्टि से मैं जूरी से अपनी बात कहते समय एक विशेष सुविधाजनक स्थिति में हूँ। मेरे विद्वान मित्र के कथन के बावजूद, मि. लौंग के पिछले इतिहास और उनके पिछले जीवन पर सरसरी नजर डालने से भी यह सिद्ध हो जाएगा कि वह किसी की निन्दा के पात्र नहीं और न ऐसे व्यक्ति हैं जो किसी विद्वेषपूर्ण उद्देश्य से यह काम कर सकें जिसका उन पर आरोप लगाया गया है। मि. लौंग की स्थिति और हैसियत ऐसे आरोप के सर्वथा विपरीत है और इस बात के समर्थन में मैं उन लोगों के नामों की ओर ध्यान दिलाना चाहता हूँ जिन्होंने उनकी जमानत दी है। वे लोग हैं चैपलेन और बिशप के नायब मि. हटन तथा एक अन्य पुरोहित और चर्च मिशन सोसाइटी के मन्त्री मि. स्टुअर्ट। जिस प्रतिवादी के समर्थक ऐसे पद और स्थिति के लोग हैं उसके बारे में जूरी को भरोसा हो सकता है कि उसका पिछला इतिहास कड़ी से कड़ी कसौटी पर भी खरा उतरेगा। इन प्रारम्भिक बातों के साथ अब मैं खास मुकदमे की बातों पर विचार

करूँगा। पर खास आरोप पर विचार करने से पहले मैं अपने मुवक्किल के विरुद्ध अपनाई गयी कार्य-पद्धति के ढंग की ओर जूरी का ध्यान आकर्षित करना चाहता हूँ। मेरे विद्वान मित्र मि. पीटरसन इस बारे में एक कठिनाई में पड़े हुए जान पड़ते हैं। वादियों के सामने तीन रास्ते थे : पहला था दीवानी मुकदमा, जो प्रतिपक्ष के विद्वान वकील की राय में प्राविधिक कारणों से उनके लिए बन्द था। पर एक और भी वर्तमान पद्धति से कहीं अधिक न्यायपूर्ण, खुली हुई और पुरुषोचित कार्य-पद्धति थी जो अँग्रेजी कानून में सबसे कठोर मानी जाती है। चाहे वादी प्राविधिक कारणों से दीवानी मुकदमा न चला सकते हों, पर वे हर हालत में फौजदारी शिकायत का तो आवेदन कर ही सकते थे। जूरी इस कार्यवाही के ढंग से शायद परिचित न हो, इसलिए मैं उसका थोड़ा-सा खुलासा कर देना चाहता हूँ। यह कार्यवाही का ऐसा ढंग है जो प्रतिवादी का मुँह नहीं बन्द करता। इसमें जूरी के सामने पेश होने से पहले मुकदमे की पूरी छानबीन पूरी बेंच द्वारा की जाती है। उसमें प्रारम्भिक आदेश के लिए आवेदन दिया जाता है। आदेश को पूर्ण स्वीकृति दे दी जाती है या खारिज कर दिया जाता है। आदेश को पूर्ण स्वीकृति मिलने की स्थिति में मुकदमे को जूरी द्वारा जाँच के योग्य माना जाता है। वादियों ने इस मामले को मि. लौंग को अपने पक्ष में कुछ कहने का अवसर दिये बिना ही जूरी के सामने पेश कर दिया है। इस कार्य-पद्धति से प्रतिवादी को जूरी की सहानुभूति मिल जाएगी, क्योंकि इस देश में वह पुस्तिका के साथ अपना सम्बन्ध होने या न होने की शपथ ले सकने की सुविधा से वंचित है। वेस्टमिन्सटर हाल में कानून की यह स्थिति नहीं है, क्योंकि सोलह या सत्रह वर्ष पहले एक अधिनियम स्वीकृत हुआ था जिसमें प्रतिवादी को आरोप के सच होने न होने के बारे में कह सकने की सुविधा दी गयी थी। मुझे खेद है कि वह अधिनियम इस देश में लागू नहीं हुआ। पर इस देश में भी अब वैसी परिस्थितियाँ मौजूद हैं, जैसी पिछली शताब्दी के अन्त में इंग्लैंड में थी, जब राजनैतिक शत्रुताएँ बड़ी तीव्र थीं और उनका बड़ा जोर था। मैं उस अधिनियम पर विक्टोरिया और लार्ड कैम्पबैल की छठीं और सातवीं टिप्पणियों की ओर ध्यान दिलाना चाहता हूँ, जिनमें उस अधिनियम का लाभदायक कानून के रूप में समर्थन किया गया था और प्रतिवादी द्वारा अपने ऊपर लगाये गये आरोपों की सत्यता का सवाल उठा सकना आवश्यक समझा गया था। मेरी दलील यह है कि कोई अभिकथित अपलेख प्रकाशित नहीं हुआ। इसके बाद मैं वक्रोक्तियों की सच्चाई का प्रश्न

लूँगा और उसके बाद इस बात का कि पुस्तक आमतौर पर अपलेखात्मक है या नहीं। मेरे विद्वान मित्र मि. पीटरसन ने बहुत लम्बा भाषण दिया है और उसमें ऐसी बातें कहीं हैं जो मेरे विचार में राज्य और प्रतिवादी के बीच मामले से एकदम असम्बद्ध हैं। नील की खेती के लिए दी जाने वाली पेशगी के विषय में तो उन्होंने लम्बा प्रवचन दे डाला है। यदि मुझे यह मालूम होता कि अपने कर्तव्य के समुचित पालन के लिए नीलकर और प्रजा के बीच सम्बन्धों का ज्ञान आवश्यक है, तो मैं इस मुकदमे को हाथ में ही नहीं लेता। क्योंकि, जैसा मान्यवर जानते हैं, मैंने प्रतिवादी के पक्ष की पैरवी इस आश्वासन के बाद ही सम्हाली कि उसका नील की खेती से कोई सम्बन्ध नहीं है। मेरी राय में मेरे विद्वान मित्र के भाषण पर शुरू से आखिर तक एक बड़े भारी भ्रम की छाप थी। उन्होंने यह मान लिया था कि देशी लोग इस पुस्तक के कारण बहुत विक्षुब्ध हो गये हैं। मि. पीटरसन के सारे भाषण में इसी बुराई की शिकायत थी। यह शिकायत तभी बहुत उचित होती जब पुस्तिका देशी भाषा में प्रकाशित हुई होती, उसके बिना नहीं। फिर मि. पीटरसन ने उसके आश्चर्यजनक प्रचार की बात की। मैं तो आशा करने लगा था कि वह इस बात के प्रमाण प्रस्तुत कर देंगे कि हर किसान अपने-अपने बड़ के पेड़ के नीचे बैठा अपने बीवी-बच्चों को पुस्तिका पढ़कर सुनाता देखा गया है। मेरे विद्वान मित्र ने यह भी कहा कि इस नाटक में नीलकरों की भाँति ही सरकार और सिविल सर्विस के विरुद्ध भी अपलेख हैं। यदि यही बात है तो इन पक्षों ने अपना-अपना दावा क्यों नहीं पेश किया? लगता है इस प्रश्न ने मेरे विद्वान मित्र को परेशान कर रखा है। इसका वह उत्तर नहीं दे सके। यह शायद इसलिए हुआ हो कि उन लोगों ने उपयुक्त कानूनी सलाह ली और यह पाया कि बात अपलेखात्मक नहीं है। इस बात पर मेरा कोई आग्रह नहीं, सम्भव है, ऐसा ही हुआ हो, और यह भी सम्भव है कि न हुआ हो। एक और बात मि. लौंग की स्थिति पर प्रभाव डालनेवाली है। यह कहा गया है कि उन्होंने दूसरों की आड़ ली और उन्हें गुमनाम अपलेख लिखने वाला बताया गया है। मि. मैन्युअल के मुकदमे में मि. लौंग इस बात के लिए बहुत व्यग्र थे कि उनका नाम उस पुस्तिका के प्रकाशक के रूप में बता दिया जाय। मि. लौंग ने अपने आपको बचाने का कोई भी प्रयत्न नहीं किया, इसके विपरीत, उन्होंने जितना किसी आदमी के लिए सम्भव है, अपने आपको सामने रखा है, और निश्चित रूप से उनके ऊपर जो लांछन लगाये गये हैं वे उचित नहीं हैं। जूरी को यह स्मरण होगा

कि अपनी जिरह में मैन्युअल ने कहा था कि मि. लौंग के नाम बताने को उन्हें बाध्य नहीं किया गया था। क्या मि. पीटरसन यह आशा करते थे कि मैन्युअल अपने आप बिना माँगे वक्तव्य दे देते? इस मामले में कोई गोपनीयता नहीं बरती गयी, बल्कि स्थिति ठीक इसके विपरीत है। यहाँ तक कहा जा सकता है कि यदि उसमें कोई अपलेख है तो उसकी जिम्मेदारी स्वीकार करने में मि. लौंग ने निश्चित रूप से कोई झिझक नहीं दिखायी है। मेरे विद्वान मित्र ने लेखक और अनुवादक के बारे में बहुत बातें कही हैं। मि. लौंग दोनों में से एक भी नहीं हैं, पर इससे कोई अन्तर नहीं पड़ता। यदि वह केवल प्रकाशक हैं, तो भी पुस्तक के अपलेखात्मक होने पर कानून के लिए यही काफी है। यदि कोई आवश्यकता पड़ी और प्रतिवादी के वकील को लगा कि निर्णय से इस बात का कोई सम्बन्ध है, तो मि. लौंग उचित समय पर लेखक और अनुवादक दोनों का नाम प्रगट कर देंगे। प्रश्न की वास्तविकता पर विचार करने के पहले मैं यह काम और करना चाहता हूँ, जो सम्भवत: मेरी धृष्टता समझी जाय। वह यह बताना है कि मेरी राय में इस मामले में जूरी के कर्तव्य क्या हैं। सबसे पहले तो आपको निर्णय करना है कि मि. लौंग प्रकाशक हैं या नहीं। मेरे विचार से इस विषय में प्रमाण स्पष्ट और निर्णायक है। वह तथ्य छपाई के लिए मैन्युअल के दिये गये आदेश द्वारा वितरण-सूची के उनके हाथों लिखे अंश द्वारा पर्याप्त रूप से सिद्ध हैं। मि. पीटरसन ने इस विषय में कुछ बातें कही थीं जिसका प्रारम्भ, मध्य और अन्त सभी कुछ बड़ा रहस्यात्मक था जिसे मैं समझ नहीं पाया। पांडुलिपि मुद्रक को देने जैसा मामूली तथ्य अस्वीकार नहीं किया गया है और यदि उससे भी प्रकाशन का प्रश्न निर्धारित न हुआ हो तो वह सूची से पक्का हो जाता है। अगला प्रश्न है दावे की वक्रोक्तियों की सच्चाई का। इसमें एक ऐसा प्रश्न निहित है जिसको हल करना मेरी राय में जूरी का सबसे महत्त्वपूर्ण कर्तव्य है। यह प्रश्न है दावे की विषय-वस्तु की सच्चाई का। मैं उसे सच नहीं मानता और मि. पीटरसन के विचारों को गलत समझता हूँ। तीसरा प्रश्न है कि इसमें अपलेख होने या न होने का। यह तो जूरी के ही निर्णय करने की बात अधिक है। पिछली शताब्दी में जब राजनैतिक वैमनस्यों का जोर था तब जूरी केवल पहले और दूसरे प्रश्नों का ही निर्णय किया क़रते थे, तीसरा न्यायाधीश के लिए छोड़ दिया जाता था। पर यह अनुभव किया गया कि उस प्रणाली में न्यायाधीश की शक्ति बहुत अधिक थी और इसलिए उसमें परिवर्तन किया गया ताकि अपलेख के प्रश्न पर निर्णय

तो जूरी करें पर न्यायाधीश को उनके निर्णय पर अपना मतामत प्रगट करने का अधिकार रहे।

अब मैं आपका बहुत अधिक समय नहीं लूँगा और प्रारम्भिक बातों को उठाये बिना ही दावे के विभिन्न आधारों पर विचार करूँगा। पहले आधार में नाटक की भूमिका को लिया गया है और उसके एक छोटे-से अंश को 'इंगलिशमैन' के सम्पादक मि. ब्रैट के लिए अपलेखात्मक बताया गया है। मैं उस अंश को पढ़कर यह बताऊँगा कि उसमें कोई अपलेख नहीं है और मुझे आशा है कि मैं जूरी को भी इसका विश्वास करा सकूँगा। मि. ब्रैट या 'इंगलिशमैन' अखबार पर किसी प्रकार की कोई चोट करने का मेरा तनिक भी उद्देश्य नहीं है। जहाँ तक मैं जानता हूँ कि मि. ब्रैट बहुत प्रतिष्ठित और अत्यन्त सम्मानित व्यक्ति हैं और उनकी ईमानदारी और सच्चाई में सन्देह करने की मैं कल्पना नहीं कर सकता। फिर भी मैं सोचता हूँ कि अखबारों के सम्पादकों और व्यवस्थापकों को अदालत में आकर सार्वजनिक पुस्तकों, पत्रिकाओं अथवा प्रकाशनों के बारे में शिकायत नहीं करनी चाहिए। सार्वजनिक कार्यों की, और शायद व्यक्तिगत चरित्र की बेधड़क आलोचना और कहीं इतनी नहीं होती जितनी हिन्दुस्तान के अखबारों में। इन अखबारों का उचित ही बड़ा ऊँचा उद्देश्य है; फिर भी मैं यह कहना आवश्यक समझता हूँ कि अखबारों में ऐसे लेख छपते रहे हैं, और आज भी छपते हैं, और उनको जितना तेज होना चाहिए, उससे कहीं अधिक तेज़ होते हैं। इस कारण एक सम्पादक को अदालत में आकर अपलेख की नालिश करने से बहुत बचना चाहिए। साथ ही यदि स्वयं उनके साथ अन्याय हुआ हो तो अवश्य ही उन्हें अदालत में आकर न्याय की माँग करने का पूरा अधिकार है। मैं अब इस तथाकथित अपलेखपूर्ण सामग्री का विश्लेषण करके दिखाता हूँ।

इसके बाद वकील महोदय ने वह उद्धरण पढ़कर सुनाया और कहा कि सचमुच मेरे विचार में अधिक से अधिक इसमें यह छिपा हुआ आक्षेप माना जा सकता है कि सम्पादकों ने फीस और पुरस्कार के लोभ में नीलकरों के स्वार्थ का समर्थन किया। अवश्य ही यदि इससे अधिक इसमें कुछ व्यंजित न था तो यह अपलेख नहीं है। मि. पीटरसन जूरी को इस उद्धरण की अपनी व्याख्या बता चुके हैं, पर उन्हें इसी आधार पर इसे अपलेख नहीं मान लेना चाहिए। उन्हें स्वयं अपने आप निर्णय करना करना चाहिए। यदि उन्हें लगे कि उसमें जो कुछ मैंने कहा है उससे अधिक कुछ व्यंजित नहीं है,तो वह अपलेख

नहीं हो सकता, क्योंकि हर रोज ही अखबार, पुस्तिकाएँ, पुस्तकें विशेष हितों के समर्थन में लिखी जाती हैं, जैसा मि. ब्रैट ने स्वयं ही अपनी गवाही में माना है। क्या यह सत्य नहीं कि लन्दन में बड़े-से-बड़े कट्टरपन्थी से लगाकर छोटे-से-छोटे उग्रपन्थी तक, समाज के प्रत्येक अंश का अपना विशेष अखबार मौजूद है? उनमें से कुछेक न केवल मान्यता-प्राप्त चर्च के हितों का बल्कि अन्य सौ सम्प्रदायों के हितों का समर्थन करते हैं। कुछ कानून के पक्ष का समर्थन करते हैं, कुछ सरकार के पक्ष का, तो कुछ व्यापारियों के पक्ष का। संक्षेप में, जीवन के प्रत्येक पक्ष के प्रतिनिधि मौजूद हैं जो उसके हितों का समर्थन धन के लिए करते हैं, और धन के लिए ही नहीं, आजीविका के लिए करते हैं, और मैं उसे उचित, न्यायसंगत और सम्मानपूर्ण धन्धा मानता हूँ। जो उद्धरण मैंने पढ़कर सुनाया है उसमें यही अभिप्रेत है, इससे अधिक कुछ नहीं। मैं नहीं जानता कि मि. पीटरसन सम्पादकों की जुडास आइकेरिअट से तुलना करना चाहते हैं या नहीं और जूरी को उनकी दलीलों पर विश्वास है या नहीं। आप देखेंगे कि जुडास आइकेरिअट का उल्लेख दृष्टान्त के लिए है, तुलना के लिए नहीं, और इन दोनों में बड़ा अन्तर है। इस भाँति मुकदमे का वह अंश मैं इतना कहकर जूरी पर ही छोड़ देता हूँ कि यदि मि. ब्रैट उस उद्धरण को अपने ऊपर आक्षेप मानते हों तो इस बात को उनके द्वारा अदालत में लाया जाना बिल्कुल न्यायसंगत होगा, पर जूरी को अपना निर्णय देने से पहले उसके अपलेख होने-न-होने के बारे में पूरा-पूरा सन्तोष कर लेना चाहिए।

दावे के दूसरे आधार पर प्रारम्भ करने से पहले, जिसका सम्बन्ध नीलकर समुदाय से है, मैं यह कहना आवश्यक समझता हूँ कि किसी मुकदमे में व्यक्ति-विशेष को नीलकरों जैसे विशाल जन-समुदाय से जोड़ना बड़ी अजीब-सी बात है और इस पद्धति से मि. लौंग को अपने बचाव में असुविधा होने की सम्भावना है। अब मैं दावे के दूसरे आधार पर विचार करूँगा। उसमें निम्न बंगाल के नीलकरों के विरुद्ध अपलेख का आरोप लगाया गया है और मैं कहूँगा कि मेरे विद्वान मित्र मि. पीटरसन ने उन शिकायतों के विषय में अपना बहुत कुछ क्षोभ प्रकट किया है, बल्कि स्वयं नीलकरों से भी कुछ अधिक ही। नील की खेती से सम्बन्धित मेरे बहुत-से मित्र अदालत में मौजूद हैं और मेरे विचार में वे सभी बहुत प्रसन्न दिखाई दे रहे हैं, घातक निन्दा के डंक से पीड़ित व्यक्तियों की भाँति तनिक भी नहीं। मैं नहीं सोचता कि ऐसा एक भी नीलकर है जो 'नील दर्पण' के प्रकाशन से रत्ती-भर भी परेशान हो।

वे अपनी स्थिति को भली-भाँति जानते हैं। मेरा विश्वास है कि दावे का कोई और उद्देश्य है, अनुचित मिथ्या आरोपों का नहीं। एक और भी बात मेरे मन में आती है कि यदि नीलकरों ने सचमुच अपने ऊपर कोई आघात अनुभव किया होता तो वे बहुत पहले ही नीलकर व्यवसाय की ओर से देशी भाषा की प्रतियों के प्रकाशक के विरुद्ध मुकदमा चला चुके होते। यदि सचमुच कोई हानि पहुँची है तो अवश्य ही वह देशी भाषा की प्रतियों द्वारा ही हुई होगी। चूँकि उन्होंने कोई मुकदमा नहीं चलाया, चूँकि वे इतने दिनों तक प्रतीक्षा करते रहे, इसलिए, उनके अविचलित भाव को देखते हुए, मुझे यह विश्वास है कि इस बात को लेकर उन्हें कोई क्लेश नहीं है। फिर भी यह पर्याप्त कारण नहीं कि यदि अपलेख हुआ होता तो वे शिकायत न करते। मैं चार अलग-अलग बातों के आधार पर यह दिखाऊँगा कि कोई अपलेख नहीं हुआ है। पहला कारण तो यह है कि जिन लोगों की निन्दा की गयी है उनका कोई निश्चित निकाय का रूप नहीं है, और यह अपलेख के मुकदमों के नियम की सर्वथा विरुद्ध है कि निश्चित निकाय के रूप के बिना कोई समुदाय कोई दावा दायर कर सके। मेरे विद्वान मित्र भी पहले से ही समझते थे कि ऐसी आपत्ति उठाई जा सकती है, इसलिए उन्होंने स्वयं उसे उठाया भी और उस पर बहुत ही अधिक जोर भी दिया। मि. पीटरसन ने जूरी को तीन मुकदमों का हवाला दिया। मैं जूरी को लम्बे कानूनी विवेचन का कष्ट नहीं दूँगा, पर संक्षेप में यह दिखाऊँगा कि वे तीनों ही मुकदमे वर्तमान मामले से कितने भिन्न हैं। मैं यह अस्वीकार नहीं करता कि बड़े सार्वजनिक निकायों को दावा दायर करने का अधिकार है, पर ईस्ट इंडिया कम्पनी के निदेशकों जैसे निगम निकाय अथवा डरहम धार्मिक-प्रदेश के पादरियों में तथा निम्न बंगाल के नीलकरों जैसे समुदाय में परस्पर कितना भारी अन्तर है। नीलकर बीस से चालीस मील के घेरे में फैले हुए हैं। उनका एक-दूसरे से कोई सम्बन्ध नहीं, कोई समानता नहीं, कोई सामाजिक संयुक्त अस्तित्व नहीं, कोई समुचित संगठन नहीं, एक भी ऐसा समान तथा सम्मिलित हित नहीं, जो मेरे विद्वान मित्र द्वारा उल्लेखित उदाहरणों में मौजूद था। मि. पीटरसन को बाध्य होकर जार्ज द्वितीय 1732 तक पीछे जाना पड़ा। हाल ही में पुर्तगाल से आये हुए पुर्तगाली यहूदियों का एक मामला था। एक यहूदी स्त्री की हत्या के बारे में फौजदारी शिकायत का आवेदन दिया गया था। यह बताया गया था कि ये यहूदी हाल ही में पुर्तगाल से आये थे और ब्रौड स्ट्रीट में रहते थे। पर इस बात से तुरन्त उनके बीच

परस्पर सम्पर्क स्थापित होता है जो नीलकरों के बीच स्थित नहीं है। डरहम धार्मिक प्रदेश के पादरियों के विरुद्ध मुकदमा भी इसी इसी प्रकार एकदम भिन्न था, क्योंकि वे सब एक मान्यता-प्राप्त चर्च के सदस्य थे जिससे वे एकता के सूत्र में बँधे हुए थे। ईस्ट इंडिया कम्पनी के निदेशकों के विरुद्ध मुकदमा भी भिन्न था क्योंकि उनका तो एक निगम निकाय स्थित ही था और उनके विरुद्ध सामूहिक अपलेख को कोई भी एक व्यक्ति अपने विरुद्ध मान सकता था। एक निगम निकाय उन नीलकरों के समुदाय से सर्वथा भिन्न है जिनका कोई सामूहिक अस्तित्व नहीं। यदि जूरी इस मामले में अपलेख का निर्णय देंगे तो उससे कानून की हद में इतनी अधिक खींच-तान होगी, जितनी अभी तक पहले कभी नहीं हुई। मान लीजिए कि निम्न बंगाल के पालिसी-स्वामी कोई नालिश करें तो स्वभावत: यह प्रश्न उठेगा कि वे हैं कौन? एक अन्य उदाहरण के तौर पर मैं कहता हूँ कि मान लीजिए बंगाल के विधिज्ञ कोई दावा दायर करें तो क्या उस कोटि में न्यायाधीश भी सम्मिलित माने जाएँगे? यह तो मैं किसी भाँति नहीं कह सकता कि न्यायाधीश विधिज्ञ नहीं, यह तो वे होते ही हैं, और बड़े श्रेष्ठ होते हैं। फिर क्या उस कोटि में बैरिस्टर, वकील और छोटी अदालतों के मुख्तार शामिल माने जाएँगे? ऐसे किसी समुदाय को दावा दायर करने का अधिकार देना बहुत ही विपत्तिपूर्ण होगा। फिर मैं यह भी पूछना चाहूँगा कि निम्न बंगाल की भाँति ही ऊपरी बंगाल के नीलकर उसमें क्यों नहीं शामिल माने गये? यह दावा पेश करके जूरी से ऐसा काम करने को कहा जा रहा है जो कभी किसी जूरी से करने को नहीं कहा गया। मान लीजिए इस प्रकार मुकदमेबाजी के लिए द्वार खोल दिया गया तो क्यों न किसान एक साथ मिलकर किसी ऐसे सम्पादक या लेखक के विरुद्ध दावा कर दें जिसने उनके विचार से उनके विरुद्ध अपलेख लिखा हो? समान हित वाले निगम निकाय को यदि लगे कि उसके साथ अन्याय हुआ है तो उसे अदालत में नालिश करने का अधिकार अवश्य है, पर जिन लोगों का कोई संयुक्त अस्तित्व नहीं, वहाँ ऐसे किसी अधिकार को मैं एकदम अस्वीकार करता हूँ।

अपलेख के आरोप का विरोध करने का मेरा दूसरा आधार यह है कि प्रकाशन नाटक है, पुस्तिका नहीं। और औचित्य, आचार और रीति सभी की दृष्टि से नाटक को काल्पनिक के अतिरिक्त और किसी कोटि में नहीं रखा जा सकता। यह मैं अस्वीकार नहीं करता कि नाटक में वुड और रोज़ जैसे अत्यन्त दुराचारी चरित्र दिखाए गये हैं, पर जूरी अपने नाटक सम्बन्धी अनुभव

से यह जानते होंगे कि हर नाटक में ही कुछ-न-कुछ दुष्ट पात्र होते हैं। कोई एक बैरिस्टर, पादरी या व्यापारी परले सिरे का दुष्ट हो, इसीलिए क्या सभी बैरिस्टर, पादरी और व्यापारी उसी कोटि के हो गये? इस बात से इनकार नहीं किया जा सकता कि नाटक में ऐसे पात्र दिखाए गये हैं जिनमें दुनिया भर की बुराइयाँ मौजूद हैं, पर बुराइयाँ होने से ही क्या किसी पात्र को अपने वर्ग का प्रतिनिधि मान लिया जाना चाहिए? नहीं, कतई नहीं, और इसीलिए वुड और रोज़ जैसे दुष्ट राक्षसों को अपने वर्ग का प्रतिनिधि नहीं मानना चाहिए। यदि वह नाटक अपलेख है तो प्राचीन और आधुनिक युग के श्रेष्ठतम साहित्य को बन्द कर देना पड़ेगा। मोलियर की रचनाओं को ही लीजिए। वे पादरियों और चिकित्सकों के कड़वे और विद्रूपपूर्ण चित्रों से भरी पड़ी हैं। पर विदेशी साहित्य तक जाने की आवश्यकता नहीं, मैं आधुनिक अँग्रेजी साहित्य का ही उल्लेख करूँगा। यह प्रवृत्ति आज आम है और बढ़ रही है है कि पुस्तकों में समाज की स्थिति चित्रित की जाय। उदाहरण के लिए 'ओलीवर ट्विस्ट', जो पिछले जमाने की अनाथालय प्रथा को मिटाने के एक मात्र उद्देश्य से ही लिखा गया था, वह अपने उद्देश्य में सफल भी हुआ। उसी लेखक की एक अन्य रचना 'निकोलस निकलबी' यार्कशायर स्कूलों की बुराइयों का भंडा फोड़ने और उन्हें दूर करने के लिए लिखी गयी थी। क्या मि. डिकेन्स के विरुद्ध कोई कानूनी कार्यवाही की गयी? नहीं, यद्यपि साहस होता तो बहुत-से यार्कशायर के स्कूल-शिक्षक ऐसा करना चाहते, पर वे जानते थे कि कोई जूरी उनका समर्थन न करेंगे। यार्कशायर स्कूल शिक्षकों की निश्चित श्रेणी मानने में भी बड़ी कठिनाई थी, जो नीलकरों को लेकर है। एक और ग्रन्थ की ओर मैं जूरी का ध्यान आकर्षित करूँगा। उसका नाम है 'मेरिया संन्यासी का पाप-स्वीकार'। वह पुस्तक केवल मठों और आश्रमों में होनेवाले दुराचारों का भंडाफोड़ करने के लिए ही लिखी गयी थी। उसके विरुद्ध भी कोई कार्यवाही नहीं की गयी क्योंकि सम्बन्धित पक्षों ने समझदारी से काम लिया। मि. हैरियट बेचर स्टोव की पुस्तक 'टाम काका की कुटिया' एक अन्य उदाहरण है। यदि वर्तमान मामले में वादियों को शिकायत का कारण नज़र आता है तो अवश्य ही दासों के स्वामियों के लिए तो वह कहीं अधिक था। अमरीकी कानून में अपलेख के मुकदमों की गुंजाइश भी थी, पर कोई मुकदमा नहीं चलाया गया क्योंकि लेग्री को दास-स्वामी समुदाय का प्रतिनिधि नहीं माना गया। इसी प्रकार वुड और रोज़ को भी लेखक नीलकर समुदाय का प्रतिरूप और मूर्तिमय

स्वरूप नहीं मानता। हिन्दुस्तानी भाषा की एक अन्य रचना ने भी यहाँ बहुत ध्यान आकर्षित किया है; मेरा संकेत मुफ़स्सिल अदालतों की प्रथा से सम्बन्धित 'पँचकौड़ी खाँ' की ओर है। उससे बहुत-से लोग अप्रसन्न हुए होंगे, पर उसे लेकर कोई क़ानूनी कार्यवाही नहीं की गयी, और क्यों? क्योंकि वह मामला दावे के उपयुक्त नहीं। इसलिए मामले का यह अंश मैं जूरी के ऊपर ही छोड़ देता हूँ। जहाँ तक यह प्रश्न है कि पुस्तक की विषय-वस्तु अपलेखात्मक थी या नहीं, मैं यह कहूँगा कि वुड और रोज़ द्वारा किये गये अत्याचारों के आधार पर कोई सामान्य आरोप नहीं लगाया जा सकता, क्योंकि उन दोनों पात्रों को 'टाम काका की कुटिया' के लेग्री की भाँति ही मानना उचित है।

यहाँ विद्वान वकील महोदय ने 'नील दर्पण' से कुछ उद्धरण पढ़कर सुनाये और उन पर अपनी राय प्रगट की। उन्होंने ऐसे अंश भी सामने रक्खे जिनमें नीलकरों की बड़ाई की गयी थी, और इस भाँति यह दिखाया कि यदि यह पुस्तिका प्रजाजनों के हाथ में पड़ी तो वे यह समझेंगे कि बात का अगर अँधेरा पक्ष है तो उजला भी है। उन्होंने आगे कहा कि मेरे विद्वान मित्र का कहना है कि 'नील दर्पण' में नीलकरों के अतिरिक्त दूसरे लोगों की भी निन्दा की गयी है। यह तो स्पष्ट ही है कि उस पुस्तक में पादरियों और सिविल सर्विस के बारे में कड़ी बातें कही गयी हैं। पर वे सब बातें ऐसी नहीं हैं कि उन्हें अपलेखात्मक माना जा सके या उनके आधार पर जूरी का प्रतिवादी को अपराधी ठहराना न्यायसंगत हो सके। अपलेख के आरोप को अस्वीकार करने का मेरा चौथा कारण है विद्वेष का प्रश्न। कानून में यदि कोई व्यक्ति अपलेख का अपराधी पाया जाय तो उसे विद्वेषपूर्ण उद्देश्य का भी स्वतः सिद्ध प्रमाण माना जाता है। यदि मि. पीटरसन की दलीलों के बावजूद जूरी की यह राय हो कि मि. लौंग को नीलकरों के विरुद्ध शिकायत का कोई कारण न था, अथवा उन्हें बदनाम करने या उन्हें हानि पहुँचाने का कोई हेतु नहीं था, तो विद्वेष प्रमाणित नहीं होता। मैं यह बात पूरे-पूरे विश्वास के साथ कहना चाहता हूँ कि मि. लौंग ने अपने विषय को सम्पूर्णतः निष्पक्ष भाव से देखा था और केवल वही किया जो वह बहुत वर्षों से इस देश में करते रहे हैं। देशी समाज से उनका बहुत सम्पर्क रहा है और वह उनके साहित्य की शैली और विचारों के प्रमाण के रूप में उनकी पुस्तकों की आलोचना करते रहे हैं। दावे का यह अंश मैं स्वयं उस पुस्तक पर छोड़ देना ठीक समझता हूँ, और सम्भवतः मि.

लौंग की भावनाएँ भूमिका में सबसे अच्छी तरह प्रगट होती हैं, जो नीलकरों और किसानों के बीच मेल-मिलाप की इच्छा की सूचक हैं। मेरे विद्वान मित्र ने कुछ बहुत ही कठोर बातें कही हैं जो साक्ष्य को देखते हुए उचित नहीं जान पड़तीं। मि. लौंग ने उस पुस्तिका की बहुत-सी धारणाओं का निराकरण किया है और केवल देशी विचारों को दर्शाने के उद्देश्य से ही उसके प्रकाशक हुए हैं। इस मामले में मेरी भावनाएँ बहुत तीव्र हैं और मैं यह कहूँगा कि यदि जूरी ने इस कारण मि. लौंग के अपराधी होने का निर्णय दिया तो वे कानून को उतना आगे खींच ले जाएँगे जितना पहले कभी नहीं किया गया। मि. लौंग के लिए यह मुकदमा बड़े महत्त्व का है, इससे उनके पादरी होने के नाते धार्मिक कार्यों में बाधा पड़ेगी; आमतौर पर देश के लिए भी इस मुकदमे का कम महत्त्व नहीं है, इसलिए मैं आशा करता हूँ कि जूरी किसी कथन से प्रभावित न होंगे, बल्कि प्रमाण और स्वयं पुस्तक के विषय में बड़ी शान्ति और संयम के साथ विचार करेंगे। इस प्रकार मैं मुकदमे को इस पूरे-पूरे भरोसे के साथ जूरी के हाथों सौंपता हूँ कि वे सत्य और न्याय के अनुरूप ही निर्णय करेंगे।

मि. ऐग्लिटन ने मि. लौंग के लिए एक वक्तव्य पढ़कर सुनाने की अनुमति माँगी, जिस पर मि. पीटरसन ने आपत्ति की।

अदालत ने भी इस प्रकार कोई वक्तव्य पढ़ा जाना अनियमित माना पर यह सुझाव दिया कि मि. ऐग्लिटन उसे अपने भाषण के एक अंग के रूप में पढ़कर सुना दें। मि. पीटरसन इस शर्त पर इसके लिए राजी थे कि यदि उसमें कोई नये तथ्य हों तो उन्हें उत्तर देने का अधिकार होना चाहिए।

इस पर मि. ऐग्लिटन ने पढ़ना अस्वीकार कर दिया।

प्रतिवादी की ओर से कोई गवाह नहीं पेश किया गया।

तब न्यायाधीश महोदय ने जूरी के प्रति अपना वक्तव्य आरम्भ किया। उन्होंने कहा कि प्रतिवादी का वक्तव्य समाप्त हो गया है। अब जूरी को अपराधी या निरपराध का निर्णय करना है। अपने न्याय विषयक कर्तव्य को पूरा करने में मुझे पहले इतनी गहरी चिन्ता कभी नहीं हुई क्योंकि इस मुकदमे के ऊपर विचारों की स्वाधीनता का एक ऐसा प्रश्न निहित है कि जिस पर दोनों ही पक्षों के विद्वान वकीलों ने केवल हलका-सा ही ध्यान दिया है। वह प्रश्न अखबारों की स्वाधीनता और सार्वजनिक लेखन में बहस की स्वाधीनता का है और इसलिए बड़ा वैधानिक प्रश्न है। जो बातें मैं कहने जा रहा हूँ वे इंग्लैंड में कोई अकेला न्यायाधीश भी बिना कहे न रहता और मुझे पक्का विश्वास

है कि वे इस अदालत के विद्वान मुख्य न्यायाधीश के विचारों के भी अनुकूल होगी। ऐसा प्रश्न हिन्दुस्तान में जूरी को पहली बार सौंपा जा रहा है क्योंकि मुझे यकीन है कि हिन्दुस्तान में इस तरह का यह पहला मुकदमा है। इसलिए जूरी के लिए उचित है कि वे हिन्दुस्तान के नहीं इंग्लैंड के इतिहास पर विचार करें और यह देखें कि वहाँ इस परम महत्त्व के प्रश्न को जूरी किस भाँति निबटाते रहे हैं। यह प्रश्न उन लोगों के लिए महत्त्वपूर्ण है जिनका आरोप है कि बड़ी निर्दयतापूर्वक उनकी निन्दा की गयी है, रेवरेन्ड प्रतिवादी के लिए महत्त्वपूर्ण है, और इस देश के एक छोर से लगाकर दूसरे छोर तक के हर मनुष्य के लिए महत्त्वपूर्ण है क्योंकि उसका हर व्यक्ति से सम्बन्ध है। यह ऐसा प्रश्न है जिसके बारे में यह कभी न कहा जाना चाहिए कि इस अदालत के अधिष्ठाता न्यायाधीश ने उसे सरसरी तौर पर विचार करके टाल दिया। मैं अपनी निजी धारणाओं पर नहीं, बल्कि उन लोगों की धारणाओं पर निर्भर करूँगा जो वेस्ट मिन्सिटर हाल में पूरी तरह अधिकारी के रूप में मान्य और स्वीकृत हो चुके हैं। दावे में दो आधार प्रस्तुत किये गये हैं। मैं पहले प्रथम आधार पर विचार करूँगा और फिर दूसरे में निहित परम महत्त्व के प्रश्न पर आऊँगा। पहले आधार पर अधिक से अधिक गम्भीरता के साथ विचार होना आवश्यक है और मैं इस प्रकार एकाएक उससे ध्यान हटा लेने में मि. ऐग्लिटन से सहमत नहीं हो सकता। सार्वजनिक पत्र-पत्रिका निकालने वाले प्रतिष्ठित सज्जनों के लिए अपलेख के प्रश्न को उठाना कितना बुद्धिमानी का काम है, इसका निर्णय जूरी को नहीं करना है। यह उनके और मेरे भी क्षेत्र से बाहर की बात है। वे तो एक अखबार के स्वामी को भी एक साधारण व्यक्ति ही मानेंगे, क्योंकि यद्यपि एक सम्पादक के हाथ में निश्चित रूप से बड़ी शक्ति और प्रभाव होता है, फिर भी बहस की स्वतन्त्रता का अधिकार हर व्यक्ति को एक-सा है। और दूसरी ओर यदि किसी सम्पादक की बदनामी की जाय तो उसे भी न्यायालय से सहायता माँगने का उतना ही पूरा-पूरा अधिकार है जितना किसी अन्य व्यक्ति को। इस विषय में न तो मैं कोई मत प्रगट करूँगा न जूरी को वैसा करने को कहूँगा कि जो लोग अखबारों की स्वाधीनता की माँग करनेवालों में सबसे आगे हैं उनका अपलेख का मुकदमा चलाने के लिए इस अदालत में आना कहाँ तक बुद्धिमानी का काम है। जूरी को तो केवल इस प्रश्न पर विचार करना है कि पुस्तक अपलेख है या नहीं। इस बात में कोई छिपाव नहीं कि पहला आधार दूसरे आधार से एकदम भिन्न कोटि का है और

मैं यह अवश्य कहूँगा कि जहाँ तक दूसरे आधार का प्रश्न है, दावे के वर्तमान ढंग से मैं पूरी तरह सहमत नहीं हूँ क्योंकि उसमें किसी हद तक एक व्यक्तिगत और सार्वजनिक क्षति और दुर्व्यवहार को मिला दिया गया है। यदि 'इंगलिशमैन' चलाने वाले सज्जन को कोई क्षति पहुँची है तो दीवानी मुकदमे द्वारा वह उसकी पूर्ति कर सकते थे; पर यदि मुआवजा जेब में रखने की बजाय वह फौजदारी के दावे द्वारा अपने चरित्र को निर्दोष सिद्ध करना बेहतर समझते हैं, तो इसका भी कानून में उन्हें पूरा अधिकार है। पहला आधार कलकत्ता शहर के दो प्रमुख अखबारों के अपलेख अथवा काल्पनिक अपलेख को लेकर है। मैं अनुचित रूप से जूरी के निर्णय को प्रभावित नहीं करना चाहता, पर यह उन्हें निर्धारित करना है कि पुस्तिका की भूमिका में जो वक्रोक्तियाँ हैं उनसे इन दोनों अखबारों का अभिप्राय है या नहीं। पहले आधार को लेकर मि. पीटरसन ने पुस्तक के एक ही अंश का, अर्थात् लेखक की भूमिका का ही सहारा लिया है। पहले भाग के बारे में कोई बात नहीं कही गयी है और मैं वह अंश पढ़ देना चाहता हूँ जिसके बारे में शिकायत है। (यहाँ न्यायाधीश महोदय ने भूमिका पढ़कर सुनायी)। जूरी को इस बात पर विचार करना है कि इसमें अपलेख है या नहीं। उन्हें पहले तो यह विचार करना होगा कि 'इंगलिशमैन' और 'हरकारू' अखबारों की ओर इशारा है या नहीं। इस विषय में प्रमाणों की क्या स्थिति है? मि. ब्रैट ने अपनी गवाही में कहा था कि वह 'इंगलिशमैन' अखबार के दो वर्ष से संचालक-स्वामी हैं, पहले उसके संयुक्त सम्पादक थे, और अब एकमात्र सम्पादक हैं। उन्होंने यह भी कहा था नीलकरों और किसानों के बीच अप्रिय झगड़ों की जाँच के लिए नियुक्त सरकारी आयोग के सामने प्रस्तुत प्रमाणों के बारे में उनके जो विचार स्वभावतः थे और जो उन्होंने प्रगट किये थे, उनके कारण उन्हें यह विश्वास था कि अपलेख में उनके अखबार की ओर ही इंगित है। जूरी को इस प्रश्न पर बाल की खाल निकालने की जरूरत नहीं, बल्कि उस पर जीवन के साधारण प्रश्नों की भाँति ही विचार करना चाहिए। उन्हें अपनी सहज बुद्धि का सहारा लेकर यह बताना चाहिए कि प्रमाणों के आधार पर क्या इस बात में सन्देह हो सकता है कि जिन अखबारों की ओर इशारा किया गया है वे 'इंगलिशमैन' और 'हरकारू' ही हैं या नहीं। यह प्रश्न प्रतिवादी पक्ष ने दूसरे ही कारणों से उठाया है। प्रतिवादी के वकील ने मि. ब्रैट से पूछा था कि हिन्दुस्तान में दूसरे अखबार हैं या नहीं, जिसके उत्तर में उन्होंने कहा था कि मद्रास और बम्बई में हैं, पर

पुस्तिका की विषय-वस्तु से यह प्रगट था कि उनकी ओर संकेत नहीं हो सकता। क्या बम्बई और मद्रास के अखबारों के पास स्थानीय दिलचस्पी और क्षेत्र से सम्बन्धित तात्कालिक महत्त्व की ऐसी कोई बात नहीं होगी कि वे उसे छोड़कर निम्न बंगाल में नील की खेती के बारे में लिखते? मेरी राय में यह कहना कि इशारा 'इंगलिशमैन' और 'हरकारू' की ओर नहीं है हमारी समझ के साथ खिलवाड़ करना है। अब यदि यह बात मान ली जाय तो यह देखना बाकी रह जाता है कि उसमें प्रयुक्त भाषा अपलेखात्मक है या नहीं। उन्हें यह निर्णय करना चाहिए कि जिन लोगों पर इन अखबारों को चलाने का महत्त्वपूर्ण दायित्व था उनकी ईमानदारी और सम्मान को उसमें संदिग्ध बताया गया है या नहीं; ये लोग ऐसे हैं या नहीं कि घृणित धन के लालच से किसी भी मतामत का, किसी भी पक्ष का समर्थन करने लगे; ये लोग ऐसे हैं या नहीं जो लाभ के लिए इतने भ्रष्ट किये जा सकते हैं कि दूसरों की क्षति करनेवाले किसी भी प्रकार के विचारों का समर्थन करने लगें और अपनी आत्मा द्वारा प्रेरित सच्ची राय प्रगट न करें। सार्वजनिक स्वाधीनता की दृष्टि से यह बहुत ही महत्त्वपूर्ण है कि अखबारों के अधिकारों की भली-भाँति रक्षा की जाय।

इसके बाद न्यायाधीश महोदय ने उद्धरण का दूसरा अंश पढ़कर सुनाया।

इसका यह अर्थ है या नहीं है कि जो सम्भ्रान्त सज्जन कलकत्ते में अखबार चलाते हैं वे एक हजार रुपये के लिए समाज के बड़े-से-बड़े हित को बेच सकते हैं, और वे भ्रष्ट उद्देश्य से व्यक्तिगत स्वार्थों को बढ़ाने के लिए समाज के कल्याण का बलिदान कर सकते हैं? यदि इसका यह अर्थ हो तो क्या यह अपलेख न होगा! यह जूरी को निर्धारित करना है। कानून के अनुसार न्यायाधीश को इस प्रश्न का निर्णय करने में परामर्श के रूप में अपनी राय प्रगट करने का अधिकार प्राप्त है। पर मैं यह पूरी तरह जूरी पर ही छोड़े देता हूँ। यदि ये सज्जन अखबार के आदमी न होकर साधारण लोग होते और उनके ऊपर सौ पौंड लेकर एक पड़ोसी के चरित्र को लांछित करने का आरोप लगाया गया होता तो मामले का क्या रूप होता? क्या इस प्रकार उनकी इतनी बेइज़्ज़ती न हुई होती कि वे फिर कभी अपने भाइयों के बीच सिर उठाने का साहस न कर पाते?

यह बात बिल्कुल निश्चित जान पड़ती है कि किसी व्यक्ति के चरित्र पर ऐसा आक्षेप जो उसे उपहास और तिरस्कार का पात्र बना दे, या उसके प्रति सार्वजनिक घृणा का खतरा उत्पन्न कर दे, ऐसा अपलेख माना जाएगा

जिसके लिए दावा किया जा सके। इसलिए जूरी को इस बात का निर्णय करना है कि उस उद्धरण में 'इंगलिशमैन' अखबार के संचालक-स्वामी और सम्पादक के रूप में मि. ब्रैट पर कोई आक्षेप है या नहीं।

पहला आधार मि. ब्रैट के लिए ही महत्त्वपूर्ण हो सकता है, पर दूसरे आधार का सम्बन्ध व्यापक समाज के हितों से है, और मैं आशा करता हूँ कि जूरी दूसरे आधार में निहित प्रश्न के महत्त्व को तत्परतापूर्वक अनुभव कर सकेंगे। मुझे आशा है कि जूरी के सभी सदस्य उस प्रश्न को सुलझाने के लिए अपनी अधिक-से-अधिक बुद्धि का उपयोग करेंगे, और अपनी सहानुभूति के ऊपर सच्चा और कठोर नियन्त्रण रखेंगे, क्योंकि यदि उन्होंने अपनी सहानुभूति की भावना को वश में न रखा तो व्यापक समाज का अहित हो जाने की सम्भावना है। दूसरा आधार समाज के उस अंश के विरुद्ध अपलेख के आरोप का है जिसे निम्न बंगाल के नीलकर कहा गया है। मि. ऐग्लिटन का कहना है कि अपलेख किसी वर्ग का नहीं हो सकता, और कि यह आधार अत्यधिक व्यापक है, पर्याप्त रूप से सुनिश्चित नहीं। पर मुझे विश्वास है जूरी मेरी राय पर ध्यान देंगे, और मुझे इस बात में तनिक भी सन्देह नहीं कि किसी व्यक्ति विशेष का उल्लेख न होने पर भी दावा किया जा सकता है। यह बात वेस्टमिन्सटर हाल में बहुत पहले ही निर्णीत हो चुकी है कि किसी जन समुदाय के ऊपर लगाए गये लांछनों को लेकर नालिश की जा सकती है। यद्यपि किसी व्यक्ति को नहीं दिखाया जा सकता, फिर भी यह आवश्यक नहीं है कि लांछन किसी व्यक्ति विशेष के ही चरित्र पर आक्षेप करनेवाले हों। राज्य बनाम औस्बोर्न, 2, बार्नहार्डिस्टन, 138 के मुकदमे में एक परचा प्रकाशित करने के लिए प्रतिवादी के विरुद्ध शिकायत की प्रार्थना की गयी थी जिसमें हाल ही में पुर्तगाल से आये हुए यहूदियों द्वारा एक यहूदी स्त्री और उसके बच्चे की हत्या का वर्णन था। उस समय यह कहा गया था कि ऐसी कोई शिकायत स्वीकृत नहीं हो सकती क्योंकि यह पता नहीं चलता कि जिन पर आक्षेप किया गया था वे विशेष व्यक्ति कौन हैं। पर अदालत ने शिकायत की प्रार्थना स्वीकार की थी क्योंकि शहर के बहुत-से भागों में बहुत-से यहूदियों को मार डाले जाने की धमकी दी गयी थी। राज्य बनाम विलियम्स, 5 बी, तथा ए, 597 के मुकदमे में जब एक प्रकाशन में यह कहा गया था कि स्वर्गीय महारानी की मृत्यु पर डरहम के बहुत-से गिरजाघरों में कोई घंटे नहीं बजे थे और इसका दोष पादरियों पर लगाया गया था, और फिर उस समुदाय के बारे

में कुछ बहुत कठोर बातें कही गयी थीं, तो फौजदारी शिकायत की प्रार्थना स्वीकृत हुई थी, राज्य बनाम बर्डेट, 4 बी, और ए के मुकदमे में यह माना गया था कि राजा की सेना पर अपराधों का आरोप लगाना अपलेख है, चाहे सेना के किसी अंश-विशेष का उल्लेख न किया गया हो, और 'पूर्व कथित सेना' के इंगित का अभिप्राय उस सेना का अनिश्चित अंश ही माना गया था। राज्य बनाम जैनूर 7 मोड. 400 में लेक. सी.जे. ने कहा था : 'जब कोई ऐसा परचा प्रकाशित होता है जिसमें बहुत-से लोगों पर बराबर आक्षेप हो तो उसमें सब पाठकों पर, उनकी अपनी-अपनी अलग राय के अनुसार, आक्षेप माना जाएगा।' ऐसे ही और भी निर्णय हैं जिनमें जनता के वर्गों ने निन्दा भरे आरोपों के विरुद्ध न्याय की माँग की है। इसलिए जूरी मेरा यह सिद्धान्त स्वीकार करेंगे कि अपलेख जैसे एक व्यक्ति का हो सकता है, वैसे ही एक वर्ग का भी। अब मैं जूरी से इस बात का निर्णय करने को कहूँगा कि अपलेख निम्न बंगाल के नीलकरों की ओर इशारा करता है या नहीं। इस पर, तथा पुस्तिका से सम्बन्धित समस्त परिस्थितियों पर, जूरी को निर्णय करना पड़ेगा।

अपलेख के आरोप का सार है आपराधिक अभिप्राय, और इस प्रश्न का निर्णय जूरी को करना पड़ेगा। राज्य बनाम वुड फाल, 5 बर्र, 2661 के मुकदमे में निर्णय देते हुए लार्ड मैन्सफील्ड ने कहा था : 'जब कोई कार्य, अपने आप में न अच्छा न बुरा होने पर भी, किसी विशेष अभिप्राय से करने के कारण आपराधिक हो जाय तो अभिप्राय को ढूँढ़कर सिद्ध करना आवश्यक है। पर जब कोई काम अपने आप में ही गैर-कानूनी हो, जैसा कि अपलेख में होता है, तो तर्क-संगति का प्रमाण या बचाव प्रस्तुत करने की जिम्मेदारी प्रतिवादी पर होती है, और ऐसा न कर सकने पर कानून से आपराधिक अभिप्राय मान लिया जाता है।' उसी मुकदमे में लार्ड मैन्सफील्ड ने आगे कहा था : 'ऐसे भी मामले हो सकते हैं जहाँ प्रकाशन को तर्क संगत ठहराया जा सके या कानूनी और निर्दोष मानकर क्षमा किया जा सके, क्योंकि परचा अपलेखात्मक होने पर भी जो कार्य आपराधिक नहीं है, उसका प्रकाशन भी वैसा नहीं माना जा सकता, जिसके लिए प्रतिवादी को दोषी ठहराया जाय।' इस भाँति स्पष्ट रूप से अभिव्यक्त यह सिद्धान्त हमेशा से कानून का स्वीकृत सिद्धान्त माना जाता है। राज्य बनाम क्रेसैवी, आई.एम. एंड टी., 272 के मुकदमे में लार्ड ऐलेनबरो ने कहा था : 'प्रश्न केवल यही है कि प्रकाशन के कारण उससे उत्पन्न होनेवाला विद्वेष गलत सिद्ध हो जाता है या नहीं।' न्यायाधीश मि. ल

ब्लाक कहते हैं, 'प्रश्न केवल यही है कि प्रकाशन अपलेखात्मक हो वहाँ कानून तब तक उसमें विद्वेष की स्थिति मानता है जब तक प्रकाशन की परिस्थितियों के कारण ऐसा मानना गलत सिद्ध न हो जाय।' राज्य बनाम हार्वी के मुकदमे में न्यायाधीश मि. बेली कहते हैं, 'यह मानकर कि अपलेख के सारे मामलों में विद्वेष आवश्यक है, अपलेखात्मक सामग्री के प्रकाशन को, जब तक उसका कोई कारण न दिखाया जा सके, विद्वेषपूर्ण मानना चाहिए।' उसी मुकदमे में न्यायाधीश मि. बेस्ट कहते हैं : 'इस दावे का सार है विद्वेष। अपलेख सम्बन्धी कानून में विद्वेष का अर्थ है कानूनी विद्वेष।' पुस्तकों की विषयवस्तु के बारे में आपकी जो भी राय हो, इस पुस्तिका के विभिन्न अंशों में गन्दे और अनैतिक संकेतों को आप चाहे जितना बुरा कहें, फिर भी जब तक आपकी यह स्पष्ट राय न हो कि उसके प्रकाशन और वितरण के ढंग से विद्वेष का निष्कर्ष गलत सिद्ध नहीं होता, तब तक अपराधी होने का अधिमत देना आपके लिए न्यायसंगत न होगा। यह निर्णय एक राजकीय नालिश में हुआ था और इसका अर्थ था कि यदि ऐसी परिस्थितियों का अभाव हो जिनसे प्रतिवादी का निश्छल विश्वास और शुद्ध अन्त:करण समाज की भलाई के लिए प्रेरित होना प्रगट हो सके, तो जूरी को इस बात का निर्णय करना चाहिए कि प्रतिवादी के आचरण पर कहाँ तक आपराधिक अभिप्राय का आरोप किया जा सकता है। यह बात पूरी तरह से उन्हीं के निर्णय की है। फाक्स अधिनियम के स्वीकृत होने से पहले (जो न्यायाधीशों और जूरियों में बार-बार मतभेद होने के फलस्वरूप, और तुरन्त ही राज्य बनाम सेंट आसाफ के डीन के विख्यात मुकदमे में मि. अर्सकाइन और न्यायाधीश मि. बुलर के बीच विवाद के कारण आवश्यक हुआ था) जूरी और न्यायाधीश अलग-अलग दिशाओं में खींचातानी करते रहते थे, जिसमें अदालत जूरी के अधिकार-क्षेत्र को एकदम मिटाने का यत्न करती और जूरी प्राय: विरक्ति और अरुचि के साथ न्यायाधीश के निदेशों को ग्रहण करते। अधिनियम पास होने तक यही स्थिति थी। अधिनियम को घोषणात्मक कानून माना गया। 32 ज्यों, 3, सी 50 अधिनियम से जूरी को अपलेख का प्रश्न निर्धारित करने की पूरी शक्ति मिल गयी और उसके बाद न्यायाधीशों की ओर से इस विषय में अपना मतामत लादने का प्रयत्न बन्द हो गया। अब भी न्यायाधीश को यह स्वाधीनता तो है कि वे इस बात पर अपना मतामत प्रगट कर सकें कि अपलेख है या नहीं। मैं बहस की स्वतन्त्रता और अखबारों की स्वाधीनता की सीमा दिखाने के लिए कुछ मुकदमों के अंश

पढ़कर सुनाऊँगा। (यहाँ ये अंश पढ़े गये)। निस्सन्देह समाज के प्रत्येक सदस्य को सार्वजनिक और सामान्य हित के समस्त विषयों पर अपनी राय प्रकाशित करने का अधिकार है और जब तक वह इस अमूल्य विशेषाधिकार का प्रयोग स्पष्टतः, ईमानदारी और शुद्ध अन्तःकरण से करता है, तब तक उसकी अपराधी के रूप में जाँच-पड़ताल नहीं की जा सकती। लोगों को यदि कोई शिकायत करने लायक परेशानी है तो उसकी चर्चा का उन्हें अधिकार है। राज्य बनाम टामस पैक के मुकदमे में मि. अर्सकाइन ने प्रतिवादी की ओर से अपने विख्यात भाषण में कहा था : 'कोई भी व्यक्ति जो दूसरों को बहकाना नहीं, बल्कि जो कुछ उसे अपने विवेक और अन्तःकरण की प्रेरणा से, चाहे भ्रमवश ही सही, सत्य जान पड़ता है उसे दूसरों तक पहुँचाना चाहता है, वह अपनी समस्त मनःशक्तियों का उपयोग उन संस्थाओं में अधिकतम लाभदायक परिवर्तन सुझाने के लिए कर सकता है, जो उसके विचार में मूलतः दोषपूर्ण हैं या इस देश के आदर्शों से गिर रही हैं; यदि वह यह समझता है कि जो कुछ उसने विचारा है वही उसके लिए हितकर होगा और वह जनता के मन को केवल अपने अन्तःकरण द्वारा प्रेरित युक्तियों से प्राप्त विश्वास द्वारा बदलना चाहता है, तो उसे इसका अधिकार है।' उसी मुकदमे में मि. अर्सकाइन ने ये विचारणीय शब्द कहे थे, 'निर्दोषता और सम्पूर्णता न किसी मनुष्य को प्राप्त है और न मनुष्य की संस्थाओं को, इसलिए समस्त स्वाधीन राष्ट्रों की यह नीति है, जैसा कि हमारे अपने देश का भी विशेष सिद्धान्त है, कि बहस की अधिक-से-अधिक निर्बाध स्वाधीनता की अनुमति दी जाय।' मैं विश्वास करता हूँ कि इस सचमुच महान और सज्जन व्यक्ति के ये विचार आज के युग में निर्दोष और वैधानिक सिद्धान्तों के रूप में मान्य हैं, और इन्हें मैं इसलिए बिना किसी झिझक के आपके सामने रखता हूँ कि इस परम महत्त्वपूर्ण प्रश्न का निर्णय करने में कि अपलेख है अथवा नहीं; आप इन पर विचार कर सकें और इनसे सहायता ले सकें।

राज्य बनाम कालिन्स के एक हाल ही के मुकदमे में न्यायाधीश मि. लिटिलडेल ने (समाहार करते हुए) कहा है : 'हर व्यक्ति को प्रत्येक सार्वजनिक प्रश्न पर स्वाधीनतापूर्वक पूरा-पूरा विवेचन करने का अधिकार है। जनता को अपने प्रत्येक कष्ट के विषय में, जिसकी उसे शिकायत हो, विवेचन करने का अधिकार है।' बहुत-से दूसरे मुकदमों में भी इसी सिद्धान्त की स्थापना हुई है। मान लीजिए कि कथित पुस्तिका जूरी की राय में अपलेखात्मक

ठहरे, तो भी, यह देखना बाकी रह जाता है कि मि. लौंग ने ऐसा ईमानदारी के साथ और इस आन्तरिक विश्वास से प्रेरित होकर किया या नहीं कि वह समाज की अधिकाधिक भलाई का काम कर रहे हैं, केवल देशी समाज के मतामत प्रकट करने के लिए नहीं, जैसा कि उनकी ओर से कहा गया है। क्योंकि मैं यह कहने को बाध्य हूँ कि इससे तनिक भी क्षमा नहीं मिल सकती। प्रश्न यह है कि पुस्तक को प्रकाशित और वितरित करने के कार्य से विद्वेष का कानूनी निष्कर्ष गलत सिद्ध होगा या नहीं होगा। यदि मि. लौंग ने देशी समाज के साधन के रूप में कार्य किया है तो उसमें कोई औचित्य न होगा जब तक कि उस समय उनको ऐसा आन्तरिक विश्वास न रहा हो कि उस पुस्तिका को प्रकाशित करके वह समाज का हित कर रहे हैं। यदि अखबारों की स्वाधीनता नहीं रही तो भ्रष्टाचार पर कैसे प्रहार किया जाएगा? क्या अखबारों के अधिकारियों की, चर्च और उस धन्धे में उच्च पदों पर आसीन व्यक्तियों की—जिसमें होने का मुझे भी सम्मान प्राप्त है, आलोचना करने के अधिकार का दावा नहीं किया है? जहाँ बुराइयाँ मौजूद हों वहाँ अखबारों को उनकी आलोचना करने का अधिकार है और ठीक ही है; और यदि निश्छल भाव से और भद्रतापूर्वक किया जाय तो एक न्यायाधीश के निर्णय के गुण-दोष की चर्चा करना भी पूरी तरह कानूनी है। यदि अखबारों की बात सच हो तो न्यायाधीश की गलती है, और यदि अखबारों की आलोचना अनुचित हो तो न्यायाधीश उस जनमत की सहायता से जिसके आगे अखबारों को भी झुकना पड़ता है, उस बदनामी के दाग को दूर कर सकता है। जूरी को अखबारों की स्वाधीनता के इस महान वैधानिक प्रश्न को पूरी सतर्कता के बिना हाथ में नहीं लेना चाहिए। बाद में यह न कहा जाय कि इस अदालत के अधिष्ठाता न्यायाधीश की हैसियत से मैंने एक ऐसे मुकदमे में सब सिद्धान्त पूरी तरह नहीं रखे जिसका अखबारों की तथा सार्वजनिक बहस की स्वाधीनता से सम्बन्ध था। इसलिए मुझे यह कहने में तनिक भी हिचक नहीं कि यदि प्रतिवादी इस पुस्तिका को प्रकाशित करने में केवल जनता को उन बुराइयों की जानकारी कराने के सच्चे और आन्तरिक उद्देश्य से प्रेरित हुआ था, जिसके इस भाँति दूर होने की उसे आशा थी, अन्य किसी उद्देश्य से नहीं, तो वह उस विशेषाधिकार के क्षेत्र की सीमा में है जो कानून उस प्रत्येक व्यक्ति को प्रदान करता है जो सार्वजनिक कर्तव्य को पूरा करने में सद्‌भावनापूर्वक प्रवृत्त होता है। विशेष रूप से पादरी के नाते प्रतिवादी को पाप को दबाने और सार्वजनिक

आचरण को अच्छा करने के प्रयत्नों में हर प्रकार का संरक्षण मिलना चाहिए, चाहे भावना और भाषा की तीव्रता में उसने ऐसी बातें कह दी हों जो सम्बन्धित व्यक्तियों को कष्टदायक ही लगें। इसलिए जूरी के सामने प्रश्न यह है कि उस पुस्तिका की समूची विषय--वस्तु पर विचार करने पर, जो इस अभियोजन का कारण है, प्रतिवादी में अशुद्ध तथा अन्य प्रकार की प्रेरणाओं के मिश्रण से मुक्त केवल निश्छलतापूर्वक और शुद्ध अन्तःकरण से समाज की भलाई करने की अभिलाषा पाई जाती है या नहीं पाई जाती। यह केवल कथित पुस्तिका तथा उसके उन अंशों के पढ़ने से निर्धारित हो सकता है जिनके बारे में वादी के विद्वान वकील ने अपने प्रारम्भिक भाषण में शिकायत की है।

जैसा मि. ऐग्लिटन ने अपने बड़े योग्य भाषण में कहा, यह पूरी तरह सच है कि अपलेख के दावे में प्रतिवादी यह पैरवी नहीं कर सकता कि दावे की विषय-वस्तु सच्ची है। इंग्लैंड में 6 और 7 विक्ट. सी. 96 कानून के अन्तर्गत, जिसे लार्ड कैम्पबैल का अधिनियम कहते हैं, प्रतिवादी अपने बचाव के लिए आरोपों की सच्चाई का दावा कर सकता है; और इसका भी कि ऐसा सार्वजनिक हित के लिए किया गया। यदि विद्वान वकील का अभिप्राय यह है कि प्रकाशन की विषय-वस्तु की सच्चाई सिद्ध करने के अधिकार से मि. लौंग को क्षतिकारक रूप में वंचित किया गया है, तो यह प्रश्न पूछना आवश्यक है कि क्या वह किसी भी परिस्थिति में उसके प्रमाण प्रस्तुत कर सकते थे और जहाँ तक इस प्रश्न का सम्बन्ध है कि वह किस सीमा तक सार्वजनिक हित के लिए था, मैं यह जोर देकर और स्पष्टतः कहूँगा कि आप सारी विषय-वस्तु को लेकर इस बात पर विचार करें कि इस देशी नाटक को प्रकाशित और वितरित करने में मि. लौंग का वास्तविक उद्देश्य क्या था। मैं यह बात कहना उचित समझता हूँ कि मेरी राय में मामला फौजदारी का होने के कारण मि. लौंग को ऐसी कठिनाइयों का सामना करना पड़ रहा है जो दीवानी मुकदमे में नहीं होती।

इसके बाद न्यायाधीश महोदय ने —जिन विभिन्न उद्धरणों का उल्लेख किया गया था —उन्हें एक-एक करके पढ़ना शुरू किया। साथ ही वे उन पर इस दृष्टि से टिप्पणी भी करते गये कि उनके द्वारा एक ऐसे विवाद के विषय में —जिसमें प्रस्तुत किये गये वक्तव्यों में प्रतिवादी को ईमानदारी से विश्वास है —जनता की ज्ञान-वृद्धि करने और उसे प्रभावित करने की वास्तविक इच्छा के अतिरिक्त उनकी कोई अन्य प्रेरणा प्रगट होती है या नहीं। पुस्तिका के उस

अंश का उल्लेख करते हुए, जिसमें नाटक के एक संवाद में एक पात्र एक नीलकर की पत्नी के बारे में यह कहता दिखाया गया है कि 'उसे कोई लज्जा शरम नहीं' इत्यादि, और जिसमें जिले के मजिस्ट्रेट को अपनी अदालत में दिये गये निर्णयों में नीलकर की पत्नी द्वारा प्रभावित होता बताया गया है, न्यायाधीश महोदय ने कहा कि मैं इस विषय को दु:ख और ग्लानि के साथ उठा रहा हूँ जैसा कि हर व्यक्ति करेगा। क्योंकि प्रतिवादी पुस्तक के प्रकाशन के लिए आपराधिक रूप से उत्तरदायी चाहे न हो, पर इस उद्धरण में छिपा हुआ आरोप इस प्रकार का है जो किसी पादरी को नहीं प्रकाशित करना चाहिए था। उस अंश को पढ़कर उस पर टिप्पणी करते हुए न्यायाधीश महोदय ने कहा कि जूरी को यह बताना होगा कि उसकी जो व्याख्या मि. पीटरसन ने की है उसके अतिरिक्त कोई और सम्भव है या नहीं, अर्थात् नीलकरों की पत्नियाँ, जिनका प्रतिनिधि रूप नाटक में प्रतिपादित किया गया है, अपने पतियों के सांसारिक स्वार्थों के साधन के उद्देश्य से अपने आपको पतित करने की अभ्यस्त हैं या नहीं।

यह कहा गया है कि यह केवल एक साधारण उदाहरण भर है, पर जूरी को सारी पुस्तिका के स्वर से यह विचार करना पड़ेगा कि ऐसा है या नहीं। इस सिलसिले में पुस्तक के कुछ अंश और लेखक की भूमिका के निम्न उद्धरण ध्यान देने योग्य हैं : 'मैं यह 'नील दर्पण' नीलकरों के समुदाय के हाथों में सौंपता हूँ। अब उनमें से प्रत्येक को इसमें अपना मुख देख लेने के बाद अपने मस्तक से स्वार्थपरता के कलंक का टीका मिटाना चाहिए।' इन सब उद्धरणों को उन असहाय महिलाओं के ऊपर जघन्य लांछन के अतिरिक्त और कुछ भी मानना असम्भव है जिनकी पीठ में, सामान्य प्रतिनिधि चरित्र के परदे में, अँधेरे में क्रूरतापूर्वक छुरा भोंका गया है। यदि इसका कुछ भी अर्थ है तो यह केवल नीलकरों की पत्नियों के विरुद्ध ही नहीं, बल्कि मजिस्ट्रेटों और नीलकरों के विरुद्ध भी अपलेख है। जूरी, सरकारी अफसर, सैनिक और इस देश में आकर बसे हुए व्यापारी सभी उस मध्यवर्ग की सन्तान हैं जिनकी बेटियों की यहाँ इतनी निर्लज्जतापूर्वक बदनामी उड़ाई गयी है। वे महिलाएँ यहाँ इस देश में, अपने हितैषियों की मित्रता और संरक्षण से दूर, अपने पतियों के साथ परिश्रम और कठोरता का जीवन व्यतीत करने आयी हैं और सम्मान तथा संरक्षण पाने की अधिकारिणी हैं। मुझसे कहा गया है कि यह प्रकाशन देशी लोगों की भावनाओं को प्रगट करता है। यदि ऐसा है तो इस अदालत

में उपस्थित प्रत्येक बुद्धिमान और सम्भ्रान्त भारतीय ऐसी बात सुनकर लज्जित हुआ होगा। सरकारी अफसरों और नीलकरों में मेरे बहुत-से निजी मित्र हैं; मैं कहूँगा कि मैं यह अनुभव किए बिना नहीं रह सका कि नीलकरों पर उनकी पत्नियों की आड़ में और पत्नियों पर मजिस्ट्रेटों की आड़ में प्रहार करना बहुत ही कायरता की बात है। क्या आपको यह विश्वास है कि ये महिलाएँ उन मजिस्ट्रेटों का निर्णय अपने पक्ष में प्राप्त करने के लिए अपने आपको पतित करने की अभ्यस्त हैं,जो पूर्ण निष्पक्षता के साथ कानून का पालन करने के लिए शपथ-बद्ध होते हैं। क्या आप यह विश्वास करेंगे कि वे मजिस्ट्रेट अपने कर्तव्य और अन्तःकरण के पवित्र बन्धनों को इस प्रकार तोड़ने के अभ्यस्त होंगे, जैसा बताया गया है? मैं चाहता हूँ कि जूरी यह स्पष्टतः समझ लें कि नीलकरों की पत्नियों के बारे में इन संकेतों की वे चाहे जितनी निन्दा करें, पर जब तक उन्हें यह विश्वास न हो जाय कि मि. लौंग ने ऐसी बातों का अनुवाद, प्रकाशन और प्रचार विद्वेषपूर्ण प्रेरणा से किया है, तब तक उन्हें आपराधिक रूप से उत्तरदायी नहीं माना जा सकता। फिर यह प्रकाशन सामाजिक हित के लिए करने में सद्भावना के प्रश्न पर, विद्वान सरकारी वकील ने कहा है कि इंग्लैंड की मान्यता प्राप्त चर्च का कोई पादरी ऐसी निन्दा-भरी बातें ऐसे सद्भावनापूर्ण और आन्तरिक विश्वास के साथ नहीं प्रकाशित कर सकता कि उससे समाज का हित होगा। उनके लिए यह तो उपयुक्त होता कि नीलकरों के विरुद्ध अत्याचार, छीना-झपटी और क्रूरता के आरोप लगाते। पर नीलकरों द्वारा देशी स्त्रियों के साथ व्यभिचार के गन्दे संकेतों के प्रकाशन से कौन-सा सार्वजनिक हित पूरा होगा? जब मैंने ये सब अंश पढ़े तो मैं यह सोचकर मन-ही-मन बड़ा लज्जित हुआ कि इंग्लैंड की मान्यता-प्राप्त चर्च के एक पादरी ने ऐसी कुत्सित भाषा और विचारों के प्रचार में हाथ बँटाया। यह कहा जा सकता था कि प्रतिवादी उन बातों को अस्वीकार करता है और मैंने यह पूरी-पूरी आशा की थी कि मुकदमे के प्रारम्भ में ही मैं उनकी अस्वीकृति की बात या सम्भवतः ऐसा कोई कारण सुनूँगा कि प्रकाशन की जल्दी में उनकी ओर ध्यान न दिया जा सका। पर मुकदमा चलते-चलते अब खत्म होने को आ गया, पर प्रतिवादी या उसके वकील द्वारा अँग्रेज स्त्रियों के विरुद्ध लांछनों के लिए न तो कोई क्षमा-याचना प्रस्तुत की गयी न उन बातों की कोई अस्वीकृति ही। मैं एक और उद्धरण पढ़कर सुनाऊँगा और जूरी से पूछूँगा कि उसका अर्थ नीलकरों की पत्नियों द्वारा उस मजिस्ट्रेट के ऊपर अनुचित प्रभाव डालने के

अतिरिक्त और क्या हो सकता है, जो अपने साथ नीलकर की पत्नी के विशेष व्यवहार की आशा में अपने निर्णय को प्रभावित होने देता है। यदि उस उद्धरण का कोई अन्य अर्थ निकाला जा सके तो मुझसे अधिक प्रसन्नता और किसी को न होगी। और इस मामले में तथ्य के हर प्रश्न का निर्णय करने का दायित्व जूरी और केवल जूरी पर ही है। वह वक्तव्य किसी चेतावनी या टिप्पणी के एक शब्द के भी बिना इंग्लैंड भेजा गया; और हर सरकारी अफसर, व्यापारी और, मैं आशा करता हूँ, प्रत्येक पादरी भी, इससे सहमत होगा कि ऐसा वक्तव्य इंग्लैंड में परिचलन के लिए कभी नहीं भेजा जाना चाहिए था।

इसी प्रकार प्रकाशन और परिचलन में सद्भावना के विषय में जूरी को आज पेश की गयी सूचियों से सम्बन्धित प्रमाणों पर भी विचार करना होगा। मैंने मि. लशिंगटन से पूछा था कि क्या छोटी सूची उन व्यक्तियों की थी जिन्हें बंगाल सरकार देशी साहित्य की शैली और देशी समाज की अवस्था प्रगट करने के लिए प्राय: भेजा करती थी। (यहाँ न्यायाधीश महोदय ने छोटी सूची पढ़कर सुनायी, जो नीचे छापी जा रही है।) वह सूची आदिवासी समाज के और शान्ति समाज के मन्त्रियों से शुरू होती है और उसमें ऐल्बेमार्ल के अर्ल, मेसर्स ब्राइट एंड काब्डेन, भारत परिषद के सदस्यों, मि. मार्शमैन और मि. लेयार्ड आदि का नाम शामिल हैं। इन नामों में पार्लियामेंट के सदस्य, पादरी, धार्मिक संस्थाएँ शामिल हैं और इन लोगों को ही रेवरेन्ड प्रतिवादी 'नील दर्पण' की प्रतियाँ भेजना चाहते थे। किसी व्यक्ति को यह पूरा-पूरा अधिकार है कि वह अलग से सरकार के पास ऐसा कोई भी दस्तावेज भेजे जिससे समाज की भलाई हो सकती हो, पर उसे उसका अधिकार नहीं है कि संसार के आगे ऐसे आरोप प्रकाशित करे जिनको वह सिद्ध नहीं कर सकता या जिनमें वह निश्छलतापूर्वक और शुद्ध अन्त:करण से विश्वास नहीं करता। रेवरेन्ड मि. लौंग के आपराधिक अभिप्राय के बारे में जूरी का जो भी निर्णय हो, मुझे इस बात का सन्तोष है कि अखबारों की और बहस की स्वाधीनता के उस परम महत्त्वपूर्ण प्रश्न को मैं आपके सामने पूरी तरह खोलकर रख सका। यह कभी न कहा जाना चाहिए कि वह महत्त्वपूर्ण वैधानिक प्रश्न इस न्यायपीठ द्वारा यों ही टाल दिया गया। मि. लौंग ने अपनी कोई भी बात वापिस नहीं ली है। उनके लिए यह उचित होता कि बचाव पक्ष की बहस समाप्त होने से पहले वह नीलकरों की पत्नियों से सम्बन्धित वक्तव्यों में अपने विश्वास न होने की घोषणा कर देते। जूरी को एक बड़े प्रश्न का निर्णय करना है, और

जो बड़े-बड़े हित दाँव पर लगे हुए हैं उन्हें देखते हुए मैं उनसे प्रार्थना करता हूँ कि वे अपने निर्णय पर भली-भाँति और बड़ी तत्परता के साथ विचार करें। उन्होंने इंग्लैंड का इतिहास पढ़ा है और वे अखबारों की स्वाधीनता की अमूल्यता से अनभिज्ञ न होंगे। यदि वे इस निष्कर्ष पर पहुँचे कि मि. लौंग का नीलकरों के प्रति तिरस्कार और घृणा की भावना उभाड़ने या उन्हें नीचा दिखाने का कोई आपराधिक अभिप्राय न था; साथ ही यदि वे सोचें कि मि. लौंग ने ईमानदारी के साथ और शुद्ध अन्तःकरण से पुस्तक को केवल समाज और धर्म की भलाई के लिए ही प्रकाशित किया, किसी अन्य उद्देश्य से नहीं, अथवा कि उन्होंने किसी आपराधिक अभिप्राय के बिना ही केवल भावावेश में असावधानी से कुछ बातें कह डाली हैं, तो जूरी का अधिमत 'निर्दोष' का होना चाहिए। दूसरी ओर यदि जूरी पाएँ कि दूसरों की भावनाओं की उपेक्षा करके मि. लौंग स्वेच्छा से देशी समाज की भावनाएँ प्रगट करने के साधन बने हैं, या शुद्धेत्तर प्रेरणाओं द्वारा संचालित रहे हैं तो अधिमत 'दोषी' का होना चाहिए। अब मैं इस पक्के विश्वास के साथ मामले को जूरी के हाथों सौंपता हूँ कि वे सत्य और न्याय के अनुरूप ही अपना अधिमत देंगे।

न्यायाधीश महादेय ने प्रमाणों का समाहार दो बजे से कुछ पहले समाप्त किया और जूरी अपने अधिमते पर विचार करने के लिए उठ गये। कोई डेढ़ घंटे बाद वे न्यायाधीश महोदय से यह पूछने के लिए अदालत में वापिस आये कि यदि प्रतिवादी पुस्तिका के सभी कथनों को सच न समझता हो, तो भी क्या उसे दोषी ठहराने से पहले यह दिखाना आवश्यक होगा कि उसने प्रकाशन विद्वेष के कारण किया?

न्यायाधीश महोदय ने कहा कि यह मान लेने पर भी कि मि. लौंग पुस्तक के सभी वक्तव्यों को सत्य नहीं समझते, जूरी को यदि विश्वास हो कि प्रतिवादी ने कथित पुस्तक का प्रकाशन और परिचलन समाज के हित के लिए किया, और कि वह शुद्ध अन्तःकरण से इसमें विश्वास करता था कि पुस्तक नील-प्रथा में सुधार करने में सहायक होगी और वह सद्भावनापूर्वक आचरण कर रहा था, तो वह रिहाई पाने का अधिकारी होगा। दूसरी ओर यदि पुस्तक की विषय-वस्तु और प्रकाशन और परिचय के ढंग से जूरी को यह विश्वास हो जाय कि प्रतिवादी निम्न बंगाल के नीलकरों के प्रति शत्रुता के भाव से, उस वर्ग को अपमानित करने, क्षति पहुँचाने और उसके प्रति तिरस्कार और घृणा उभाड़ने के उद्देश्य से प्रेरित हुआ था — क्योंकि उस स्थिति में कानून के

अनुसार प्रतिवादी में विद्वेष होने का निष्कर्ष निकलेगा—तो जूरी का अधिमत 'दोषी' का होना चाहिए।

इस पर जूरी फिर उठ गये और लगभग दस मिनिट में दोनों आधारों पर 'दोषी' का अधिमत लेकर लौटे। मि. ऐग्लिटन ने प्रार्थना की कि फैसला चार दिन बीतने तक न दिया जाय, ताकि इस बीच एक नये मुकदमे के लिए कार्यवाही की जा सके, क्योंकि प्रतिवादी निर्णय स्थगित करने की कार्यवाही का इच्छुक हो सकता है।

न्यायाधीश महोदय ने कहा कि इसी समय कोई ऐसा हेतु बताना आवश्यक होगा जिसके कारण निर्णय स्थगित हो सके। यह कार्यवाही किस सुझाव पर की जा रही है?

मि. ऐग्लिटन ने कहा कि इसी समय तो मैं कोई हेतु प्रस्तुत करने की स्थिति में नहीं हूँ और न यही जानता हूँ कि ऐसी कार्यवाही की ही जाएगी। मैं केवल इस बात पर विचार कर सकने के लिए समय चाहता हूँ।

न्यायाधीश महोदय ने कहा कि तुरन्त दंडादेश घोषित करने का इरादा मेरा भी नहीं था। मैं उसमें चार दिन की देरी का तो कोई कारण नहीं देखता, पर सोमवार के सवेरे तक दंडादेश स्थगित रखूँगा। उस समय कोई आवेदन पेश किया जा सकेगा।

संख्या 1 — रेवरेंड जे. लौंग की वितरण-सूची

मन्त्रीगण, आदिवासी संरक्षण समाज
मन्त्री, शान्ति समाज, न्यू ब्रॉड स्ट्रीट
ऐल्बेमार्ल के अर्ल
रेवरेंड डब्ल्यू. आर्थर, वेस्लेयेन मिशन हाउस
ई. बी. अंडरहिल, मन्त्री, बैप्टिस्ट मिशनरी समाज
जे. ब्राइट, एम. पी.
आर. काब्डेन, एम. पी.
क्लेनरी कार्ड के मार्क्वि
आर. एच. बी. डिजराइली
डी. फोर्ब्स, प्रोफेसर, के. सी.
ई. ग्लैड्स्टन

माननीय ए. किनाइर्ड, 35, ह्वाइड पार्क
भारत परिषद के सदस्य
जे.सी. मार्शमैन
माननीय रेवरेंड बैप्टिस्ट नोएल
डी. मैसन, 16 रीजेंट विलाज, ऐवन्यू रोड
डिगबी सेमोर, एम. पी.
मन्त्री, सोशल साइंस, पालमाल
शेफ़्ट्सबरी के अर्ल
ए. डनलप, एम. पी.
लार्ड लैंड़फ़ोर्ड
सी. बक्सटन
जे. म्योर, 16, रीजेंट टैरेस, एडिनबरा
रेवरेंड एच. पैन, 11, हाइबरी क्रेसेंट
मन्त्री, ब्रांच एजुकेशन सोसाइटी
लार्ड स्टैनले, एम.पी.
जे. हार्समैन, एम. पी.
जे. लेयार्ड, एम. पी.
सर एस. एम. पेटो, एम. पी.
चर्च मिशन सोसाइटी
रेवरेंड जान सेल
रेवरेंड ए. स्कर

संख्या 2 — बंगाल कार्यालय की सूची

सेक्रेट्री आफ स्टेट — 20 प्रतियाँ
ऐलेनबरा के अर्ल
अर्ल डि ग्रे तथा रिपन
वाइकाउंट रेनहैम
माननीय जे. वाल्डग्रेव
राउंडेल पामर
कर्नल साइक्स

सर कलिंग इयर्डली
सी. न्यूडिगेट
सर जेम्स कालविल
जे. डब्ल्यू. डालरिम्पिल
एच. रिकेट्स
हाजसन प्रेट
जे. डब्ल्यू. के
जे. एफ. हाकिन्स
जे. डिकिन्सन, संयुक्त मन्त्री, इंडियन रिफ़ार्म सोसाइटी
एम. टाउनसेंड
सर अर्लकाइन पैरी
डी. वैन्सीटार्ट
जे. जी. क्रेग
लार्ड आकलैंड
सर सी. ट्रेवेल्यान
जे. जी. फिलीमोर, एम. पी.
एच. डी. सेमोर, एम. पी.
लार्ड क्रैनवर्थ
डा. लुशिंगटन
सर जे. हर्सचेल
एस. वाल्पेन
सर जे. पैकिंगटन
सर ए. बुल्लर
एम. एम. पार्कर
सर एस. फर्गुसन
सर लारेंस पील

अँग्रेज सम्पादक

डेली न्यूज़
इकानामिस्ट
सैटर्डे रिव्यू

भारतीय सम्पादक

बाम्बे टाइम्स
लाहौर क्रानीकल
मद्रास स्पैक्टेटर
मोफ़स्सिलाइट

24 जुलाई 1861
पूरी न्यायपीठ के सामने

ग्यारह बजते ही अदालत बैठी और राज्य बनाम जेम्स लौंग के मुकदमे में पिछले सोमवार को जो निर्णय स्थगित करने के आदेश का आवेदन दिया गया था उसकी कार्यवाही शुरू हुई।

मि. ऐग्लिटन ने आदेश के समर्थन में कहा कि दावे से प्रत्यक्षत: तो कानून के विरुद्ध कोई काम नहीं प्रगट होता और दावे के दोनों आधार विधि-अमान्य हैं। उन्होंने कहा कि दावे का पहला आधार, जिसमें प्रतिवादी पर मि. वाल्टर ब्रैट के विरुद्ध अपलेख का आरोप है, स्थापित नहीं होता। उन्होंने 'नील दर्पण' की भूमिका का वह अंश पढ़कर सुनाया जिसमें दो दैनिक अखबारों के सम्पादकों के कार्य का वर्णन है। उन्होंने कहा, मेरे विचार में इस उद्धरण में मि. ब्रैट के विरुद्ध अपलेख का कोई संकेत निहित नहीं है, और मैं समझता हूँ कि वर्तमान मुकदमे में वादी ने केवल इसी अंश का सहारा लिया है। पहले आधार के लिए मेरी यही आपत्ति है। मेरी धारणा है कि इसमें ऐसी कोई बात निहित नहीं है जिसे कानून की दृष्टि से अपलेख माना जा सके। मेरी समझ में इस बात को लेकर कि अपलेख किस बात में होता है और किसमें नहीं, किसी अधिकारी विद्वान का हवाला देना बिलकुल अनावश्यक है, क्योंकि मुझे भरोसा है कि अदालत अपने मतामत में उन सब निर्णयों को ध्यान में रखेगी जो विभिन्न अधिकारी विद्वानों ने अपलेख के विषय में निर्धारित किये हैं, और मेरे विचार में वर्तमान मुकदमा उन निर्णीत मामलों में से किसी के भी अर्थ

में नहीं आएगा।

विद्वान वकील ने समर्थन में 'राज्य की ओर से दलीलें' से डिगबी बनाम टाम्पसन, पी. 821 के मुकदमे का उल्लेख करते हुए कहा कि उस मुकदमे में कोई विशेष इंगित निहित न था और कुछ बातों में वह वर्तमान मामले जैसा ही था। मेरे विपक्ष के मित्रों ने उस एक वाक्य में निहित अर्थ या अभिप्राय का ही सहारा लिया है; पर व्यापक प्रश्न यह है कि यदि कोई तटस्थ व्यक्ति साधारण रूप में उसे पढ़े तो क्या उस वाक्य से वही अर्थ निकलेगा? रोज़मर्रा की जिन्दगी के साधारण ढंग से पढ़ने पर क्या वह कानून की दृष्टि से अपलेखात्मक ठहरेगा? मेरा तर्क है — कि नहीं। अदालत को यह दिखाने के लिए कि उस वाक्य में जो अर्थ वादी पक्ष में निहित माना है वह नहीं लगाया जा सकता, उस उद्धरण का विस्तार से विश्लेषण आवश्यक है। अधिक से अधिक उसमें इतना निहित हो सकता है कि मि. ब्रेट ने पैसे के लिए नीलकरों के पक्ष में लिखा; मेरा तर्क है कि उसका अर्थ घूस या भ्रष्टाचार नहीं लगाया जा सकता और उससे समाज में उनका तिरस्कार या उपहास होने की सम्भावना नहीं। और मैं समझता हूँ कि यदि मैं अदालत को यह दिखा सकूँ कि कथित उद्धरण का जो अर्थ वादी पक्ष ने लगाया है वह नहीं लगता तो दावे का पहला आधार प्रमाणों से सिद्ध न होने के कारण समाप्त हो जाना चाहिए। मेरा आगे यह भी तर्क है कि यदि अदालत की राय यह हो कि कथित उद्धरण के दोनों अर्थ लगाये जा सकते हैं, तब भी प्रतिवादी को स्पष्टत: सन्देह का लाभ पाने का अधिकार है। मैं उद्धरण को दो भागों में बाँटता हूँ। पहला इस प्रकार है :

"दो दैनिक अखबारों के सम्पादक अपने कालम तुम्हारी प्रशंसा में रँग रहे हैं; उससे दूसरे लोग चाहे जो सोचें, तुम्हें उससे कभी खुशी नहीं होगी क्योंकि तुम उनके ऐसा करने का कारण अच्छी तरह जानते हो। चाँदी में भी कैसी अद्‌भुत आकर्षण शक्ति है?"

अब यदि इस उद्धरण को उसके साधारण अर्थ में लिया जाय तो उससे क्या सिद्ध होता है? उससे कुल क्या अर्थ निकलता है? बस यही कि उन दो दैनिक अखबारों के सम्पादकों ने, जिनमें से एक मि. ब्रेट हो सकते हैं, पुरस्कार पाने के उद्देश्य से नीलकरों के स्वार्थ के समर्थन में लिखा। इसमें कहा गया है कि इन अखबारों में की गयी प्रशंसा से नीलकरों को प्रसन्नता नहीं होती। इसका अभिप्राय यही है कि उनके बीच एक प्रकार की पारस्परिक भावना

मौजूद है और कि वे उस समर्थन के लिए पैसा दे रहे हैं। मेरा निवेदन है कि अर्थ को इससे अधिक नहीं खींचा जा सकता। उसे साधारण ढंग से पढ़ना चाहिए —उस ढंग से, जैसे कोई भी अजनबी, जिसे परिस्थितियों का पहले से पता न हो, उसे पढ़ेगा। मेरा विश्वास है जो भी उसे इस प्रकार पढ़ेगा वह उसका यही अर्थ लगाएगा। मेरा कहना है कि उसकी इससे अधिक ऊँची व्याख्या नहीं होनी चाहिए।

उद्धरण का दूसरा अंश इस प्रकार है : ''घृणित जुडास ने ईसाई धर्म के महान प्रवर्तक जीसस को तीस रुपये के लिए नीच पायलेट के हाथों सौंप दिया था। तो फिर यदि दोनों अखबारों के सम्पादक हजार रुपये की आशा में इस देश की गरीब असहाय प्रजा को तुम्हारे भयंकर चंगुल में फँसा दें तो इसमें आश्चर्य क्या?''

अब वादी पक्ष उद्धरण के इस अंश में जिस आरोप का सहारा लेता है वह है हमारे ईसा मसीह से विश्वासघात करनेवाले जुडास आइकेरियट के साथ मि. ब्रैट की तुलना। पर मेरा तर्क है कि मेरे विद्वान मित्रों ने उसका जो अर्थ लगाया है वह सम्भव नहीं। उसका यह अर्थ लगाना अन्याय है। यद्यपि दावे में यह कहा नहीं गया है, पर फिर भी मेरा विचार है कि वादी पक्ष ने यही अर्थ मान रखा है। मुझे डर है कि अपलेखात्मक बात यही है, और मेरे सुझाव के बाद अदालत को यदि उसके अर्थ में सन्देह हुआ तो वह पहले आधार की सचाई का समर्थन करने में बहुत सतर्क हो जाएगी। उस हालत में वह प्रतिवादी के विरोध की अपेक्षा उसके पक्ष में ही अधिक झुकेगी। मैं मानता हूँ कि उद्धरण के शब्द दृष्टान्त के रूप में हैं, तुलना के रूप में नहीं। इस प्रश्न पर कि कानून के अनुसार अपलेख सिद्ध हुआ या नहीं, मैं न्यायाधीश महोदयों को राबिन्सन बनाम जेर्मिन, 'प्राइस की रिपोर्ट' पृ. 11 के मुकदमों का, डाउलिंग्स के 'अभ्यास के मुकदमों' में सूचित एक मुकदमे का, और 'अपलेख के कानून पर होल्ट के विचार' पृष्ठ 118 का हवाला देना चाहता हूँ। होल्ट की पुस्तक में सूचित मुकदमा वर्तमान मामले से मिलता-जुलता था। ऐसे कोई प्रमाण नहीं पेश किये गये हैं जिनसे मि. ब्रैट को व्यक्तिगत या सार्वजनिक रूप में कोई दोष या अनौचित्य लगता हो; उनके ऊपर केवल उस काम का आरोप लगाया गया है जो इंग्लैंड और दूसरे स्थानों में रोजमर्रा की घटना है, अर्थात् उन्होंने फीस या पुरस्कार के लिए अपने अखबार द्वारा नीलकरों का समर्थन किया है। हर आदमी को किसी न किसी प्रकार से अपनी

आजीविका कमानी पड़ती है; और यह आजीविका का एक मान्यता-प्राप्त और सम्भ्रान्त उपाय है। संसार भर में प्रत्येक बड़े सम्प्रदाय या दल के पास अपने विशेष पक्ष का समर्थन और प्रचार करने के लिए कोई न कोई मुखपत्र होता है। यदि अखबार में लिखकर किसी विशेष दल के पक्ष का समर्थन करने में अपलेख होने लगे तो मुकदमेबाजी का कोई अन्त ही न रहे। पहले आधार के विषय में मुझे ये ही बातें कहनी थीं। इतना और कह सकता हूँ कि घूस के रूप में हजार रुपये की रकम अपने आपमें इतनी तुच्छ है कि उसे कोई वह अर्थ नहीं दे सकता जो वादी पक्ष ने दिया है; पर सारी शब्दावली ही बहुत अस्पष्ट और संदिग्ध है। दावे के दूसरे आधार के विषय में मैं यह सामान्य आपत्ति प्रस्तुत करना चाहता हूँ। यह आधार निम्न बंगाल के नीलकरों ने प्रस्तुत किया है, और मेरी दलील है कि वे एक समुदाय के नाते, सामूहिक रूप में कोई दावा नहीं पेश कर सकते। इस विचार के समर्थन में, मैं बहुत-से अधिकारी विद्वानों के मत प्रस्तुत कर सकता हूँ। मुझे दावा प्रस्तुत करने की सामान्यता से आपत्ति है और मैं मानता हूँ कि नीलकर एक समुदाय के रूप में अपलेख का मुकदमा चलाने के अधिकारी नहीं हैं। मैं यह मानने को तैयार हूँ कि कुछ विशेष वर्ग ऐसा कर सकते हैं, पर नीलकर ऐसा वर्ग नहीं माने जा सकते।

मुख्य न्यायाधीश —आपकी युक्ति का क्या यह अभिप्राय है कि महारानी को भी अपनी प्रजा के किसी एक विशेष भाग या वर्ग के विरुद्ध किये गये अपलेख के लिए अभियोजन की शक्ति प्राप्त नहीं है?

मि. ऐग्लिटन ने स्वीकार किया कि ऐसा अधिकार निस्सन्देह मौजूद है, पर मैं यह सिद्ध करने को तैयार हूँ कि नीलकर, निगम निकाय की परिभाषा में नहीं आते। उन्होंने अपने समर्थन में राजा बनाम आसबोर्न, खंड 2, बारनारडिस्टन, पृष्ठ 166, के मुकदमे का उल्लेख करते हुए कहा कि उस मामले में समाज के एक विशेष अंश का जिक्र था। पर वर्तमान मामले में नीलकरों में परस्पर कोई ऐसा सामाजिक सम्बन्ध नहीं है जिसके बल पर वे निकाय के रूप में आ सकें। दोनों मामलों में महत्त्वपूर्ण अन्तर है। वह एक पुराना मुकदमा है और इसमें सन्देह है कि माननीय न्यायाधीश उसे पूर्णत: प्राधिकारी के रूप में स्वीकार करने को तैयार होंगे। इस प्रश्न पर,यानी समुदायों द्वारा अपलेख का दावा पेश करने के प्रश्न पर, बहुत वर्षों से प्रत्यक्ष रूप से केवल चार या पाँच फैसले हुए हैं। जिस प्रकार राजा बनाम आसबोर्न के

मुकदमे का विवरण 'स्वैक्स्टन के मुकदमों' में दिया गया, उसके ऊपर कुछ मतभेद रहा है, पर साधारण सिद्धान्त एक ही है। इसी प्रकार, राजा बनाम विलियम्स के मुकदमे में जिसका विवरण 'बेकर के संक्षिप्तीकरण' में है, यह सिद्धान्त स्पष्ट रूप से प्रतिपादित किया गया है। उस मुकदमे में जूरी के सामने पक्षों को अज्ञात बताया गया था, और मुझे आशंका है कि इस मामले में नीलकर भी, समुदाय के रूप में उतने ही अज्ञात हैं, क्योंकि नीलकर सचमुच कौन है? वह ऐसा कोई भी व्यक्ति हो सकता है जो एक वर्ग इंच धरती जोतता और उसमें नील बोता हो। उनकी कोई संख्या भी नहीं दी गयी है और मेरा कहना है कि यह किसी बात से प्रगट नहीं होता कि नीलकर कौन और क्या हैं। ऐसा ही एक मुकदमा राजा बनाम इवान्स का है जो 'स्टार्क की दौरा अदालतों की रिपोर्ट' खंड 3 में दिया हुआ है।

न्यायाधीश मि. वैल्स ने पूछा कि आपके विचार से यदि नीलकरों की ऐसी निगम निकाय होती जिसकी अपनी अलग मोहर आदि होती तो क्या वे दावा करने की अधिक उपयुक्त स्थिति में होते।

मि. ऐग्लिटन ने कहा कि उससे मुकदमे में महत्त्वपूर्ण अन्तर पड़ जाता। उन्होंने अन्य मुकदमों का भी हवाला दिया, जिनमें 'राजकीय मुकदमे' में संकलित राजा बनाम जेनर और राजा बनाम बर्डेट के मुकदमे भी थे। उन्होंने कहा कि पुस्तिका के जिस अंश में नीलकर की पत्नी का उल्लेख है उसका अर्थ वह नहीं लगाया जा सकता, जो वादी पक्ष ने लगाया है। लेखक ने उसके द्वारा देशी लोगों की भावनाएँ व्यक्त करने का प्रयत्न किया है, और यद्यपि यह यूरोपीय रुचि के अनुकूल नहीं है फिर भी उससे देशी चरित्र प्रगट होता है। स्त्रियों के आचरण के बारे में इस देश के लोगों के विचार हम लोगों से बहुत भिन्न हैं; और मेरी धारणा है कि वादी पक्ष ने उसमें जो इंगित निहित माना है वह साधारण पाठक को अथवा किसी ऐसे व्यक्ति को न सूझेगा जो नीलकरों और प्रजा के बीच स्थित शत्रुता और अनबन से अपरिचित हो। मेरा निवेदन है कि सारे दावे में निहित इंगितों का साधारणतः वह अर्थ नहीं निकलता जो उन पर थोपा गया है।

मुख्य न्यायाधीश —पर क्या उस पुस्तिका की विषय-वस्तु के विषय में अँग्रेज समाज का भी वही दृष्टिकोण होगा जो विद्वान वकील का है?

मि. ऐग्लिटन ने कहा कि मुझे और कुछ अनुरोध नहीं करना है और मैं न्यायाधीश महोदयों से प्रार्थना करूँगा कि वे उन बातों पर विचार करें जिन्हें

मैं पहले उठा चुका हूँ।

प्रतिवादी पक्ष के मि. न्यूमार्च ने भी भाषण देने की अनुमति माँगी तो मुख्य न्यायाधीश महोदय ने कहा कि नियमानुसार प्रारम्भिक आदेश के मुकदमे में एक ही पक्ष के दो वकीलों की बात साधारणतः अदालत नहीं सुनती। अन्त में मि. न्यूमार्च को इस भरोसे पर अदालत से अपनी बात कहने की अनुमति दे दी गयी कि इस अनुमति को दृष्टान्त रूप में न ग्रहण किया जाय। मि. न्यूमार्च ने कहा कि मेरे विद्वान मित्र जो कुछ कह चुके हैं उसमें मुझे थोड़े-से शब्द ही जोड़ने हैं। मेरी धारणा है कि यदि एक बार सिद्धान्त स्वीकृत हो गया तो सारी मानवता के विरुद्ध अपलेख भी अधिक सामान्य न माना जा सकेगा। मेरे विचार में वक्रोक्तियों के इंगित भी अस्पष्ट और अनिश्चित हैं। नीलकरों का बिना किसी संख्या के केवल समुदाय रूप में उल्लेख किया गया है। मेरे विचार में सुनिश्चित रूप में उनका अस्तित्व स्थापित नहीं होता कि वर्तमान अपलेख, यदि वह सचमुच अपलेख हो तो, उनके ऊपर लागू होना स्वीकार किया जा सके।

मुख्य न्यायाधीश ने कहा कि मेरे विचार में दावे में जिस प्रकार नीलकरों की स्थिति बताई गयी है वह पर्याप्त रूप से सुस्पष्ट है।

मि. न्यूमार्च ने न्यायाधीश महोदय से अपना मतभेद प्रकट करते हुए कहा कि मेरे विचार से उस स्थिति में समस्त मानव जाति के अपलेख की सम्भावना भी उतनी ही सुस्पष्ट होगी। मान लीजिए, कोई कहे कि निम्न बंगाल के निवासियों के विरुद्ध, अपलेख हुआ है, तो मुझे डर है कि ऐसे सामान्य प्रकार के अपलेख के लिए कोई दावा नहीं हो सकता क्योंकि निश्चित रूप से कोई भी एक व्यक्ति अपने ऊपर उस आरोप को नहीं मान सकता। इन्हीं कारणों से मैं यह मानता हूँ कि जिस वर्ग के विरुद्ध अपलेख का आरोप हो उसकी स्थिति सुस्पष्ट बताई जानी चाहिए। दावे में ऐसे कोई आरोप नहीं हैं जो उस वर्ग का वर्णन करते हों जो अपलेख से अपनी क्षति होना अनुभव कर सके।

संक्षिप्त विचार-विनिमय के बाद मुख्य न्यायाधीश ने अदालत का फैसला सुनाया। उन्होंने कहा कि अदालत के सामने निर्णय के स्थगन का आवेदन है और अदालत से यह निर्णय देने की माँग की गयी है कि दावा करने योग्य कोई अपराध नहीं किया गया। पर जिस जूरी के सामने यह मुकदमा पेश हुआ था उन्होंने प्रतिवादी को दावे के दोनों आधारों पर दोषी पाया और उन्होंने

यह भी माना कि अपलेख विद्वेष के कारण प्रकाशित किया गया था, जिसे मैं समझता हूँ, कानून अक्षम्य मानता है। उस निर्णय की यथार्थता का प्रश्न आज इस अदालत के सामने नहीं है। यदि प्रतिवादी पक्ष ने यह कहा होता कि प्रतिवादी ने उन बुराइयों को दूर करने का प्रयत्न किया था जो उसके विचार से मौजूद थीं, तो वह यह दिखाने का आधार हो सकता था कि कोई आपराधिक अभिप्राय नहीं था, पर वह प्रश्न नहीं उठाया गया। जूरी ने दोनों आधारों पर प्रतिवादी का दोषी होना माना और इस अदालत को उनके क्षेत्र में हस्तक्षेप करने की कोई आवश्यकता नहीं।

इसके बाद मुख्य न्यायाधीश महोदय ने प्रतिवादी पक्ष के वकील द्वारा उद्धृत प्रत्येक मुकदमे का विस्तार से विश्लेषण किया और यह दिखाया कि वर्तमान मामले में उनकी वह व्याख्या नहीं हो सकती जो आदेश के समर्थन में उन पर लादी गयी थी। इसके बाद उन्होंने दावे और उसके विषय में प्रतिवादी के वकील की आपत्ति पर अपने विचार प्रगट किये। उन्होंने कहा कि पहले आधार के बारे में यह दलील पेश की गयी है कि मि. ब्रैट के विरुद्ध कोई अपलेख सिद्ध नहीं होता। मेरे विचार से इतना तो माना ही जा सकता है कि किसी व्यक्ति या व्यक्तियों की बदनामी के उद्देश्य से कोई बात प्रकाशित करना अपलेखात्मक है, और अब प्रश्न यह है कि कथित प्रकाशन से ऐसा अर्थ निकलता है अथवा नहीं। यह कहना अपलेखात्मक है या नहीं कि अमुक सम्पादक ने किसी पक्ष या दल-विशेष के समर्थन में लिखने के उद्देश्य से रुपया लिया? पुस्तिका की भूमिका में यही आरोप हैं जो मैं पढ़कर सुनाये देता हूँ :

''मैं यह 'नील दर्पण' नीलकर समुदाय के हाथों में सौंपता हूँ। अब उनमें से प्रत्येक को इसमें अपना मुख देख लेने के बाद अपने मस्तक से स्वार्थपरता के कलंक का टीका मिटाकर उसके स्थान पर परोपकार के श्वेत चन्दन का तिलक लगाना चाहिए। तभी मैं समझूँगा कि मेरी मेहनत सफल हुई, असहाय प्रजा के भाग जागे और इंग्लैंड का सम्मान बचा। हे नीलकरगण, तुम्हारे नृशंस आचरण से उस अँग्रेज जाति के नाम पर बट्टा लगा है जिसका मुख सिडनी, हावर्ड, हॉल आदि महापुरुषों के प्रात:स्मरणीय नामों से उज्ज्वल था। क्या तुम्हारी धन-लिप्सा इतनी प्रबल है कि उस थोड़ी-सी सम्पत्ति के लालच में अँग्रेज जाति के दीर्घकालीन और निर्मल यशकमल में कीड़े की भाँति छेद करने पर तुले हुए हो? जिस अन्यायपूर्ण अत्याचार द्वारा तुम मोटा मुनाफा

कमाते हो उसे अब बन्द करो, तभी गरीब प्रजा सपरिवार चैन से जिन्दगी बसर कर सकेगी। आजकल तुम केवल दस रुपये खर्च करके, सौ की चीज ले लेते हो; उससे प्रजा को कितना कष्ट है यह तुम भली-भाँति जानते हो। केवल धन बटोरने के लालच में तुम नहीं चाहते कि कोई यह बात जाने। तुम कहते हो कि तुममें से कुछ लोग स्कूलों के लिए चन्दा और जरूरत पड़ने पर दवाई देते हैं। यह बात सच भी हो, तो नीलकरों द्वारा स्कूलों के लिए दिया गया चन्दा दुधारू गाय को मारकर जूता दान करने से भी अधिक घृणित है, और दवाइयों के लिए पैसा जहर के प्याले में खोआ डालने के समान है। अगर 'श्यामचन्द' द्वारा पीटे जाने के बाद थोड़ा-सा तारपीन का तेल लगाने का नाम, दवाखाना खोलना है तो यह कहा जा सकता है कि तुम्हारी हर कोठी में एक दवाखाना भी है। दो दैनिक अखबारों के सम्पादक अपने कॉलम तुम्हारी प्रशंसा में रँग रहे हैं; उससे दूसरे लोग चाहे जो सोचें, पर तुम्हें उससे कभी खुशी नहीं होगी, क्योंकि तुम उनके ऐसा करने का कारण अच्छी तरह जानते हो। चाँदी में भी कैसी अद्‌भुत आकर्षण-शक्ति है? घृणित जुडास ने ईसाई धर्म के महान प्रवर्तक जीसस को तीस रुपये के लिए नीच पायलेट के हाथों सौंप दिया था। तो फिर यदि दोनों अखबारों के सम्पादक हजार रुपये की आशा में इस देश की गरीब-असहाय प्रजा को तुम्हारे भयंकर चंगुल में फँसा दें तो इसमें आश्चर्य क्या है?''

अब, मुझे यह तो निश्चित लगता है कि इस दर्पण में झाँकने पर प्रत्येक नीलकर को अपनी झलक दिखाई देगी; और यद्यपि इसे एक वर्ग पर लागू बताया गया है, फिर भी उस वर्ग का प्रत्येक व्यक्ति इसमें अपने को शामिल पा सकेगा। मेरी धारणा है कि यदि यह एक आरोप नहीं है तो जो अर्थ इसमें अभिप्रेत है वह साधारण आदमी तक नहीं पहुँच सकेगा। मुझे तो यह बड़ा भारी दोषारोपण जान पड़ता है और मैं इसके अतिरिक्त और कोई निष्कर्ष निकालने में असमर्थ हूँ कि यह अपलेखात्मक है। जहाँ तक दूसरे आधार का प्रश्न है, यह दलील दी गयी है कि उसमें इसलिए कोई अपलेख नहीं है क्योंकि वह एक वर्ग के विरुद्ध है और उस वर्ग की संख्या पर्याप्त निश्चित रूप में नहीं बताई गयी है। पर दावे में उस वर्ग का जैसा विवरण दिया गया है उससे अधिक मुझे सर्वथा अनावश्यक जान पड़ता है। उदाहरण के लिए, सेना के विरुद्ध अपलेख के मुकदमे में किसी भी संख्या का हवाला दिये बिना ही केवल उस विशेष समय में मौजूद सेना को सूचित करना भर आवश्यक

होता है। पर इस मुकदमे के दावे में वर्ग निश्चित बताया ही गया है, और क्या कोई निष्पक्ष व्यक्ति यह कह सकता है कि उस वर्ग से अभिप्राय वास्तव में निम्न बंगाल के नीलकरों से नहीं है? मुझे यह एकदम स्पष्ट जान पड़ता है, और मुझे विश्वास है यह सर्वविदित है कि वर्ग दो हैं—नीलकर और किसान। फिर न्यायाधीश महोदय ने प्रतिवादी के वकील द्वारा उद्धृत विभिन्न मुकदमों पर विचार करते हुए कहा कि उनमें से कोई भी उस मुकदमे पर लागू नहीं होता, जो अदालत के सामने पेश है। पुस्तिका के विभिन्न अंशों पर विस्तार से टिप्पणी करते हुए, उन्होंने फिर निम्न अंश भी उद्धृत किया :

"**दारोगा :** आज तो मजिस्ट्रेट साहब के आने की बात है न?

जमादार : जी नहीं, उन्हें और चार दिन देर होगी। सनीचर को शचिगंज में साहब लोगों की शैम्पेन पार्टी है, मेमों का नाच होगा। वुड साहब की बीवी तो हमारे साहब के अलावा किसी के साथ नाचती ही नहीं। मैं जब अर्दली था, देख चुका हूँ। वुड साहब की मेम की बड़ी दया है; एक ही चिट्ठी से इस गरीब को जेल का जमादार बनवा दिया।"

आगे भी :

"नीलकर रूपी विषधर साँपों ने सारे सुख में आग लगा दी। अन्याय के कारण पिता जेल में मरे; सबसे बड़े भाई के नील के खेत में प्रान गये; और माँ ने अपने पति और पुत्र के शोक में पागल होकर अपने हाथों से बेचारी सरला की हत्या कर दी। मेरे रोने-धोने से माँ को कुछ होश आया तो उनके भीतर दु:ख का समुद्र उमड़ पड़ा।"

अब हमसे यह कहने की माँग की गयी है कि इस उद्धरण का वह अर्थ नहीं जो जूरी ने माना है। यदि केवल यही अंश उद्धृत किया गया होता और जूरी ने इसे उसी अर्थ में प्रकाशित माना होता जिसका आरोप किया गया है, तो इतना ही दोष-सिद्धि के समर्थन के लिए पर्याप्त होता।

अदालत ने आदेश का आवेदन अस्वीकार कर दिया।

न्यायाधीश मि. वैल्स ने प्रतिवादी से पूछा कि उसे दंड हल्का करने के लिए कुछ कहना हो तो कहे।

इस पर प्रतिवादी ने एक लिखित वक्तव्य पढ़ना शुरू किया। उसके कुछ देर तक पढ़ने के बाद मुख्य न्यायाधीश ने उसे रोककर यह राय प्रकट की, कि प्रतिवादी ऐसी बातों का उल्लेख कर रहा है जिसका मुकदमे से कोई सम्बन्ध नहीं। उसके बाद प्रतिवादी ने शीघ्र ही अपना वक्तव्य समाप्त कर दिया।

निर्णय

जेम्स लौंग, तुम्हारे ऊपर लगाये गये आरोप की सावधानी और धीरज के साथ जाँच करने के बाद जूरी ने दोनों आधारों पर तुम्हारे 'दोषी' होने का अधिमत दिया है। निर्णय-स्थगित करने के लिए तुम्हारे विद्वान वकील का आवेदन अदालत द्वारा अस्वीकार होने से, यह अब मेरा दुखद कर्तव्य है कि जूरी के अधिमत के अनुरूप दंड का विधान करूँ। मुकदमे की सभी परिस्थितियों पर तत्परतापूर्वक विचार करने के बाद तुम 'इंगलिशमैन' और 'हरकारू' अखबारों के मालिकों के विरुद्ध जान-बूझकर और विद्वेषपूर्वक अपलेख के और दूसरे आधार पर उसी अभिप्राय से निम्न बंगाल के नीलकर वर्ग के व्यक्तियों के विरुद्ध अपलेख के दोषी सिद्ध हुए हो। मैंने अधिकतम गम्भीरतापूर्वक, बल्कि कहूँ तो अधिक से अधिक सशक्त और तीव्र रूप में, जूरी से यह आग्रह किया था कि वे अधिमत द्वारा स्वाधीनता से बहस के अधिकार का समर्थन करें और आवश्यक हो तो, उसका महत्त्व प्रतिपादित करें, और इस बात के लिए सावधान रहें कि कहीं उनके अधिमत से अखबारों की स्वाधीनता पर आँच न आए। मुकदमे के समाहार में मैंने बार-बार इस बात को स्वीकार किया और मान्यता दी कि प्रत्येक व्यक्ति को ऐसे ही हर सच्चे और शुद्ध अन्तःकरण से प्रेरित कथन द्वारा अपने देश-भाइयों को समझाने का अधिकार है जिससे सार्वजनिक सुख में वृद्धि हो; और मैंने स्पष्ट शब्दों में इस बात पर भी बल दिया कि हर व्यक्ति को उन सब बुराइयों और भ्रष्टताओं की ओर ध्यान दिलाने का भी विशेषाधिकार प्राप्त है जो समस्त मानव संस्थाओं में होती हैं। मुझे यह अनुभव करके सन्तोष है कि जूरी ने ऐसा अधिमत दिया है जो वैधानिक आधार पर टिका है और जिसका बाद में अखबारों की स्वाधीनता के विरुद्ध उपयोग नहीं किया जा सकेगा। यदि जूरी ने इस आधार पर 'निर्दोष' का अधिमत दिया होता कि उनके विश्वास से तुमने इस पुस्तक का प्रकाशन शुद्ध अन्तःकरण से और समाज के हित के लिए किया है, तो मुझसे अधिक प्रसन्नता और किसी को न होती। मुझे यह कहते हुए दुःख है कि यह अधिमत उन बारह सज्जनों के इस विश्वास बिना न हो सका होगा कि इतने भद्दे और बदनामी-भरे अपलेख के प्रकाशन और प्रचार में तुम नीलकरों के विरुद्ध शत्रुता के भाव से प्रेरित हुए हो। लगभग तीन सौ अपलेखात्मक पुस्तिकाएँ अंशतः तुम्हारे माध्यम से, और, मि. जोन्स की गवाही के अनुसार जिन्होंने अपनी

गवाही सर्वथा उचित रूप में दी थी, बंगाल सचिवालय की अनुमति से, सरकारी खर्च पर वितरित हुई है। मैं यह कहने को बाध्य हूँ कि ऐसी कार्यवाही इंग्लैंड में सरकारी विभाग के इतिहास में बेमिसाल है; और यह मैं अधिक से अधिक सच्चाई के साथ कहता हूँ, कि मुझे विश्वास है ऐसा कार्य इस देश में फिर कभी न होगा; क्योंकि ऐसी कार्यवाही से अनिवार्य रूप में उस सम्मान और भरोसे की भावना में कमी आएगी जो सरकार की ओर से उन लोगों के प्रति होनी ही चाहिए जिन्हें अधिकारी बनाकर ऊपर बिठाया गया है। जैसा मैंने मुकदमे में किया, मैं इस समय भी जान-बूझकर इस बारे में प्रत्यक्ष या अप्रत्यक्ष रूप में कोई राय नहीं प्रकट करना चाहता कि इस पुस्तक के वितरण की अनुमति देने में सरकार के अफसर किन व्यक्तिगत उद्देश्यों या भावनाओं से प्रेरित हुए। जब तक इसके विपरीत सिद्ध न हो जाए तब तक यही मानना जीवन में सबसे बचावपूर्ण नीति है कि सार्वजनिक व्यक्ति सदा शुद्ध और न्यायपूर्ण प्रेरणा से कार्य करते हैं; और यह निष्कर्ष किसी भी भाँति नहीं निकाला जा सकता कि जिन अफसरों ने इस पुस्तिका के वितरण की अनुमति दी उन्होंने तिल मात्र भी गैर-कानूनी काम किया। पुस्तिका जिस रूप में भेजी गयी थी उसमें उस पर चेतावनी या व्याख्या का एक शब्द भी न था। और निम्न बंगाल के नीलकरों के पास यह जानने का कोई साधन नहीं कि इस अपलेख के प्रचार से उनकी किस हद तक क्षति हुई। पर क्या इस आशंका की गुंजाइश नहीं है कि इंग्लैंड में कुछ लोग नीलकरों के विरुद्ध गम्भीर, किन्तु निराधार आरोप लगाने को प्रेरित हुए होंगे? इस अपलेख का इंग्लैंड में वितरण कराके तुमने जो अपरिहार्य क्षति की है उसको पूरी तरह आँक सकना असम्भव है। इस मामले की एक और विशेषता है जिस पर विशेष रूप से ध्यान न देना असम्भव है। मेरा अभिप्राय है इंग्लैंड के चर्च के पादरी के नाते समाज में तुम्हारी स्थिति से। मुझे पक्का विश्वास है कि कलकत्ते के बिशप महोदय, जिनके बारे में यह निस्संकोच कहा जा सकता है कि समस्त ईसाई समाज को उनके प्रति प्रेम और आदर है, इस परिस्थिति पर बहुत अधिक दुःखी होंगे कि उनके ही एक पादरी को उनके ही विस्तृत धर्म-क्षेत्र के एक भाग में रहनेवाले सज्जनों के एक प्रभावशाली और विशाल समुदाय के विरुद्ध अपलेख के लिए दंडित किया गया। और मुझे इस बात का पूरा भरोसा है कि इने-गिने लोगों को छोड़कर अधिकांश पादरियों को वर्तमान परिस्थिति में अपने धर्म-क्षेत्र के प्रधान से ही सहानुभूति होगी। पादरी होने से तुम्हारा अपराध और भी बड़ा

हो जाता है; और जब तुम खुलेआम अदालत में यह कहते हो कि बहुत-से यूरोपियनों के अधार्मिक आचरण से ईसाई धर्म के प्रचार में रुकावट आती है, तो मेरे विचार से अपने बहुत-से देशवासियों के विरुद्ध अपलेख के लिए इस अदालत से दंड पाते समय तुम्हारा ऐसे विचार प्रकट करना बहुत ही असामयिक है। और शायद अधिकांश यूरोपियनों का यही विचार हो कि तुम्हारे आचरण ने वास्तविक व्यावहारिक ईसाई धर्म की उन्नति में कोई विशेष सहायता नहीं पहुँचायी है। कम-से-कम तुम्हारे जैसे व्यक्ति को तो उस अमूल्य उपदेश को अपने जीवन में उतारना और उसके शिक्षक के रूप में सामने आना ही चाहिए था कि, 'सब लोगों से वही व्यवहार करो जो तुम चाहते हो वे तुम्हारे साथ करें।' मेरा कर्तव्य बहुत अप्रिय है और मैं उसे पूरा करने से पीछे नहीं हटूँगा। अदालत का दंड है कि तुम एक हजार रुपया जुर्माना हमारी परम सत्ताशालिनी महारानी को दो, और तुम आम जेल में एक महीने के लिए कैद में रखे जाओ, और कि जब तक जुर्माना न चुका दिया जाय जेल में कैद रहो।

रेवरेंड जे. लौंग का अदालत के सामने भाषण (दंड सुनाये जाने से पहले)

मान्यवर, चूँकि इस मुकदमे के परिणाम का प्रभाव कलकत्ते के, बल्कि हिन्दुस्तान के भी बाहर दूर तक पड़ने की सम्भावना है, मैं आपके विचार के लिए वे निम्नलिखित बातें प्रस्तुत करने की अनुमति चाहता हूँ जिनका सम्बन्ध मुख्यत: 'नील दर्पण' के प्रकाशन की प्रेरणाओं से है :

अदालत में फौजदारी का मुकदमा चलाये जाने के कारण जूरी के सामने कोई व्यक्तिगत वक्तव्य देने का अवसर मुझे नहीं था। मैं केवल आपके दंड निर्धारित करने से पहले ऐसी व्यक्तिगत बातें कर सकता हूँ, जैसे कि एक मिशनरी होने के नाते, देशी अखबारों में प्रकट होनेवाली देशी लोगों की भावनाओं के प्रवक्ता के नाते, इस देश में रहनेवाले यूरोपियनों के लिए शान्ति चाहने वाले मित्र के नाते और देशी लोगों के सामाजिक उत्थान के समर्थक के नाते, 'नील दर्पण' के प्रकाशन में मैं किन उद्देश्यों से प्रेरित हुआ।

मान्यवार, मुझे हिन्दुस्तान में आये बीस बरस से अधिक हुए। इस बीच मैं कभी किसी अदालत में वादी या प्रतिवादी के रूप में नहीं गया। मेरे कार्य

बहुत ही भिन्न प्रकार के रहे हैं, और मेरा समय मुख्यतया देशी जनता के बीच, स्थानीय भाषा पढ़ाने में, देशी ईसाई समुदाय की देखभाल में, और देशी भाषाओं में ईसाई साहित्य की वृद्धि करने में बीता है। इन कामों के कारण, और देहाती जनता में दिलचस्पी के कारण, मेरा ध्यान हिन्दुस्तान के देशी भाषाओं के अखबारों की ओर, उनके लाभों और कमियों की ओर, और उनके देशी विचारों और भावनाओं के प्रतिनिधि रूप की ओर आकर्षित हुआ। अपने कार्य के इस अन्तिम पक्ष के सिलसिले में ही आज मैं यहाँ 'नील दर्पण' के प्रकाशक की हैसियत से उपस्थित हूँ। उसका सम्पादन मैंने यूरोपियनों को इस बात की जानकारी कराने के लिए किया कि उसकी विषय-वस्तु क्या है और उससे नील के प्रश्न पर आम देशी विचारधारा क्या प्रगट होती है। यह रचना (इसका अँग्रेजी अनुवाद) देशी लोगों के सुझाव से, या उनकी जानकारी में नहीं तैयार कराई गयी, और उनमें उसका प्रचार भी नहीं किया गया। उसका प्रारम्भ अन्य लोगों के अनुरोध पर किया गया। वादी के वकील मि. पीटरसन की बहुत-सी बातें बहुत तीव्रता से मेरे पक्ष में हैं, क्योंकि यदि, जैसा उन्होंने कहा, यह पुस्तक अपनी देशी भाषा की पोशाक में इतनी क्षतिकारक थी तो उसे अँग्रेजी में सुलभ बनाकर क्या मैंने सार्वजनिक सेवा नहीं की? कलकत्ते में नहीं, जहाँ उनके कारण केवल और भी तीव्र वितंडा-वाद होने की सम्भावना है, जहाँ लोगों के हित इस प्रकार परस्पर सम्बद्ध हैं कि उनसे सारे निवेदन बेकार ही होते, जिनसे विश्वास नहीं उत्तेजना ही उत्पन्न होती है। मैंने उसका प्रचार मुख्यतया प्रभावशाली व्यक्तियों में और उन व्यक्तियों में किया जिनका ब्रिटिश विधानमंडल से सम्बन्ध था, जिसने सताये हुए लोगों को, चाहे वे किसी रंग या देश के क्यों न हो, सदा सहानुभूति और सहायता ही दी है। पिछले दस वर्षों में मैंने अपने अवकाश के समय में इस देश के निवासियों के आध्यात्मिक, सामाजिक और बौद्धिक कल्याण से सम्बन्धित मतामत का प्रवक्ता हो सकने का यत्न किया है। जैसे उदाहरण के लिए, सात बरस पहले मैंने कोर्ट ऑफ डायरेक्टर्स द्वारा माँग करने पर उनके संग्रहालय के लिए बांग्ला में प्रकाशित सारे ग्रन्थ इकट्ठा किये, या हाल ही में आक्सफोर्ड को उनके अनुरोध पर संस्कृत से बांग्ला में अनुवादित समस्त ग्रन्थों की प्रतियाँ भेजीं; या मैंने सरकार, मिशनरियों, राजाओं इत्यादि के लिए हर प्रकार की देशी भाषा की पुस्तकें जुटायीं। किन्तु यदि उन सब विभिन्न प्रकाशनों के विभिन्न परस्पर-असम्बद्ध विचारों से मेरे विचार मिलते होते, तो सचमुच मैं एक बहुत ही विचित्र व्यक्ति

होता। यही नहीं, मिशनरियों के अनुरोध पर मैंने उन्हें ईसाई धर्म-विरोधी ग्रन्थ भी इकट्ठा करके दिये हैं, क्योंकि वे जानना चाहते थे कि ईसाई धर्म के विरुद्ध क्या लिखा जाता है।

मेरे ऊपर 'नील दर्पण' में अँग्रेज स्त्रियों की बदनामी का आरोप लगाया गया है। इस बात पर ध्यान दिया जाय कि मूल लेखक ने केवल नीलकरों की पत्नियों का उल्लेख किया है; मेरा अपना यह दृढ़ विश्वास है कि नीलकरों की पत्नियाँ हिन्दुस्तान में अँग्रेज समाज की अन्य स्त्रियों की भाँति ही शीलवती हैं, और मेरी यह धारणा है कि लेखक ने कुछ असामान्य उदाहरणों का उल्लेख किया है, स्त्रियों के किसी वर्ग के नमूने के रूप में नहीं। स्त्रियों से सम्बन्धित इस अंश का जो अभिप्राय मैंने, और पूर्वात्य जीवन के जानकार अन्य लोगों ने, लिया है वह यह है कि उससे पूर्वी देशों के इस विचार का पता चलता है कि किसी स्त्री का अपना मुख खोले रहना या किसी पुरुष के साथ घोड़े पर चढ़कर घूमना बहुत ही मर्यादाहीनता की बात है। मैंने ऐसी बातें स्वयं अपनी पत्नी के बारे में कही जाती सुनी हैं; पर मैंने उन्हें देहाती लोगों के अज्ञान का नमूना ही माना है। सर एफ. शोर ने अपनी 'भारत सम्बन्धी टिप्पणियों' में ऐसे ही उदाहरणों का जिक्र किया है, और लेफ्टिनेंट बर्टन ने, जो यात्री के वेश में छिपकर मक्का गये थे, कहा है कि वहाँ यात्री अँग्रेजों के विरुद्ध सबसे बुराई की बात यह कहते थे कि वे अपने पड़ोसियों की पत्नियों से हाथ मिलाते हैं। मुझे खेद है कि मैंने इस अंश से सम्बन्धित कोई टिप्पणी प्रकाशन में नहीं जोड़ी।

मेरे हाथ में इस समय वह नाटक है जो सबसे पहले अनूदित हुआ, और जो इस अदालत के एक यशस्वी न्यायाधीश सर विलियम जोन्स द्वारा हिन्दू समाज की एक झाँकी प्रस्तुत करने के लिए किया गया था। यही सेवा होरेस एच, विल्सन, डॉक्टर टेलर तथा अन्य कई व्यक्तियों ने भी की है।

मैं यह निवेदन करना चाहता हूँ कि सारे नीलकरों की बदनामी करने की मेरी तनिक भी इच्छा नहीं थी, यद्यपि आन्तरिक विश्वास और खोजबीन के कारण मैं उस व्यवस्था के विरुद्ध अवश्य हूँ। इसी भाँति जब मैं नील आयोग के सामने बुलाया गया तो वहाँ स्वयं नीलकरों के मित्रों तक ने मेरी साक्षी को संयमित और कटुताहीन माना। मुझे नील-विवाद की प्रगति पर नजर रखने के लिए कलकत्ता मिशनरी कान्फ्रेंस की एक उप-समिति का सदस्य चुना गया, और तब यह आपत्ति कभी नहीं उठाई गयी कि इस कान्फ्रेंस के सिलसिले में

कोई भी काम मैंने निन्दा के उद्देश्य से किया था। मैं कभी नीलकरों के पास नहीं रहा, और न कभी मेरा उनसे कोई व्यक्तिगत झगड़ा ही हुआ जिससे मैं कोई बदला लेने का काम करता।

मैं पूछता हूँ कि जब पिछले दस वर्षों में सैकड़ों ही नहीं, बल्कि हजारों बांग्ला पुस्तकें मैं प्रभावशाली यूरोपियनों तक पहुँचा चुका हूँ, तो क्या एकमात्र 'नील दर्पण' ही उसमें अपवाद होता? और किसलिए? प्रजा तो एक मूक पशु की भाँति है जो अपने शासक की भाषा नहीं जानती। और इस 'नील दर्पण' के प्रकाशन के समय, नील-सम्बन्धी विवाद बड़ा डरावना रूप धारण कर रहा था; इसलिए यह बात महत्त्वपूर्ण थी कि प्रभावशाली व्यक्ति यह जानें कि घाव, सतही नहीं, बल्कि गहरी खोज की अपेक्षा रखता है। क्या एक पादरी के नाते मैं इस प्रकार की पुस्तक को रोक रखता जो नील की खेती के बारे में प्रजा के कुछ गहरे जमे हुए विरोध के कारणों को सूचित करती थी? यह पुस्तक 'नील दर्पण' मेरे पास अन्य सैकड़ों देशी भाषा की पुस्तकों की भाँति ही भेजी गयी थी, क्योंकि यह बात बहुत क्षेत्रों में भली-भाँति विदित है कि मुझे देशी भाषा के साहित्य में गहरी दिलचस्पी है। उदाहरण के तौर पर, देशी भाषा की ये दो पुस्तकें कुछ ही दिन पहले मेरे पास बनारस से आयी हैं—एक, हिन्दी में रॉबिन्सन क्रूसो और दूसरी उर्दू में गीतों की पुस्तक। लगभग प्रत्येक सप्ताह मेरे पास देशी भाषाओं की नयी पुस्तकें आती हैं, और विभिन्न कारणों से यूरोपियनों का ध्यान उनकी ओर आकर्षित करने का मैंने नियम बना रखा है। सर एफ. हैलीडे ने मेरी 'देशी भाषाओं में अखबारों के सम्बन्ध में रिपोर्ट' प्रकाशित करके सम्मान किया था; यही सम्मान वर्तमान सरकार ने मेरी 'देशी साहित्य की रूपरेखा' प्रकाशित करके भी दिया; इसी भाँति 'वर्नाकुलर लिटरेचर एंड रिलीजस ट्रैक्ट सोसाइटी' और 'क्रिश्चियन ट्रैक्ट एंड बुक सोसाइटी' ने मेरी विभिन्न रचनाएँ प्रकाशित करके अपने विश्वास को प्रगट किया है।

मैं अब यह बताऊँगा कि एक युद्ध-विरोधी पादरी होकर मैंने 'नील दर्पण' क्यों प्रकाशित किया। मान्यवर, उस बात को केवल चार बरस ही बीते हैं जब कलकत्ता बड़ी तीव्र व्यग्रता के साथ गदर के परिणाम की प्रतीक्षा करता था। उस समय जबकि नागरिकों को स्वयं सारी रात जान-माल की निगरानी करनी पड़ती थी, भविष्य के बारे में स्थिरता से सोच सकने वाले लोग बहुत कम थे! उस समय बहुत लोगों ने वही बात अनुभव की जो मैं पहले से करता

था कि इस देश की भाव-धारा से अपरिचित और उदासीन होकर अँग्रेजों का हिन्दुस्तान में रहना बहुत ही अरक्षित है। अफ़ग़ान युद्ध की भाँति ही ग़दर ने यह प्रकट कर दिया है कि हिन्दुस्तान में अँग्रेज आमतौर पर उससे अनभिज्ञ ही थे; इसी भाँति ग़दर से कुछ ही समय पहले संथाल युद्ध जनता के ऊपर अचानक ही फट पड़ा था। ठगी और यन्त्रणा का हिन्दुस्तान में बहुत दिनों से बोलबाला था और अँग्रेजों को इसका कुछ पता नहीं। यदि मैं गदर से पहले एक मिशनरी के नाते प्रभावशाली व्यक्तियों को कोई ऐसा देशी नाटक भेज सकता जो सिपाहियों और देशी रजवाड़ों के विचारों पर प्रकाश डालता, तो ऐसे नाटक का प्रचार कितना मूल्यवान सिद्ध होता, यद्यपि उसमें देशी जनता के साथ यूरोपियनों के व्यवहार की, सिपाहियों के प्रति आमतौर पर अफसरों की उदासीनता की, और देशी राज्यों के प्रति सरकार की नीति की, तीव्र आलोचना होती। वैसा नाटक करोड़ों रुपये और मानव-रक्त की धाराएँ बचाने में सहायक हुआ होता। काबुल में अधिकारियों की स्थानीय विचारों के अज्ञान पर आधारित झूठी सुरक्षा की भावना के कारण राज्य के डेढ़ करोड़ पौंड नष्ट हुए और इंग्लैंड की प्रतिष्ठा में धब्बा लगा। क्या कलकत्ता ग़दर के सब सबक भूल गया? मैं पूछता हूँ कि क्या शासक जाति को नील के विषय में देशी विचारों और भावनाओं की उस अप्रत्यक्ष धारा को बताना बहुत विद्वेषपूर्ण है जिसने सारे देश में उथल-पुथल मचाई हुई है और जिसके कारण अराजकता, लूटपाट और हत्याकांड की आशंका है? क्या मेरे लिए यह न्यायोचित होता कि ऐसे संकट के समय प्रभावशाली व्यक्तियों को जाग्रत करने के महान उद्देश्य में मैं अपनी शक्ति-भर योग न दूँ और देशी सूत्रों से ही यह न दिखाऊँ कि असन्तोष गहरा है और जब तक घाव को गहरे तक न टटोला जाएगा तब तक उसके उपचार के उपाय कारगर न हो सकेंगे?

मान्यवर, ग़दर तो गुज़र गया; पर कौन जाता है कि भविष्य में क्या होनेवाला है? पादरी के नाते और हिन्दुस्तान में अपने देशवासियों के शान्तिपूर्वक निवास के अभिलाषी के नाते, 'नील दर्पण' जैसी पुस्तकों के सम्पादन में मेरा उद्देश्य निम्नलिखित रहा है। वर्षों से मैं उस वस्तुस्थिति की ओर से आँख मूँदने में असमर्थ रहा हूँ जिसे बहुत-से योग्य व्यक्ति दूर पर सिर उठाते देखते हैं। वह चाहे दूर हो चाहे पास, पर रूस और रूसी प्रभाव तेजी से हिन्दुस्तान की सीमा को छू रहा है। उसका प्रभाव जो काबुल में बीस बरस पहले प्रगट हुआ, जैसा कि एक हाल की संसदीय 'ब्ल्यू' बुक में दिखाया गया

है, हिन्दुस्तान में पिछले ग़दर में महसूस होने लगा था। अब वह बन्दर-बाँट का सिद्धान्त अपना रहा है; आक्रमण से पहले वह विभिन्न देशों की जनता को अपनी ओर कर लेता है। तब क्या मैं, एक पादरी के नाते, नील-प्रथा से सम्बन्धित उन कार्यवाहियों को उदासीनता से देखता रहता जो इसी रूसी नीति की जड़ें सींच रही थीं, और जिनके फलस्वरूप युद्ध होता और ऐसी कलह मच जाती कि बहुत दिनों तक धर्म, शिक्षा और शान्तिपूर्ण व्यापार की प्रगति रुक जाती? इस समय मैं इस विषय पर केवल अपने आन्तरिक विश्वास की बात कह रहा हूँ और मैं पूछता हूँ कि इस विश्वास का कोई आधार वास्तविकता में है या नहीं; और यही बात मेरे मन में गहरे जमे हुए एक अन्य विश्वास के लिए भी है कि केवल सेनाओं द्वारा अँग्रेज हिन्दुस्तान में सुरक्षित नहीं हो सकते। उसी प्रकार जैसे उनके बल पर इटली में आस्ट्रियन न जम सके थे। क्या पादरी के नाते मेरा यह कर्तव्य नहीं था कि यह दिखाकर शान्ति के उत्तम पक्ष की सहायता करता कि हिन्दुस्तान में शान्ति का महान कार्य यहाँ की जनता को सन्तोष पहुँचाकर ही भली-भाँति हो सकता है, जिसके लिए देशी अखबारों तथा सूत्रों से प्रकट होने वाली उनकी शिकायतों को सुनना आवश्यक है। मैं पूर्व में फ्रांसीसियों के विचारों को छोड़ दे रहा हूँ, पर मैं कहता हूँ कि पहले से सजग रहना ही सबसे बड़ा शस्त्र है, और अपने देशवासियों की सुरक्षा को दृढ़ करने के लिए मैं उनकी भावनाओं को ठेस पहुँचाकर भी उनका ध्यान इस महत्त्वपूर्ण विषय की ओर आकर्षित करना चाहता हूँ।

एक मिशनरी के नाते अपने देशवासियों के दोषों को सुधारने में मेरी गहरी दिलचस्पी है; क्योंकि बीस बरस से ऊपर हिन्दुस्तान में रहने के बाद मैं यह कहना जरूरी समझता हूँ कि भारतवर्ष में ईसाई धर्म के प्रचार में जितनी भी बाधाएँ हैं उनमें सबसे बड़ी है मेरे अपने देशवासियों का अधार्मिक आचरण। इस देश के हजारों निवासियों ने मुझसे कहा है, 'हम ईसाई धर्म को जाँचते हैं तुम्हारे देशवासियों की करनी से, उनकी कथनी से नहीं; जीवन से, सिद्धान्त से नहीं।'

बीस बरस से मैं एक मिशनरी के नाते इस देश के समस्त वर्गों के निवासियों के घनिष्ठ सम्पर्क में रहा हूँ। बार-बार प्रजा की अवस्था, उसकी जरूरतों और दु:खों को पास से देखकर मेरी आत्मा काँपती और लगभग कुचली जाती रही है। वह प्रजा उस पढ़ने की क्षमता से वंचित है, जिसके

बिना प्रेरणा के पृष्ठ उसके लिए ताले में बन्द हैं। उसकी सामाजिक अवस्था के सुधार में मुझे उसके ज्ञानालोक के उपभोग का साधन दिखाई पड़ता है। मैंने 'प्रजा, उसके शिक्षक और पीड़क' विषय पर तथा प्रजा को देशी भाषा की ठोस शिक्षा न मिलने की बुराई पर इंग्लैंड में बहुत-सी पुस्तिकाएँ प्रचारित की हैं। जब मैं प्रजा को जकड़े रखने वाली ऐसी बहुत-सी सामाजिक बुराइयों को खोलकर दिखाने में नहीं झिझका तो मेरा निवेदन है कि अपनी इस स्थिति में क्या मैं उनके नील-प्रथा से होने वाले दुःखों को प्रगट करने से कतरा सकता था?

यहाँ मुख्य न्यायाधीश ने मि. लौंग को यह कहकर रोक दिया कि अदालत हर बात सुनने को तैयार है पर वह बचाव से सम्बन्धित होनी चाहिए। जो कुछ वह पढ़ रहे हैं उसकी लम्बाई से नहीं; बल्कि उसके सार से यह आपत्ति है कि वह अप्रासंगिक है। इसलिए बाकी हिस्सा यहाँ मि. लौंग द्वारा तैयार की गयी पांडुलिपि से दिया जा रहा है।

इंग्लैंड के प्रभावशाली व्यक्तियों ने इन बातों में मेरे साथ गहरी सहानुभूति प्रगट की है, और कहा है, 'आप तथा दूसरे लोग जो मानवीय दुःख और अवनति की ये कन्दराएँ उद्घाटित कर रहे हैं, हमें इसके परिणामों से भी सूचित करें।' मान्यवर, मैं उस जनता में वर्षों से रहा हूँ, और आशा करता हूँ कि जब तक मैं जिन्दा हूँ तथा जब तक मेरे मस्तिष्क में विचार की शक्ति और हाथ में लिखने की कलम है, तब तक मैं इस बात का प्रचार करता रहूँगा कि मानसिक और नैतिक आलोक की प्रगति जनता के सामाजिक उत्थान के साथ जुड़ी हुई है। यदि मैंने प्रत्येक उचित अवसर का लाभ उठाकर प्रजा के अभाव और दुःख तथा आमतौर पर इस देश के रहनेवालों के भाव और विचार उन लोगों तक न पहुँचाये होते जिनके हाथ में उनका उपाय करने की क्षमता है, तो क्या यह मेरा अपने धर्म के साथ विश्वासघात न होता, जिसके महान संस्थापक का आदर्श है : 'धर्म का उपदेश गरीबों को देना चाहिए'? यह कहा जा सकता है कि यह मार्ग बहुत ही राजनैतिक है, क्योंकि कुछ लोग आजकल इस शब्द के अर्थ को अनुचित रूप में बहुत सीमित करने लगे हैं। पर स्वयं ईसाइयत व्यापक अर्थ में राजनैतिक है; क्योंकि प्रारम्भिक युगों में उसने रोमन साम्राज्य की दास-प्रथा पर प्रहार किया; मध्य युग में उसने सामन्ती सरदारों के अत्याचार से अर्ध-दासों को शरण दी; सुधार युग में वह किसानों के घर में स्वाधीनता लायी; और आधुनिक काल में उसने वैस्ट इंडीज में दास-प्रथा का

उन्मूलन किया है। उसने अमरीकी दास-प्रथा का विरोध किया और अब अपना रक्षा का कवच संसार-भर में आदिवासी जातियों के ऊपर डाल रही है। 1856 में मैंने कलकत्ते में मिशनों के मित्रों के सामने एक भाषण 'किसानों की दुर्गति, धर्म प्रचार की एक बाधा' विषय पर दिया था। तब किसी ने उस भाषण पर राजनीतिक होने के कारण आपत्ति नहीं उठायी थी।

मान्यवर, अपने इस मार्ग पर चलने में मुझे अपने जागरूक अन्तःकरण से बल मिलता है। साथ ही मुझे यूरोपीय और देशी दोनों समाजों के बहुत-से मित्रों की निरन्तर सहानुभूति का भरोसा है। और मुझे भरोसा है हिन्दुस्तान में और ग्रेट ब्रिटेन में उन सभी व्यक्तियों का जो हिन्दुस्तान का शासन केवल उसकी घटती-बढ़ती यूरोपियन आबादी के लाभ के लिए नहीं, बल्कि जो उन 18,00,000 भारतीयों की भावनाओं और हितों के प्रति आदर और स्नेह के साथ और उन्होंने लाभ के लिए होते देखना चाहते हैं, जिनके ऊपर रानी और पार्लियामेंट की छत्रछाया है। मैं जानता हूँ मुझे भले लोगों की, हिन्दुस्तान और इंग्लैंड में भारतीयों के मित्रों की, संसार-भर में उन सब लोगों की सहानुभूति मिलेगी जो आध्यात्मिक और बौद्धिक उन्नति के बीच अटूट सम्बन्ध में विश्वास रखते हैं।

मान्यवर, अदालत ने निर्णय किया है कि वह पुस्तक अपलेख है, और यह मेरा कर्तव्य है कि उस निर्णय को मानूँ और तदनुसार कार्य करूँ। किन्तु मेरी अन्तरात्मा मेरे ऊपर किसी नैतिक अपराध का अथवा किसी भी ऐसे अपराध का दोष नहीं लगाती जिसके लिए वैसी भाषा प्रयुक्त हो सके जो जूरी के सामने अभियोग में की गयी है। पर मैं इस उदाहरण के सम्भावित प्रभाव से आशंकित हूँ। यदि यह पुस्तक अपलेख है तो किसी भी सामाजिक बुराई का — जातिवाद, बहुविवाह, कुलीन ब्राह्मणत्व, अफीम के व्यापार तथा किसी भी ऐसी भी बुराई का — भंडाफोड़, जिसे लोगों के स्वार्थों का समर्थन प्राप्त हो, अपलेख माना जाएगा और इस भाँति नैतिक, सामाजिक और धार्मिक सुधार का महान कार्य रुक जाएगा।

मेरा वक्तव्य समाप्त हुआ। मैं एक हलफनामा पेश करता हूँ।

(जो हलफनामा दाखिल हुआ वह वही छपा हुआ 'वक्तव्य' था, जो, मुकदमा अनिर्णीत होने की स्थिति में, 'फ्रेंड्स ऑफ इंडिया' के कालमों में प्रकाशित हुआ था।)

वाणी प्रकाशन ग्रुप

भारतीय ज्ञानपीठ

वाणी प्रकाशन : भारतीय ज्ञानपीठ की पुस्तकों के एकमात्र प्रकाशक एवं वितरक